墨香财经学术文库

U0656616

高职教育高质量发展研究

Research on the High-Quality Development of Higher Vocational Education

许峰 著

东北财经大学出版社 大连
Dongbei University of Finance & Economics Press

图书在版编目（CIP）数据

高职教育高质量发展研究 / 许峰著. —大连：东北财经大学出版社，2024.12. —（墨香财经学术文库）. —ISBN 978-7-5654-5417-2

Ⅰ. G718.5

中国国家版本馆CIP数据核字第20246X4H63号

东北财经大学出版社出版发行

　　大连市黑石礁尖山街217号　邮政编码　116025

　　网　　址：http://www.dufep.cn

　　读者信箱：dufep@dufe.edu.cn

大连永盛印业有限公司印刷

幅面尺寸：170mm×240mm　　字数：204千字　印张：17　插页：1
2024年12月第1版　　　　　　2024年12月第1次印刷
责任编辑：张晓鹏　石建华　　责任校对：刘贤恩
封面设计：原　皓　　　　　　版式设计：原　皓
定价：86.00元

本研究成果为 2019 年度辽宁省社会科学规划基金项目"基于校企利益共同体构建的辽宁高职教育高质量发展策略研究"（L19BGL051）的核心成果。

作者简介

　　许峰，女，汉族，1974年生，辽宁大连人，硕士，现任职于大连职业技术学院教学督导中心，副研究员职称，主要从事高职教育研究。曾担任大连市"十二五""十三五"教育科学规划职业教育学科组成员，大连市泡崖街道社会职业教育咨询与培训讲师，曾荣获大连职业技术学院科研先进个人荣誉称号。近年来，发表论文二十余篇，其中在中文核心期刊发表论文八篇，一篇论文被中国人民大学报刊复印资料转载。先后主持省级科研项目八项，撰写专著两部，主编教材一部。主持的项目分别获大连市第十六届社会科学进步奖三等奖一项，辽宁省教育科研优秀成果二等奖一项，大连职业技术学院科研成果奖多项。

前　言

当今时代，高等职业教育（以下简称高职教育）被赋予了重大使命，成为各国教育发展的战略重点。高质量发展已成为新时代中国高职教育深化改革的重要方向，高质量发展要求已从经济领域逐渐延伸至社会其他领域，高职教育高质量发展也迅速成为政策讨论的焦点。为此，我国政府出台了一系列文件和措施，以推动高职教育的高质量发展。如中共中央办公厅、国务院办公厅印发的《关于推动现代职业教育高质量发展的意见》提出，到2025年，职业教育类型特色更加鲜明，现代职业教育体系基本建成，技能型社会建设全面推进。

然而，我国高职教育的内涵发展并未在一开始就被确定，它在一定程度上受政策的驱动，强化的是规模效应，这导致高职教育自身的发展质量还不够高，体系结构尚未完善，与经济社会发展和人的发展需求还不相适应，整个社会对高职教育的价值取向尚未发生根本性转变。同时，作为政策话语，"高职教育高质量发展"肩负着落实政府"理想指向型"政策的任务，"高职教育高质量发展"自身的学理性偏弱，伴随着政策话语和学术话语的相互混用。其如何避免不沦为一个

"万能词"或"标签"？如何避免"政策失灵、价值失落"的潜在风险？我们需要深入理解高职教育发展规律，这样才能为把握未来奠定坚实的基础。

本书的主旨是：通过深入理解高职教育高质量发展的内涵、理论基础，尝试构建我国高职教育高质量发展的分析框架，探寻其建设路径，并为我国高职教育高质量发展模式的构建提供框架性建议。

为此，笔者综合采用文献分析法、比较研究法、历史分析法等研究方法，进行了以下三方面的研究：一是把高职教育发展置于人类社会的现代化进程中，在经济社会发展进程中梳理高职教育发展脉络，探索其发展规律；二是研究不同国家的高职教育发展历程、模式形成、影响因素等，探寻高职教育发展的内在规律和发展趋向；三是在探索中国高职教育发展历程及其规律的基础上，找寻中国高职教育发展存在的问题，构建适应中国经济高质量发展要求的高职教育发展的新模式。本书共分为三部分内容：

第一部分包括第一章至第三章。第一章主要论述了对高职教育高质量发展的理论认识。在辨析了高质量发展与内涵式发展、高水平发展的区别，厘清了高质量发展与内涵式发展、高水平发展的关系，阐释了"高职教育""高质量""发展"三个核心词的基础上，尝试给出高职教育高质量发展的概念，在价值维度上阐释高职教育高质量发展的意蕴，以增强高质量发展的实践自觉性。第二章主要论述了高职教育高质量发展的理论基础。现代化理论是高质量发展的目的论基础，马克思主义有关人的全面发展学说是高质量发展的价值论基础，新发展理念是高质量发展的方法论基础。这些理论基础和实践指南为高职教育高质量发展提供了明确的方向，要求高职院校在教学内容、教学方法、师资队伍建设、教育评价等方面进行持续的改革和创新。第三章在前两章论述的基础上，从发展哲学的角度出发，从宏观、区域和院校层面，以及高职教育体系结构、区域高职教育发展及产教深度融合、高职院校专业群、教师队伍、课程模式、校企合作、学生发展等维度，尝试构建高职教育高质量发展的分析框架。

第二部分包括第四章和第五章。第四章凝练出了我国高职教育发展取得的成就，并从高职教育体系适应性不足、区域高职教育发展不平衡和不充分、高职院校发展空间较大三个层面探讨了高职教育发展实践中面临的困境。第五章以问题为导向，基于高职教育高质量发展的分析框架，提出了高质量高职教育体系、区域高职教育高质量发展、高职院校高质量发展三个层面的建设路径。

第三部分只有第六章，分析了美国、德国、澳大利亚三国高职教育的发展模式及其共同特征、影响因素和成功经验；阐述了我国高职教育的发展历程、转型困境，以及国际视野下高职教育发展模式的新趋向，进而探讨了高质量发展背景下多元融合、促进人的全面发展和融入终身教育的我国高职教育发展新模式。

本书是2019年度辽宁省社会科学规划基金项目"基于校企利益共同体构建的辽宁高职教育高质量发展策略研究"（L19BGL051）的核心成果。本书由大连职业技术学院资助出版，且得到了大连职业技术学院张岩松教授的指导，在此深表感谢！

因时间有限，书中难免存在疏漏，敬请读者批评指正。

著　者

2024年9月

目　录

第一章

高职教育高质量发展总论

高职教育高质量发展是一种发展观，是一种新的发展模式；从理念、政策和法律要求转变为事实，需要科学认识、把握其内涵要义和价值意蕴，坚持问题导向与系统观念，努力达成高质量发展认知共识，建设高质量高职教育体系，做实做强产教融合，坚守质量底线，并加强院校办学、治校、育人能力建设，形成高职教育高质量发展新样态。

第一节　高职教育高质量发展的内涵

通过对高质量发展与内涵式发展、高水平发展的辨析，可以审思高质量发展的要义；在此基础上，通过分析和比较教育高质量发展、高等教育高质量发展、职业教育高质量发展，可以辨析高职教育高质量发展的内涵，提出高职教育高质量发展的核心要义。

一、高质量发展的审思

（一）高质量发展与内涵式发展、高水平发展辨析

高质量发展与内涵式发展、高水平发展之间既有联系，又有区别。联系表现为三者都可以被理解为一种发展理念、过程或者结果取向，都是一种发展方式；区别表现为程度、动力与取向等方面的不同。哲学意义上的内涵是指概念的本质、特质，主要包含事物的本质和内容两方面内容、质量与特色两个维度。其中，事物本质的发展主要表现为坚持与弘扬，事物内容的发展主要表现为增加或加强（高质量发展与内涵式发展的辨析见表1-1；高质量发展与高水平发展的辨析见表1-2）。

表1-1　　　　　　　　高质量发展与内涵式发展的辨析

	高质量发展	内涵式发展
本质	内生发展模式	内生发展模式
特色和质量	"强不强，优不优"的问题	"有没有"的问题
结论	高质量发展可以理解为特色更强和质量更优的内涵式发展，以高质量发展提升内涵式发展水平	

表1-2　　　　　　　　高质量发展与高水平发展的辨析

	高质量发展	高水平发展
本质	内生发展模式	外生发展模式
动力与取向	突出价值理性 纵向比较（高校强特色、固优势，提升自身价值、增强贡献力、提高利益相关者满意度等质的规定性）	突出工具理性 横向比较（标准包括量、质的规定）
质量观	合需要性和合发展性	合需要性
结论	1.高水平发展的成果是高质量发展的基础 2.高质量发展是高水平发展的成果，涉及经济结构的优化、创新能力的提升和资源配置的高效性等	

（二）高质量发展与内涵式发展、高水平发展的关系

关于高质量发展与内涵式发展、高水平发展的区别与联系见表1-3。

表1-3　　高质量发展与内涵式发展、高水平发展的区别与联系

	区别	联系
内涵式发展、高水平发展	在规模扩张到一定程度，需要注重效益时提出的质量提升要求	
高质量发展	在质量有所提升后，内外部新环境对发展提出更高的要求，基于平衡且充分的理念，立足并致力于提升内涵式发展和高水平发展的程度	都是一种发展观（包括发展方式、取向等）
结论	高质量发展是发展的高级阶段，是内涵式发展、高水平发展的更高阶段	

二、高职教育高质量发展的要义

（一）国内关于教育高质量发展的认识

在我国，高质量发展是在经济领域首先提出的一个核心概念。教育高质量发展是在借鉴和吸收经济学研究成果的基础上形成的一个嫁接概念。尽管当前对它还未形成一个被广泛接受的定义，但从历史、逻辑演进等视角看，它决定了教育发展的根本走向。近年来，国内学术界对教育、高等教育、职业教育高质量发展集中进行了理论探索，这也为高职教育高质量发展的理论研究提供了良好的基础。关于教育、高等教育、职业教育高质量发展的理论认识见表1-4。

表1-4　关于教育、高等教育、职业教育高质量发展的理论认识

	相关概念	理论认识
1	教育高质量发展	是对教育发展状态的一种事实与价值判断；在质和量的维度上达到优质状态； 表现为教育享用价值与质量合意性的提升； 包含一定的规模、合理的结构、均衡发展与公平、推动社会进步、促进人的全面发展和面向未来等创新趋向； 其根本是回归和实现教育本质：培养人，促进人的发展，培养社会所需要的人才
2	高等教育高质量发展	是高等教育发展方式的全面转变； 是高等教育内涵式发展的高级阶段，是螺旋上升的动态过程； 是旨在促进经济社会发展和人的全面发展的发展理念与方式； 具有鲜明的时代性、守正创新性、持续改进性、全面发展性和公平均衡性；具有聚焦性（抓好根本质量、整体质量、成熟质量和服务质量）、认同性（打造多元主体认同的"治理共同体"）、内生性（内省和自觉内化于治理中并一以贯之）、长远性（育人过程和成果收获具有长期性，回归教育的本质）
3	职业教育高质量发展	在人才培养、校企合作及体系结构等方面的优化过程中充分体现出类型教育的特色；是职业教育发展动力机制、要素结构的完善，发展目标的最终实现；是职业教育供给与经济社会高度匹配、与人民群众的职业教育权利诉求精准契合的内生发展模式

（二）高职教育高质量发展内涵辨析

高职教育高质量发展是个复合概念，由体现各自本质特征的"高职教育""高质量""发展"三个核心词构成。发展是实现高质量的手段。关于发展，不同学科从不同角度有着不同的理解。在哲学层面，发展是指事物由小到大、由简到繁、由低级到高级、由新事物取代旧事物、由量变到质变的，向前的、上升的运动变化过程。在历史层面，发展是指遵循事物发展的客观规律，因势而谋、应势而动、顺势而为，趋向更科学、更合理、更全面、更高级的演变过程。在社会层面，发展是指伴随着社会进步并内含道德价值意蕴的"社会历史进程"，即社会发展主体运用道德价值理性，引导社会朝着应然的、道德合理的方向发展，是"合规律性"与"合目的性"的有机统一。

质量是发展的核心，物理学中的"质量"是指量度物体惯性大小的物理量。"质量"的哲学含义是指物体在相对时空中的一种物理属性，物体所蕴含能量的多少是物体质量的量度。质量管理学语境中的"质量"是指产品的符合性、适用性和满意性。此外，质量还具有战略性、影响力等特性，如"质量革命""质量中国"等。可以说，质量是事物的本质属性与主体需要和体验的结合体。随着社会生产力水平的不断提高、人们对事物发展趋势认识的日渐深化和对个性化、舒适性体验的不断追求，满意性质量的重要性愈加凸显，故而高质量产品至少具有以下8个特征：高性能、显特征、可靠性、合标准、耐久性、可用性、美感性、高认可度。

高质量是对发展方式的规定，关切的是高职教育系统作为一个整体满足实际需要的能力。高质量高职教育的重要特征就是主体的高满意度。高职教育高质量发展的根本标尺在于是否真正满足和服务于人民的高质量教育需求，是否能持续提升人民群众的教育获得感、满足感和幸福感。

（三）高职教育高质量发展的核心要义

高职教育高质量发展现阶段还没有统一的定义，但是在很多方面各界都达成了共识。它是在对外延式、内涵式、创新、转型等发展方式延续、拓展和深化的基础上提出来的一种内生型发展方式，目标是充分促进人的全面发展、适应经济社会高质量发展和实现高职教育自身的整体性发展。[①]作为一种理想状态，"高质量的高职教育"是一个综合结果，它不仅关注高职教育质量的提高，还充分考虑高职教育的发展观、价值观、高职院校的发展范式以及高职教育体系等因素，强调高职教育活动的整体性。[②]

基于上述分析，坚持目标引领和问题导向，高职教育高质量发展可以理解为：着眼于全面贯彻党的教育方针，落实立德树人根本任务，以新发展理念为统领，遵循高职教育规律和人的成长规律，扎根中国大地，以满足经济社会发展和人民群众对高质量高职教育的迫切需求为导向，以加快内涵式发展为根本路径，以深化各领域改革为关键，以建设中国特色高职教育体系为核心，着力优化类型定位，加快形成与新发展格局相适应的高水平发展新样态，加快实现高职教育现代化，培养和造就更多全面发展的高素质技术技能人才，为建设教育强国、人力资源强国和技能型社会提供充足有力的人才保障和技术技能支撑。因此，"高职教育高质量发展"是蕴含新发展理念和价值选择的高职教育理想、目标及政策建构的一种合法化的工具性概念，蕴含着主体对"发展为了什么"、"应当如何发展"以及"怎样能发展得更好"的价值选择的意义赋予。

高职教育高质量发展的核心要义包括五个方面：

---

① 王亚鹏，王生. 高职教育高质量发展：内涵要义、价值意蕴与实践路径 [J]. 职教论坛，2022（12）：38-46.
② 王建华. 什么是高等教育高质量发展 [J]. 中国高教研究，2021（6）：15-22.

其一，以内涵建设为主线。从教育原理的视角来看，高职教育的高质量发展必然源于内涵建设，坚持内涵建设就是坚持人才培养的职业发展导向，注重培养高素质技术技能人才的职业规划能力、职业适应能力、职业开拓能力、职业迁移能力等职业发展能力；努力提升教育质量，培育优质教育品牌，增强行业贡献度，提高适应性，从而巩固高职教育的类型教育地位。

其二，以质量治理为核心。高职教育高质量发展的根本宗旨是提升人才培养质量，而质量治理是提升人才培养质量的有效途径。从质量治理的视角来看，高职教育高质量发展的质量变化逻辑分为三个层次：质量生成、质量变革和质量治理，由此构成高职教育高质量发展的治理核心。在质量生成层面，要在专业建设、课程教学、教师队伍、校企合作等育人要素方面具备基本条件；在质量变革层面，要在技术技能人才培养质量的基本目标实现的基础上，围绕质量提升的中心任务迭代向上，实现质的变化，质量提升是实现高职教育内涵式发展的核心；在质量治理层面，其不仅与人才培养质量紧密相关，而且与高职院校的办学水平与效益有直接的因果关系，即质量治理决定着高职院校与高职教育的高质量发展，是高职教育高质量发展目标能否实现的决定性因素。

其三，以质量标准为前提。高质量是一个相对性概念，高职教育高质量发展同样需要一系列的教育标准作为参照，才能获得人民群众的广泛认可。因此，高职教育高质量发展需要把标准化建设作为突破口，健全标准体系，严格按照标准实施，以标准规范办学，以标准提升质量，以标准化促进现代化。在微观层面，是指以人才培养质量为核心的专业教学质量标准体系，如专业建设标准、课程教学标准、教学管理标准等；在宏观层面，指教育管理部门与社会组织用于职业教育总体监督与评价的院校外部质量标准体系，如专业设置与评估标准、院校办学水平评估标准、行业领域的第三方评估标准等，它是高等职业教育高质量发展的"监控器"与"调节器"。质量标准是高质量发展的评价前提，科学合理的质量标准有助于衡量职业教育高质量发展的实践进展与目标实现程度。

其四，以质量评价为保障。质量评价是衡量高职教育人才培养质量的基本手段，是评估职业院校办学水平的工具，也是监测高职教育高质量发展程度的综合保障。高职教育质量评价涉及评价理念、评价目标、评价内容、评价过程与评价方法等，在实践中要坚持"内部评价与外部评价相结合、过程性评价与终结性评价相结合、奖励优先与劣效问责相结合"的基本原则。在评价理念方面，要及时引入新的国际教育评价理念，注重评价的科学性、合理性与公平性，为评价结果奠定合法性基础；在评价目标方面，要确定合理的评价目标，不得随意拔高或降低预期目标；在评价内容方面，要始终坚持人才培养质量的中心任务，避免评价范围的泛化与边缘化；在评价过程方面，要同步重视初期评价、中期评价与结果评价的重要性，尤其要重视增值评价的运用，"增值评价促使教育评价真正回归到学生发展本身，对职业教育的公平和均衡发展具有重要的意义"；在评价方法方面，要坚持定性评价与定量评价相结合的原则，运用多种评价方法取长补短，克服单一评价方法的缺陷。

其五，以改革创新为动力。马克思主义认为，内因是事物发展的决定性因素。内部动力是职业教育发展的驱动引擎，高职教育高质量发展的成功与否主要在于其内部动力是否充足，而改革创新是高质量发展的"第一动力"。类型教育地位与高质量发展，都是改革创新的结果，坚持以创新发展为理念引领高等职业教育高质量发展，具有深刻的价值意蕴。高等职业教育高质量发展，必须在管理体制机制、人才培养模式、教师队伍建设、课程教学、产教融合与校企合作等方面持续改革创新，要解决管理体制中的多头管理、人才培养质量参差不齐、"双师型"教师不足、课程教学质量不高、产教融合效率较低等严重影响自身高质量发展的关键问题，提高人才培养质量，增强高职教育的适应性。①

三、高职教育高质量发展的特征

新时代高职教育高质量发展，是指在明晰时代内涵的基础上，从教育全局工作角度出发，转换战略发展视角，秉持规模效应与范围效应并重的系统平衡观、速度与效益并行的经济发展观以及权力与合意共创的生命指向观，实现规模、质量、公平、效率等要素之间的协调与均衡。

（一）规模效应与范围效应并重

"系统是标志事物联系和发展的特定形式的重要范畴与基本观点，处于系统中的各要素彼此关联而又统一协作。"高职教育作为一个系统，其内部诸要素之间要紧密融合，同时又要与外部环境良好互动，构成一个新的大系统。高职教育高质量系统观赋予了高职教育前瞻性和透视性的发展眼光，使其立足于经济社会转型的新方位下，准确把握教育的"供给侧需求"，实现与国家、社会、经济发展相接轨的高阶运行。单纯推进规模发展显然不足以应对即将到来的新兴市场与变革时代。在系统平衡观的浸润下，高职教育应摒弃一味求大、求全的陈旧观念，跳出利益优先的沼泽，实现高职教育系统内各院校特色凸显与高职教育整体质量提升的双向互通。通过不断提升其质量和服务水平，创造"高质量"规模效应与范围效应的同心圆。

---

① 曹叔亮. 职业教育高质量发展：时代意蕴、核心要义与现实表征 [J]. 职业技术教育，2023（9）：7-12.

（二）速度与效益并行

速度决定了高职教育高质量发展得"快不快"，效益则反映了高职教育高质量发展得"好不好"。从理论上讲，单向度追求高速发展，从某种程度上看似节约了时间，提升了单位时间的产出水平，但单位时间内付出的时间和精力、人力和物力等为提高质量所做的贡献值已大打折扣。一味求快的高速发展会在时间和空间的压缩下降低治理主体对治理环节中质量细节的追求，导致高质量的治理合力与效果打折。高职教育高质量发展旨在实现速度与效益并行，共同驱动经济革新与社会发展，使高职教育在快速行进的同时能沿着预期的成绩和效果方向发展。

（三）权利与合意共创

伴随第四次工业革命而来的新技术巨变，已经渗透至高职教育系统乃至社会生活的多重组织机构中。它在给人类社会带来便捷服务和信息畅通的同时，也警醒我们在广泛应用技术场景的过程中，更加警惕工具理性的盛行而引发的教育生命价值的式微。从高职教育高等性的属性来看，学术生命是高职院校坚守自身独特知识地位的动力源泉，这份深厚的知识积淀使其在暗流涌动的社会体系中保持理性。知识自始至终以其无穷的容纳力与敏锐的感知力透视时代思想的变化，科学真理与知识在教育中的融合赋予了高职教育高质量构建生命体系的永恒权利与共同信念。正如叶澜教授所倡导的那样，"从生命层次重新认识教育，构建新的教育观，并产生新的实践效应——让教育焕发生命活力"。高职教育高质量发展之路是在尊重不同治理主体发展差异的前提下，立足生命维度，将受教育群体从器物化的数字和符号中解放出来，在接受高质量教育的过程中，在感受生命气息熏陶的同时，享受高质量资源和学习机会的权利与合意的相互实现。

第二节　高职教育高质量发展的价值意蕴

高质量发展体现的是高职教育扎根中国大地，对系统内外部形势和要求准确识变、科学应变和主动求变，追求在更高层次、更高水平上满足自身需求和外部需求，形成优化类型定位的发展之路。把握高职教育高质量发展的价值意蕴，有助于增强推动高质量发展的实践自觉。

一、培养创造美好生活的时代新人

教育本体论的价值使命就是美化生活，即教育将美好生活的价值作为终极的、基础性的价值取向，也即我们依据什么样的价值理想育人[①]。教育是所有社会成员的潜能都能得到尽可能的充分开发所需的社会条件，充分而适宜的教育让社会成员实现人生幸福和自我价值真正具有可能性。进入新时代，我国迈入发展型社会阶段，党和国家把人民对美好生活的向往作为奋斗目标，创造美好生活成为教育的终极价值取向。一方面，高职教育通过高质量发展，坚持育训并举，在技能型社会建设中提供丰富多样、完整优质的教育资源，落实好立德树人根本任务，履行好"四为服务"职责，培养和开发个体应对职业变迁的核心素养和可迁移技能，使受教育者在劳动力市场上可选择的就业机会更多，拥有更大的自由选择权，在个人获得满意的职业和收入的同时，促进人才的社会流动。另一方面，高职教育通过培养学生为美好生活奋斗的精神和创造美好生活的综合素质与行动能力，赋予学生新时代工匠型人才的新理想、新

[①]　金生鈜. 教育哲学怎样关涉美好生活？[J]. 华东师范大学学报（教育科学版），2002（2）：17-21；48.

理念、新能力，把成就个人事业发展与服务国家和社会的需求结合起来，把继承前人经验智慧与创新求异的思维结合起来，把综合素质全面发展与终身持续学习结合起来，引导学生走技能报国之路，将学生培养成为能够创造美好生活的时代新人，实现技能成才和技能报国的出彩人生目标。

二、顺应世界教育变革大趋势

当前，国际社会用教育体系的"4A"标准，即教育的可获得性（Availability）、可进入性（Accessibility）、可接受性（Acceptability）、可适应性（Adaptability）来判断一国教育体系是否完备。其中，可接受性是指教育是否优质、是否尊重多元价值，关系到质量问题。可适应性是指教育能否主动适应每个学生个体的独特需求、能否顺应不断变化的社会需要，关系到教育体系的弹性。进入高等教育普及化阶段，我国已实现高职教育的可获得性、可进入性，但在可接受性与可适应性方面还存在短板。高职教育通过高质量发展，可实现人才培养模式与产业结构形态的制度对接，打造类型化改革的制度环境；通过构建从中职、专科层次职业教育到本科层次、专业硕士学位的职业教育体系，以及不同类型教育之间学分互认、学历互通的体制机制，逐步实现职业教育和普通教育的共生共荣。高职教育要坚持立德树人、德技并修；坚持产教融合、校企合作；坚持面向市场、促进就业创业；坚持政府统筹、多元办学；坚持普职融通，建设高质量高职教育体系，使学生及其家长和用人单位的高职教育价值取向发生根本性转变，真心接受和认可高职教育。高职教育要坚持以人为本、因材施教；坚持工学结合、强化能力；坚持数字赋能，创新教育形态，满足学生发展的多样化需求，赋能学生顺利走向社会。

高职教育高质量发展坚持自主与开放相互促进的理念，通盘考虑本土与国际的内外部环境，践行面向未来构筑具有中国特色的高职教育体系之路。通过多主体协同、多领域合作等方式优化内引和外援渠道，提升我国高职教育的国际影响力；基于共荣逻辑不断丰富国际化服务对象和内容，推动高职教育在"一带一路"倡议下更好地落实有关责任；立足"美美与共、天下大同"的价值观，赋予高职教育国际化新的内涵，实现全球教育体系的共生共荣；充分利用大数据、人工智能等信息技术，推动中国特色职教模式的生成；通过与世界各国的多样化合作推进职教品牌的形成，逐步发展成为高职教育国际标准的建设者和引领者；在制定出具备自身特色的职教标准与规则的基础上，坚持政府、企业、高校的共生共荣，走出一条"教育伴随产业输出"的特殊发展道路，在公平开放的国际交流中谋求高国际认可度、影响力和话语权，为世界职教发展贡献中国方案。①

三、支撑经济高质量发展

高职教育通过高质量发展，提供形式丰富的教育选择和可持续的教育供给，实现高素质技术技能人力资源储备；同时，以高素质技术技能人才推动产业技术创新，为我国产业链、供应链保持强大韧性提供基础性保障和有生力量；通过突出应用导向，服务企业技术创新和产品研发，提高高职院校技术成果转化率与技术研发的变现程度，有效推动教育链、人才链、产业链、创新链"四链合一"，促使科技创新成果转变为现实生产力；对标经济发展新趋势和新要求，通过强化类型教育特征，优化专业结构，充分发挥高职教育助推产业技术变革

① 任雪园. 普及化阶段高职教育高质量发展：时代内涵、行动逻辑与实践路径[J]. 职业技术教育，2020（34）：41-46.

和经济高质量发展的重要引擎作用。

高职院校通过学校教育与职业培训并重来拓展办学路径，实施学历补偿、在职培训、社区教育、老年教育，从而实现学生的专业技能提升，推进职业教育与职业培训一体化发展，提高学生的素质和技能水平，并有效提升其职业胜任力、就业创业能力、岗位适应力，实现顺利就业、对口就业、优质就业；通过技能习得与应用促进人与社会全面发展，提高技术工人的社会待遇和社会地位，营造学历与技能并重的良好社会氛围，形成国家和社会重视技能、人人拥有技能、人人尊重劳动的良好社会风气，助力高质量技能型社会建设。[①]

[①] 阿木古楞，董苓. 高等职业教育高质量发展：本质要义、价值诠释及实践进路[J]. 教育理论与实践，2023（33）：16-21.

第二章

高职教育高质量发展的理论支撑

从发展目的论的角度来看，高职教育高质量发展把建设满足人们对美好生活需要的高职教育体系作为核心，使高职教育更加公平且更有质量；从发展价值论的角度来看，高职教育高质量发展要培养和造就大批全面发展的复合型技术技能人才；从发展方法论的角度来看，高职教育高质量发展要以新发展理念为指导，探索具有中国特色的高职教育现代化发展道路。[①]现代化理论是教育高质量发展的目的论基础，马克思主义有关人的全面发展学说是教育高质量发展的价值论基础，新发展理念是教育高质量发展的方法论基础。

第一节　现代化理论

以现代化理论为基础，意味着高职教育高质量发展既是现代化整体进程的必然部分，又是加速教育现代化进程的手段[②]。教育现代化为高职教育高质量发展指明了道路。教育现代化的理念、目标、标准及构造适用于高职教育高质量发展，并且作用和规制于高职教育高质量发展。

一、现代化理论的缘起与发展

现代化（Modernization）源于"现代"（Modern）一词。现代大体有时间和性质两方面含义：一是时间的，主要指的是西方历史进程中16世纪或者欧洲文艺复兴以后的发展阶段，它一直向后延伸至今乃至未来；二是性质的，主要是指新的事物或者新的变化，它在空间上涵盖人类生产、生活的各个领域与各种现象[③]。现代化最早产生于

---

① 刘振天. 教育高质量发展的理论基础及其方向引领［J］. 中国高教研究，2022（5）：8-13；33.
② 眭依凡，王改改. 大学治理体系与治理能力现代化：高质量高等教育体系建设的必然选择［J］. 中国高教研究，2021（10）.
③ 周振华. 现代化是一个历史的世界性的概念［J］. 经济研究，1979（8）.

18世纪的欧洲，是指人类社会在经济、政治、文明等各方面由传统向现代转变的过程。它是一种"人为的、有目的的、有计划的社会变迁过程"，①主要是性质上的进步与变化，是整体上追求更加先进和更加超前的过程②。就具体内容看，现代化是农业社会向工业社会转变的过程，是传统社会向现代社会转变的过程③，是社会、经济、文化系统演变的过程，是文明形式转变的过程。

现代化理论主要是西方学者从本国或西方其他国家的发展历程及状态的视角，考察、观照和比较发展中国家的发展历程及发展结果而建构起来的一整套关于发展的解释系统④，表明人类社会有着传统与现代、先进与落后之分。西方发达国家经过300多年的发展，20世纪中期基本上完成从农业社会向工业社会的转变，随即完成传统政治向现代政治、传统文明向现代文明的转变，实现了现代化。该理论认为社会的发展是分阶段的，从传统社会到现代社会是一个逐步演进的过程；工业化是现代化进程中的关键因素；现代化不仅是经济和技术的变革，还包括政治制度和社会结构的转变。随着社会的发展，人类文明从传统文明向现代文明转变；不同国家和地区在现代化进程中可能采取不同的路径和模式；全球化是现代化进程中不可忽视的因素。总之，现代化理论提供了一个框架，用以理解和分析不同社会的发展过程，但它也需要不断地被更新和完善，以适应不同国家和地区的具体情况。

现代化是人类社会从农业到工业、从传统到现代的整体性变革，因此内涵丰富，包括工业化、城镇化、理性化、世俗化、民主化、科

---

① 罗荣渠. 现代化新论 [M]. 北京：北京大学出版社，1993：16-17.
② 郭德宏. 什么是现代化？[J]. 新视野，2000（2）.
③ 何传启. 现代化概念的三维定义 [J]. 管理评论，2003（3）.
④ 罗荣渠. 现代化理论与历史研究 [J]. 历史研究，1986（3）.

层化、知识化以及"人的现代化"①。其研究的问题主要涉及两方面：

其一，现代化发展的阶段转换问题，具体包括以下四点：一是现代化六阶段说②，即传统社会阶段、起步准备阶段、起步阶段、走向成熟阶段、大众化高消费阶段、追求生活高质量阶段。二是"五阶段"论：前工业化、工业化前期、工业化中期、工业化后期以及后工业化③。三是衡量一个国家或地区现代化发展程度的重要标志是人均国民收入，世界银行按照人均国民收入水平把世界各经济体划分为四种类型，即低收入型、中低收入型、中高收入型和高收入型，并指出从低收入向中等收入转变和发展相对容易成功，但从中等收入向中高收入以及高收入转变则要困难得多，此即"中等收入陷阱"④。不能成功跨越这一陷阱，不仅会造成发展长期停滞，而且会带来严重的社会问题，产生各种危机。四是发展路径，西方发达国家现代化进程总体上属于早发内生型，即发展因素都是其社会内部本身发展的产物，现代化的因素是内生的。其现代化主要是社会内部的现代性因子不断生长、积累和发展的结果，现代化的发展是自发的、循序渐进的，而且现代化的主要动力支撑来自民间力量，政府的力量很小，只是充当"守夜人"的角色。而多数发展中国家的现代化属于后发外生型，即面临外部现代化挑战，本身却缺乏现代化因素积累的国家，由政府出面，运用国家机器的强大力量自上而下地启动的现代化。后者既存在先天劣势，又有后发优势，如能很好地借助后发优势，抓住机遇，完全可以实现现代化的"赶超"。

其二，现代化的驱动模式。英国、美国和法国是以市场为主的驱

---

① 张华，黄修卓. 英格尔斯人的现代化理论论略 [J]. 湖南人文科技学院学报，2008（5）.
② 丰子义. 社会现代化与社会形态的演进 [J]. 学术界，1997（4）.
③ 闫衍. 经济增长结构解析 [J]. 财经问题研究，1997（11）.
④ 蔡昉."中等收入陷阱"的理论、经验与针对性 [J]. 经济学动态，2011（12）.

动发展模式的代表；苏联和计划经济时代的中国是以政府为主的集中统一管理驱动模式的代表；改革开放以后，中国是政府和市场协同驱动型发展模式的代表；德国和日本是政府与市场结合的驱动模式的代表。不论什么模式，现代化进程一般是先快后慢，这在发展中国家非常明显，一开始启动现代化进程都会很快取得显著成效，但随着现代化进程的深入，后期会受到市场要素价值提升、体制阻碍、路径依赖等因素的制约，现代化发展速度降低，效果也不再明显[①]。因此，创新是推动现代化发展的根本动力。[②]

二、中国式教育现代化

（一）教育现代化

从宏观上看，教育是指国家教育事业发展，是社会民生的一部分，包括学前教育、义务教育、职业教育、高等教育等；从微观上看，教育专指学校教育，包括德育、智育、体育、美育、劳动教育等，是培养学生的手段、途径、方法、内容的综合体；从特征上看，教育有信息化、国际化、普及化、个别化等不同属性；从要素上看，教育由教育投入、教师队伍、教育公平、教育质量等不同维度构成。

教育现代化是现代化理论的组成部分，且主要沿用一般现代化的理路。人们对教育现代化的研究起步较晚，其主要观点包括：一是教育从传统迈向现代，与现代社会发展同步。二是落后国家变革教育，赶上发达国家的进程，重点解决的是教育与经济社会之间的不适应以及与发达国家之间的知识差距的问题。三是实现教育现代性。现代性是一种时代精神的体现，是教育的情怀、理想和终极追求，如民主法

---

① 王雅林. 全球化与中国现代化的社会转型 [J]. 中国青年政治学院学报，2003（2）.

② 朱佳木. 深刻把握中国式现代化的本质特征 [EB/OL]. [2023-07-25]. http: // theory.people.com.cn/n1/2022/1130/c40531-32577387.html.

治观念、平等理念、公民责任、世界意识、国际意识、注重效率和信用等。四是教育现代化不仅是实现教育现代性的过程，更重要的是随着教育形态的不断变迁，教育现代性不断增强，如教育的世俗化、普及化、终身化、民主化、国际化和信息化①。因此，教育现代化是教育的整体转换过程。教育现代化不是一个孤立、狭义的数量增长现象，不仅仅是教育内容、教育方法、教育手段等某一方面、某一要素的现代化，而是一种整体转换，既体现在教育内部的要素和机制上，又表现为教育系统与外部系统的协调平衡。

（二）中国式教育现代化内涵

中国式教育现代化是中国式现代化在教育领域的自然延伸与必然要求。中国式教育现代化要把我国教育置身于世界教育发展的背景下加以审视，厘清教育现代化的本源与特征，探寻发达国家教育发展的规律与趋势。中国式教育现代化不是简单套用西方发达国家的经验，不是对西方教育价值体系、育人模式、教育理念的简单移植，而是由国家有目的、有计划地集中资源与力量对教育体系的构建加以推进。

我国学界对教育现代化概念的界定主要有"过程说""特质说""功能说"等。其体现了不同角度、不同立场。"过程说"将教育现代化视为一个过程。如顾明远认为，教育现代化是教育发展的历史过程，是指传统教育向现代教育转化的过程，是一个动态的历史过程而不是一种状态。"特质说"将现代性增长作为其根本特征。如褚宏启教授认为，教育现代化是教育现代性不断增强和实现的过程，通过将教育现代性的增强和教育形态的变迁区分开来，把握其实质内涵。"功能说"强调从教育的社会价值和功能性角度对其进行界定。赵同森、侯菊英认为，教育现代化是指教育与社会变迁相适应，充分地发挥驾驭的整体功能，更好地使教育为社会变迁服务。季诚钧等认为，

---

① 刘晖，熊明. 我国教育现代化研究述评 [J]. 教育导刊，2006（6）.

以上定义均是对教育现代化的描述说明，存在概念内涵不明或外延模糊的局限。季诚钧等在上述研究的基础上认为，中国式教育现代化可以理解为：在现代化视角下，赋予教育现代化一定历史时期的国家特征，是以中国特色社会主义理论为指导，以中国传统文化为底蕴，以公平均衡、共同富裕为导向的教育现代化，是促使中国教育走向世界先进水平的动态发展过程。①

（三）中国式教育现代化的评价标准

衡量中国式教育现代化的实现程度，是一个十分重要的现实问题。一些有影响力的权威性国际组织定期发布的教育指标具有重要的参考意义，如联合国教科文组织发布的世界教育指标、经济合作与发展组织发布的教育指标以及世界银行发布的教育指标。这些指标主要包括教育的投入、过程、产出和机会四个方面，大都从宏观视角反映一个国家或地区的教育总体发展态势，且大部分具有国际一致性和可比性，强调教育的经济功能和工具价值，强调绩效、问责和量化。上述指标分别对应以下四方面具体内容：一是生均教育支出、国家财政对教育的投入、教育公共支出总额、教育经费提供的资源和服务以及影响教育支出水平的因素；二是师生比，学生课堂学习时间，教学时间，信息化，教师的工资、结构、专业发展、评价机制、参与学校管理等；三是学业达标率、毕业率、就业与失业率、公共与个人教育支出收益、教育社会产出等；四是关注各级教育的机会、参与和过渡等问题，涉及总体入学率、预期学校教育年限等指标。

除借鉴国际通用的教育现代化指标以外，中国式教育现代化评价还需要体现我国教育的特殊性。办好人民满意的教育、教育现代化、教育强国是当前我国教育发展战略与目标。中国式教育现代化的重要

---

① 季诚钧，莫晓兰，朱亦翾，等. 中国式教育现代化：内涵、问题与路径 [J]. 浙江社会科学，2023（6）：90-97；159.

衡量指标是人民群众的获得感与满意度，其核心要素是教育观念、教育公平、人才培养质量。具体而言，中国式教育现代化评价包括以下三方面内容：一是从国家层面构建教育现代化监测评价指标体系，主要从普及与公平、质量与结构、条件与保障、服务与贡献四个维度进行评价。此外，还有家庭经济困难学生资助比例、义务教育县际差异程度、进城务工人员子女公办学校就读比例、紧缺人才可获得程度等符合我国国情的指标。二是在省级层面，我国东中西部发展不平衡，不同省份根据省情开展了教育现代化评价探索，如江苏省、浙江省、广东省、上海市、成都市等都从背景、投入、过程和产出等方面确定评价要素，构建了教育现代化指标体系，监测区域教育现代化发展水平。长三角、珠三角积极推进教育一体化发展，形成合力加快教育现代化进程。三是特色指标构建，主要包括三个方面：坚持"以人为本"的价值取向，充分关注弱势群体的受教育权，关注教师的专业发展和生活状态，关注终身教育体系与学习型社会建设；强调政府作为教育公共服务供给的主体，应突出在组织保障、经费保障和资源保障等方面的责任，强化政府在维护教育公平、促进教育发展方面的政策举措；通过价值引领功能，在区域教育治理和学校教育现代化方面发挥积极作用。[①]

三、人的现代化

（一）理论概述

从个体发展角度看，人的现代化是教育现代化的实质。人的现代化，它是以人的主体性为基础，体现人与人、人与社会、人与自然的关系，人的主体性彰显是人的现代性形成的关键。这种主体性，即人

---

① 季诚钧，莫晓兰，朱亦翾，等. 中国式教育现代化：内涵、问题与路径 [J]. 浙江社会科学，2023（6）：90-97+159.

的现代化属性受人的生产能力影响。人的生产能力强，其现代化属性就强。人的现代化的实质是人的现代性及其实现。[①]现代性作为政治学的概念，与传统性相对而言，主要是指理性精神与人本精神。"现代性"与"现代""现代化""后现代"等概念密切相关，是对工业化以来国家与社会变迁特征的高度概括。相较于传统性而言，现代性有时间与价值两个维度上的基本含义。值得注意的是，由于现代性概念包罗万象、繁芜复杂，又充满歧义，有人甚至把现代性与西方发达国家的物质主义、享受主义、霸权主义等现象进行片面关联，这危及到了现代性理论的当代应用。

美国社会学家英克尔斯提出了个人现代性的12项特征，包括乐于接受新事物；准备接受社会的改革与变化；头脑开放，尊重不同的看法；注重未来与现在，守时惜时；注重效率、效能，对人和社会的能力充满信心；注重计划；尊重知识，追求知识；相信理性及理性支配下的社会；重视专门技术；敢于正视传统，不惟传统是从；相互了解、尊重和自重；了解生产及其过程。这在一定程度上反映了人的现代性的基本特质与轮廓。作为"现代性的人"，需要具备正确的价值观、解决问题的能力、健全的人格和终身学习能力，以面对变化的、不确定的未来；培养其信息素养、科技素养，应对人工智能、信息爆炸的未来；具有社会责任、全球意识，能够参与全球合作与竞争，适应未来经济社会发展需要，迎接人类命运共同体的到来。

（二）人的现代化对高职教育高质量发展的要求

人的现代化要求高职教育把培养社会主义建设者和接班人作为根本任务，将职业性和教育性融合，开展技术知识传播、技术传承创新，促进其德智体美劳全面发展，培养受教育者的现代性，造就具有

---

① 邬志辉. 教育现代化的实质及其启动点的选择 [J]. 教育评论，1998（3）.

科学素养与家国情怀的新一代职业人。[①]

1.强化实践性，增强职业目的性

人的现代化具体到高职教育中，是面向技能型社会、面向未来经济发展、面向广大民众，依托经济社会、产业发展，将高职教育与具体的现代化岗位需求、行业需要、职业诉求紧密结合，准确对接现代化市场经济对人才的需求，真正成为技术发展、技能创新升级、职业人才培育等方面的思想库、智囊团、人才库、成果库，服务以中国式现代化建设推进中华民族伟大复兴的战略大局，服务世界百年未有之大变局下新经济发展需求[②]。

2.优化配置资源，增强协同性

人的现代性培养，要凝聚政府主管部门、行业市场主体、社会组织、教育相关主体、科研机构等多个主体的资源优势。这些主体各自具有很强的代表性，因此，需要统筹好产学研用链条中各个环节主体的力量，形成高职教育发展的共同体。要明确合适的共同体方向与目标，共同的利益诉求，以目标导向、相互认同的职业精神或文化为内核，充分调动各类资源，突破职业教育办学经验、办学资源、发展战略与规划等方面的局限性，强化现代组织元素，推动各类教育资源聚合到人的现代化发展上来。

3.增强贯通性，提升服务功能

随着知识经济时代向数字化、智能化时代的转变，从互联网中延伸出来的物联网、车联网等多种经济样态创新出现，都需要高职教育成为内部聚合、外部统整的教育体系，对现代行业发展、产业升级、技术变革进行分析研判、跟踪对接，以适应跨界趋势。一方面，要加

---

① 佚名.人民日报评论员：全力培养社会主义建设者和接班人——论学习贯彻习近平总书记全国教育大会重要讲话 [EB/OL]. [2018-09-14] .https://baijiahao.baidu.com/s?id=1611587706597696733&wfr=spider&for=pc.

② 朱德全，熊晴. 职业教育现代化发展的逻辑理路：价值与路向 [J]. 云南师范大学学报（哲学社会科学版），2021，53（5）：103-112.

快推进高职教育与普通高等教育的衔接，真正被广大社会民众所认可和熟知；另一方面，在校企合作、产教融合深度发展的背景下，高职教育要加强职业精神和职业历史文化的传承，推动职业教育理念和资源在产教研链条上纵向传输、横向延伸，尤其是融入地域发展的历史文化传统、面向未来的职业创新文化等方面，为技术技能人才提供更多人文底蕴和接受高等教育的机遇。

第二节　人的全面发展学说

在马克思主义全部理论体系中，人始终处于中心位置。关注现实中具体的人及人的现实生活，是马克思主义区别于其他一切形而上学、唯心主义和旧唯物主义哲学的显著标志。教育的对象是正在成长和发展中的具有可塑性的人，教育高质量发展的根本是人的高质量发展，是培养和造就全面发展的高质量高素质的现代人。马克思主义有关人的全面发展学说为高职教育高质量发展的价值论规约（涉及的是价值论这一哲学分支中的一些基本原则和规范）提供了理论指导。

一、人的全面发展学说概述

区别于其他一切把人看作孤立的、抽象的精神存在的形而上学、唯心主义和旧唯物主义哲学，马克思将人置于现实社会，认识、考察和研究具体的人，即人的本质不是单个人所固有的抽象物，在其现实性上，它是一切社会关系的总和。[①]人的全面发展学说，正是19世纪马克思在关注现实社会关系中的人，认真分析了人类社会生产特别是

---

　① 马克思，恩格斯. 马克思恩格斯选集（第1卷）[M]. 中共中央马克思恩格斯列宁斯大林著作编译局，编译.北京：人民出版社，1995：56.

资本主义社会生产过程、特点与规律，深刻剖析了资本主义生产关系的性质与资本主义制度对人的发展造成的局限性的基础上，针对资本主义生产内部的旧式分工所造成的人的片面发展问题而提出来的伟大思想，是马克思主义教育思想的重要组成部分。这一理论的基本内涵包括了合乎社会各方面要求、与个人自身脑力和体力相适应、充分挖掘个人特长和潜能、完全符合自己意识与愿望的人的个体素质、劳动能力、社会关系和个性的丰富、自由、全面、和谐、整体的发展，是人的发展的高级阶段。它包括了物质和精神等多方面的全面性，其核心是人的能力的全面发展。全面发展的人应该把集体发展和个人发展的优点和丰富性结合于自身中。通过主体的实践活动，提升自身的素质和能力，是促进人的全面发展的现实步骤。①

人的全面发展是与人的片面发展相对应的概念。所谓人的片面发展，是由社会劳动分工造成的在劳动过程中劳动者或者单纯地消耗着体力，或者单纯地运用着智力。在马克思看来，分工是人类社会发展的必然产物，是提高社会劳动生产率、促进经济和社会发展的重要步骤。人类步入文明社会的进程，曾经出现过三次大的分工：由游牧业向农业分工转变，由农业向手工业分工转变，由农业、手工业向手工业和商业分工转变②，并未造成劳动者自身的脑力劳动与体力劳动的分离，只不过这种体力与智力的结合处于从简单到复杂、从低级到高级的发展阶段。

真正彻底地使劳动者的脑力与体力出现分离，是资本主义工场手工业分工制度。整体的劳动过程被机械地分割为不同的工种和工序，每一个劳动者都被安排在某一固定的工种和工序上，单调地执行着简

---

① 黎琼锋，潘婧璇. 高职院校"双师型"教师专业发展路径探析——基于人的全面发展理论视域 [J]. 职教论坛，2018（3）：89-93.
② 万宗瓒. 人类社会三次大分工与诉讼制度的起源——以《家庭、私有制和国家的起源》为中心 [J]. 社科纵横，2008（10）.

单化操作任务，成为生产工序上的一个部件和机器本身。工作时，劳动者仅仅是肌肉的运用，彻底丧失了自由使用脑力与体力的机会，这也导致了人的身心完整性、全面性和主动性的丧失。工人沦为物，被机器与生产过程支配和奴役。而近代机器大工业生产为人的双手的解放和劳动者脑力、体力的结合，进而为人的全面发展创造了有利条件。正如马克思所指出的，机器大生产是科学技术的运用，要求生产工人必须掌握科学知识和生产技术，并且所创造出的工艺学成为可代际与人际相互学习和传播的普遍性和公开性知识（即通过创造工艺学，使得这些知识和技能可以跨越代际和人际进行学习和传播，成为普遍性和公开性的知识）。机器大工业本性，决定了劳动的变换、职能的更动和工人的全面流动性[①]。然而，由于资本主义制度下生产资料私人占有制以及单纯追求剩余价值这一资本家贪婪的本质，生产工人仍被固定在机器流水线上执行单一职能，高度重复着单一动作，造成智力与体力更严重的分离，导致人的全面发展和全面流动性依旧受到阻碍。因此，马克思认为，未来的共产主义社会是人类社会最高阶段和最高形态，将是一个"自由人的联盟"，劳动者实现了对生产资料、生产过程与生产结果的全面占有，每个人不仅是生产的主人，也是自己的主人，从而使每个人都得以自由发展。

我国社会主义制度的性质决定了以实现人的全面发展为最终目的，不断创造条件努力使人全面发展，是我们前进的方向和动力。按照马克思主义观点，社会主义社会在根本制度上基本克服了资本主义条件下生产高度社会化与生产资料私人占有制之间那种不可调和的矛盾。它需要解决的是改革和完善体制机制等具体制度及技术问题。马克思认为，对已满一定年龄的儿童来说，未

---

① 马克思. 资本论（第1卷）[M]. 中共中央马克思恩格斯列宁斯大林著作编译局，编译. 北京：人民出版社，1975：534.

来教育就是生产劳动同智育与体育相结合，这是造就全面发展的人的唯一方法。

二、对高职教育高质量发展的启示

人的发展包括人的基本发展、个性发展和全面发展，这三者统一其中，缺一不可。教育是实现人的全面发展的基本条件，人的发展和教育是教育研究的基本问题。人的全面发展学说是推进社会主义教育事业的重要价值论源泉，对指导社会主义初级阶段的教育事业具有划时代的意义。改革开放40多年来，国家经济、科技以及教育所取得的显著成就，给人的全面自由发展带来了广阔前景。高职教育高质量发展，归根到底是实现人的更加全面和充分自由的发展。以人的全面发展学说为指导，在高职教育过程中，首先是确立指向人的全面发展的教育价值观、目的观和发展观，即高职教育要尊重学生的主体地位和主体人格，以学生成长和发展为中心，以促进每一个人的成长和发展为目的。具体而言，其包括以下五个方面：

一是教育目标和内容，要以立德树人为根本任务，重视加强德智体美劳全面教育，强化素质教育，注重先进科技文化和创新创业教育，为学生顺利走向未来充满不确定性的社会和完满人生做好准备。二是教育过程和方法，要充分调动学生的积极性、主动性和创造性，注重启发式教育、互动式教育、团队式学习、项目制学习，注重因材施教和个性化教育，培养学生的自主性学习意识、团队合作意识、创新精神与实践能力，提高其辩证思维与批判性思维能力。三是教育管理制度，不断增加学生参与学校生活与教育教学过程管理的机会，健全学生自我组织建设，培养学生的主体意识、公民意识，提高其民主参与和民主决策能力，建立服务学生全面发展的教育治理体系，加强学生自我管理。四是教育途径，坚持多渠道并举，课内外、校内外结合，校企合作、产教融合、科教融合、普职结合，线上线下教育一体，开阔学生视野，增长学生见识，锻炼学生胆识，尤其是在教育评价上，要破除和扭转唯分数、唯升学、唯论文、唯职称和唯帽子等重数量轻质量、重结果轻过程、重外在轻内在、重硬件轻软件的短期功利主义评价倾向，以立德树人和实现人的全面发展为根本标准，改革终结性评价，积极开展过程性和发展性评价，探讨增值性评价，推动学校为每位学生提供健康成长、发展进步的保障，不让一个学生掉队。同时，健全综合性评价体系，充分利用多种方式、多种渠道，全面客观真实地反映学生的成长和发展状况，尤其是要利用人工智能与大数据增强教育工作的针对性和实效性，把因材施教和促进学生多方面发展落到实处。①五是教师专业发展价值。教师职业的挑战性激发着个体生命的人格、智慧等内在力量，在促进学生个体发展的生命价值之外，也促进教师超越内在生命价值。作为美好生活的引领者、创造者，高职教师应立足教育教学实践，领悟专业发展对教育活动的重要价值，即通过理解体悟、运用提升、独立创造、反思重建等与学生对话，共同成长，将外在的知识、文化以及其他人的创造转化为内在的需要与实践、自身的成长，不断感受到这种职业带来的工作乐趣，获得职业幸福感，追寻生命的意义。

第三节　新发展理念

发展观是人们对发展的主体、目标、路径、方式、动力等所持有的总的看法与办法。②其研究和回答的是什么是发展、为什么要发展

---

① 刘振天. 教育高质量发展的理论基础及其方向引领［J］. 中国高教研究，2022 (5)：8-13；33.
② 简新华. 发展观的演进与新发展理念［J］. 当代经济研究，2017 (9).

和如何发展等一系列根本问题。新发展理念在科学发展观的基础上，实现了发展观的新发展。

一、发展观综述

（一）马克思主义发展观

20世纪中叶，相比静止观、直线观或者庸俗的循环论和宿命论，马克思发现了人类社会历史发展的普遍规律，进而形成了较为系统的具有普适性价值的马克思主义发展观。受当时社会历史条件的限制，该理论没有也不可能给出关于发展的具体方法。其具体内容包括：社会发展总体上是由低级向高级、从简单到复杂、从旧质到新质的运动，是新事物代替旧事物；发展不是直线的，是螺旋式上升和曲折式前进的过程；事物内部矛盾是发展的源泉，在阶级社会，阶级斗争是推动人类社会进步的直接动力，会带来发展观的革命性变革，建立唯物主义发展观。

（二）单一的增长观

第二次世界大战结束后，发展理论关注的重点是各国经济增长，发展被单纯地视为经济增长，发展的目的在于追求经济增长。各国或各地区均将实现经济快速增长作为发展目标，从而形成了以追求GDP为中心的发展观。其后果是短期内带来了经济繁荣，同时导致了贫富分化、环境污染、道德危机、政治腐败和社会动荡等社会问题。

（三）经济与社会结构变革的发展观

各国经过深刻反思，逐渐认识到增长并不等于发展，发展不仅要促进经济和财富增长，更要关注财富分配、公平正义、结构优化以及社会道德进步。由此，形成了经济与社会结构变革的发展观。但这种发展观并未考虑到制约社会发展变化的制度、文化、环境和资源等因素，更忽略了人在发展中的主体性与能动性。

（四）综合发展观

该理论强调社会发展中主体、环境、资源、制度、文化、历史、习俗等的综合作用，突出人的主体价值与核心地位，即人的发展是最终目的，而不是手段。

（五）可持续发展观

该理论在综合发展观的基础上强调发展的代际公平，发展不仅要考虑和符合当代人的利益和需要，还必须注意子孙后代的发展需要，为下一代人的更好发展奠定基础和提供条件。《里约环境与发展宣言》和《21世纪议程》都倡导推进人类可持续发展，表明可持续发展观已成为世界各国、各地区发展的理论与行动指南。1994年，我国正式将"可持续发展"确立为国家战略，把"实现经济社会可持续发展"作为一项长期指导原则。

（六）科学发展观

科学发展观，第一要义是发展，核心是以人为本，基本要求是全面协调可持续，根本方法是统筹兼顾。[①]2003年，党中央明确提出了科学发展观概念。党的十七大把科学发展观写入党章，党的十八大把科学发展观确立为党的指导思想。

（七）新发展理念

进入新时代，我国经济社会在快速发展的同时，以往长期依赖资源、资本和人力高投入的模式遇到了瓶颈，其红利逐步降低以至消失，各种生产要素的价格普遍上涨，一些资源面临枯竭，环境日益恶化，传统的发展观念和发展模式已难以为继。2014年，中央经济工作会议提出了新常态概念，要求全社会要认识新常态，适应新常态，

---

① 习近平. 深入学习实践科学发展观促进经济平稳较快发展［N］. 人民日报，2008-11-21（1）.

引领新常态，转观念、转方式、补短板、强弱项、保稳定、促发展①。以习近平同志为核心的党中央科学判断新时代的新形势和新任务，提出了"五个全面布局"和四个战略布局的整体构想，创造性地提出了新发展理念。这是对马克思主义发展理论的新发展，也是对世界发展理论的新贡献。党的二十大报告四次提到贯彻新发展理念，将其作为新时代我国发展壮大的必由之路，要求必须完整、准确、全面贯彻新发展理念。围绕"创新、协调、绿色、开放、共享"，新发展理念强调经济和社会的共同发展。前者是调整产业结构，推进新旧动能转换，大力发展绿色健康产业，突出科技创新；后者是凸显以人民利益为中心的发展导向，提高人民生活水平，加大社会保障力度，实施中西部发展战略、脱贫攻坚和乡村振兴战略，实现全体人民共同富裕的目标。

二、对高职教育发展的启示

（一）新发展理念的基本认知

新发展理念主要分为五个方面：创新是引领发展的第一动力，把创新摆在发展全局的核心位置，以保证发展的速度、效能和可持续性。协调是持续健康发展的内在要求，既是发展的手段、目标，又是评价发展的标准和尺度，牢牢把握中国特色社会主义事业总体布局，正确处理发展中的重大关系，不断增强发展整体性，注重整体效能，挖掘发展潜力、注重补齐短板。绿色是永续发展的必要条件，坚持可持续发展，形成和谐发展的现代化建设新格局。开放是发展的必由之路，奉行互利共赢的开放战略，提高对外开放的质量、构建广泛的利益共同体。共享是中国特色社会主义的本质要求，坚持发展为了人

---

① 佚名.中央经济工作会议首次提出"经济新常态"九大特征 [EB/OL].（2014-12-12）[2023-07-23]. http://politics.people.com.cn/n/2014/1212/c70731-26193637.html.

民，发展依靠人民、发展成果由人民共享，使全体人民在共享发展成果中有更多获得感、幸福感和安全感。

五大发展理念各有侧重，致力于解决不同方面的发展问题。同时，它们之间不是互相分割、简单并列的关系，而是相互联系、影响和作用，共同构成一个有机体系。"创新"注重解决发展动力问题，"协调"、"绿色"和"开放"是关键手段，"协调"注重解决发展不平衡问题，"绿色"注重解决人与自然和谐问题，"开放"注重解决发展内外联动问题，"共享"注重解决社会公平正义问题。因此，新发展理念从动力、方式及方向三个层面，科学回答了"实现什么样的发展"和"怎样实现发展"的问题。

（二）对高职教育高质量发展的启示

《关于深化现代职业教育体系建设改革的意见》从完善职业学校教育体系、构建教育的"立交桥"，到推动各级各类学校、行业组织、企业和科研机构等各主体的全要素融通、融合与融汇，充分体现出新发展理念，指引着高职教育高质量发展的方向。

1.突破发展理念

一是着力优化职业教育类型定位。坚持服务经济社会发展，以提升职业学校关键能力为基础，以深化产教融合为重点，以推动职普融通为关键，以科教融汇为新方向，调动各方的积极性，统筹职业教育、高等教育、继续教育协同创新，有序有效推进现代职业教育体系建设改革，提高职业教育的质量、适应性和吸引力；着眼于促进人的全面发展。深化职业教育供给侧结构性改革，坚持以人为本、能力为重、质量为要，建立健全多形式衔接、多通道成长、可持续发展的职业教育和培训体系，让学生能够多次选择、多路径融通、多通道成才，构建人人皆学、处处能学、时时可学的良好生态。二是树立大职业教育观。坚持产教互助互促、产教融合、产学合作，延伸教育链、服务产业链、支撑供应链、打造人才链、提升价值链，推动形成同市场需求相适应、同产业结构相匹配的现代职业教育结构和区域布局。三是构建互动、联动和发展机制。更好地发挥政府主导作用和市场调节作用，构建央地互动、区域联动机制，政府、行业、企业、学校协同的发展机制，形成制度供给充分、条件保障有力、产教深度融合的职业教育发展的良好生态。

2.构建"一体两翼"发展大格局

"一体两翼"中的"一体"是指现代职业教育体系建设改革。"两翼"中的一翼是指建立现代职业教育体系，建设部省协同推进机制；另一翼是支持打造行业产教融合共同体。

首先，部省协同推进现代职业教育体系建设。一是围绕深入实施区域协调发展等重大战略，推动有条件基础和改革探索意愿的省份，在职业学校关键能力建设、产教融合、职普融通、投入机制、制度创新、国际交流合作等方面，形成一批可复制、可推广的新经验新范式。二是服务经济增长带，以产业园区为基础，打造兼具人才培养、创新创业功能的市域产教联合体。集聚资金、技术、人才、政策等要素，推动各类主体深度参与高职教育教学改革；搭建人才供需信息平台，推行产业规划和人才需求发布制度，引导高职院校完善专业动态调整机制，使专业布局与当地产业结构紧密对接，紧贴市场和就业需求；建设共性技术服务平台，打通科研开发、技术创新、成果转移链条，为企业提供技术咨询服务。

其次，打造行业产教融合共同体。一是组建跨区域产教融合共同体，汇聚产教资源，优先选择新一代信息技术产业等重点行业和重点领域，制定相关专业的教学评价标准，开发专业核心课程与实践能力项目，研制推广教学装备；二是为行业提供稳定的人力资源，实行校企联合招生，开展现代学徒制培养等，面向企业员工开展各类培训和继续教育；三是建设技术创新中心，支撑高素质技术技能人才培养，服务企业技术改造、工艺改进、产品升级。

3.制定新发展举措

首先，提升高职院校的办学能力。组织知名专家、业界精英和优秀教师，优先在现代制造业、现代服务业、现代农业等领域，加强核心课程、教材、教师团队、实践项目等建设，及时引入新标准、新技术、新工艺；做强智慧教育平台、专业教学资源库、精品在线开放课程、虚拟仿真实训基地等，推进优质资源共享和教学与评价方式变革；服务全民终身学习和技能型社会建设，主动面向新业态、新职业、新岗位，开展技术技能培训。

其次，加强"双师型"教师队伍建设。从思想政治和职业道德方面加强师德师风建设；依托龙头企业和高水平高校建设一批国家级"双师型"教师培养培训基地，开发师资培养课程体系，开展定制化、个性化培养培训；开展教师学历提升行动，加强教师专业学位研究生定向培养；实施名校长名师（名匠）培育计划；以招聘和设立产业导师特聘岗等形式，以兼职任教、合作研究、参与项目等方式，将固定岗与流动岗相结合，使业务骨干、能工巧匠、优秀技术和管理人才入校任教和工作。

再次，建设开放型区域产教融合实践中心。对标产业发展前沿，建设多功能一体化实践中心（企业实践中心和学校实践中心），服务企业员工培训、产品中试、工艺改进、技术研发以及学生实习实训等；拓宽学生成长成才通道，建设一批高水平职业学校和专业，实施职教体系内部贯通，完善职教高考制度，健全考试招生办法，加快发展本科职业教育，开展普职融通，扩大应用型本科学校在职教高考中的招生规模，完善本科学校招收有工作经历的职校毕业生办法，完善专升本考试办法和培养方式，支持本科学校参与职业教育改革等。

最后，创新国际交流与合作机制。立足区域发展战略和人才需求，打造职教国际合作平台，提升中国职业教育的国际影响力。一是办好世界职业技术教育发展大会和世界职业院校技能大赛，推动成立世界职业技术教育发展联盟。二是打造职教国际品牌，包括建设一批高水平国际化的职业学校，推出一批具有国际影响力的专业标准、课程标准；推广"中文+职业技能"项目，推动专业化、模块化课程发展，健全标准规范、创新运维机制；培养国际化人才和中资企业急需的本土技术技能人才，服务国际产能合作和中国企业走出去。①

---

① 曾天山. "一体两翼" 全面推动职业教育高质量发展 [J]. 中国职业技术教育，2023（13）：5-7.

第三章

高职教育高质量发展的分析框架

基于对高职教育高质量发展内涵的分析，从发展哲学的角度出发，高职教育高质量发展涉及宏观、区域和院校等多个层面，包括高职教育体系结构，区域高职教育发展及产教深度融合，高职院校专业群、教师队伍、课程模式、校企合作、学生发展等多个维度。

第一节　高质量高职教育体系结构

高职教育（结构）是一个由诸多要素构成、具有开放性的复杂系统。从内涵上看，高职教育结构是指其体系内部的架构状态，即构成高职教育体系的各个部分和要素之间的比例关系；从外延上看，可从学科专业构成、教育资源分布、人才培养层次和组织办学体制等方面对高职教育结构的亚结构进一步解剖，将其分为专业结构、布局结构、层次结构和类型结构。在教育高质量发展的背景下，高职教育结构的优化受到多重逻辑的牵引和导向。

一、专业结构

高职教育专业结构是指在专业设置方面的构成形态，是高职教育服务经济社会发展能力的重要基础和根本保障，具体包括专业类别结构和专业规模结构。对其合理性的判断应依据其与产业需求的适配度。专业是高职院校与产业直接联系的桥梁和纽带，专业结构的合理与否直接决定了人才供需是否能够平衡，进而决定了产业结构的升级是否有相应类别和足够数量的高水平技术技能人才的支撑。这也成为"双循环"经济发展格局能否成功的关键。因而，专业结构的调整与经济格局的战略性调整协同进行，是适应"双循环"经济发展新格局的关键。

二、布局结构

高职教育的布局结构主要是指空间上对资源布局的规划和安排，集中表现为高职教育资源区域布局的量与质。构建技能型社会，从社会公平治理的角度看，一是基于机会公平，技能习得的对象拓展至全体大众，尤其要将弱势群体纳入其中，使每个劳动力都有习得技能的机会；二是基于过程公平，整体呼唤更高质量的高职教育技能供给，提高技能培养的效率。这要求高职教育的布局结构至少在两个方面适应技能型社会构建的新需求：一是在数量布局上要求高职院校的整体分布更为合理，尤其是偏远和弱势地区，需满足全体劳动力的技能习得和提升需求，同时满足地方经济发展对技术技能人才的需要；二是在质量布局上要求以高水平高职院校为代表的优质高职教育资源的分布更加平衡。

三、层次结构

层次结构是指高职教育体系内部学历层次的比例构成，包括专科、本科和研究生及以上层次。其包含三个方面的内容：层次的完整性、各层次比例的协调性和层次间衔接的通畅性。类型教育特征首先表现为建立层次分明、功能明确、规模相当的现代化职业教育体系。职业教育从中职、高职到本科、研究生（及以上）阶段的层次结构逐渐完整，是完成职业教育"类型化"改革的第一步。随着高职教育类型化改革向纵深推进，其内部的进阶结构更加清晰，结构内各层次的内涵更明晰、定位更明确，各层次的规模比例处于能够支撑我国经济转型发展的合理范围之内，以更好地支撑经济转型和社会发展。这也是实现高职教育高质量发展的重要方向。

四、类型结构

类型结构是指各类型高职院校、机构之间办学规模、经费投入等要素的比例构成。高职教育肩负着服务发展、促进就业的办学职能，其类型属性要求高职教育办学必须面向市场、依托市场。当前，经济发展的多元格局和人们收入水平的差距，使社会各阶层、团体、家庭和个人对物质和精神的追求产生了很大的差异，尤其是在2019年高职"百万扩招"政策颁布后，高职院校的生源类型拓展至农民工、下岗工人、退伍军人等非传统生源。生源数量和类型的转变意味着差异化的教育需求，由此也呼唤着更为多元的办学模式和办学体制，这对高职教育类型结构的优化提出了新的要求。在市场需求的逻辑下，要改变高职教育（办学）政府单方发力、后续乏力的状态，就必须寻求社会多元主体力量的支持，与行业企业形成命运共同体，通过提高服务市场的能力，切实满足社会和市场需求。构建多元的办学类型结构是高职教育在市场需求逻辑下高质量发展的理性选择。[①]

第二节　区域高职教育发展

区域教育是以三级行政区域（省、市、县）为单位的处于国家教育和学校教育之间的中观教育形态。[②]区域高职教育作为教育现代化的重要实践主体之一，是区域创新的智能来源和教育科技人才协同发展的理想场域，应积极发挥化人口红利为人才红利、调知识布局促大众创新、倡精神文明建学习型社会、育生态伦理走可持续发展道路、

---

① 李小文，石伟平. 高质量发展背景下高职教育结构优化的逻辑、挑战与路径 [J]. 中国高教研究，2023（4）：102-108.
② 王牧华，方晨阳. 中国式现代化进程中的区域教育高质量发展：理论内涵、战略构想和实践路径 [J]. 教育与职业，2020（3）上：51-55.

植天下情怀创人类文明新形态的区位优势和教育功能，以高质量发展服务高水平的现代化建设。

一、区域产教融合

（一）产教融合的概念

产教融合是产业系统与教育系统相互融合而形成的有机整体。具体来讲，产教融合是教育部门（主要是院校）与产业部门（行业企业）在社会范围内，充分依托各自的优势资源，以互信和合约为基础，以服务经济转型和满足需求为出发点，以协同育人为核心，以合作共赢为动力，以校企合作为主线，以项目合作、技术转移以及共同开发为载体，以文化共融为支撑的产业、教育内部及之间各要素的优化组合和高度融合，各参与主体相互配合的一种经济教育活动方式。①

（二）产教融合的基本特征

（1）双主体性。产教融合是行业企业和院校"双主体"的相互作用与联系。其中，企业是产品生产、技术开发和成果应用的主体，院校是人才培养的主体，两者缺一不可，共同参与高素质劳动者和技术技能型人才的培养。院校要发挥主动性，积极融入产业、结合行业、联系企业。

（2）跨界性。产教融合是生产和教育要素有机组合的形式，它既是教育性的产业活动，又是产业性的教育活动，是教育性与产业性的有机统一。产教融合与政府的推动作用和社会的参与密不可分。

（3）互利性和公益性。通过产教融合，高校和企业资源共享，实

---

① 杨善江. 产教融合：产业深度转型下现代职业教育发展的必由之路 [J]. 教育与职业，2014（11）下：8-10.

现各自利益的最大化，这是产教持续合作的动力和根本目标。同时，它以提升教育能力和社会利益最大化为目标，需要校企双方承担协同育人的社会责任。

（4）动态性。经济结构包括产业结构、就业结构、技术结构等要素，产业结构优化升级是经济结构战略性调整的重点。教育结构包括类别结构、专业结构、程度或级别结构等，它的调整受经济结构的制约，又反作用于经济结构并促进经济结构不断完善。产业结构调整必然引起就业结构的变化，而就业结构的变化又反过来促进学校专业结构的调整。同时，教育结构（包含专业结构）的内部也处于不断变化、改革和调整中。因此，教育结构与产业结构之间始终处于从不适应到适应再到不适应的动态循环和变化之中。

（5）知识性。经济发展和结构调整必须依靠知识和技术创新。知识不再是院校的"专利"，而被视为企业最重要的战略资源和提高企业竞争力的关键，成为产学合作中的重要因素。产教融合的实质是校企之间知识的流动和增值。教育通过与产业融合提升品质，产业通过与教育融合寻求技术支撑，两者交融，实现知识、技术、人才等要素的合理流动。

（6）层次性。产教融合可分为三个层次：宏观层面的国民经济和社会发展战略和规划中有关产业与教育融合的方略设计；中观层面的教育部门（含院校）与产业部门（含行业、企业）基于"需求导向"的办学思想、办学体制、办学行为的相互适应和配合；微观层面的院校教育教学过程与企业生产过程的衔接和统一。

（三）区域产教融合目标与实现阶段

省级政府深化产教融合的工作目标应与国家层面保持一致，即通过10年左右的时间形成教育和产业统筹融合、良性互动的发展格局，也即以育人为核心，以产教融合与省级政府主要工作和经济社会发展的契合点为关键点。区域产教融合的实现主要包括两个阶段：统筹推进，初步形成产教融合的体制机制，培育和打造若干在全国具有广泛知名度和影响力的省级产教联盟、产教融合型城市；总体实现产教融合发展，健全体制机制，不断完善以需求为导向的人才培养模式，全面提升教育与产业的协同创新能力，全面建立起支撑经济社会高质量发展的现代人力资源系统。[①]

二、区域高职教育发展

（一）区域高职教育协同发展

实现区域高职教育均衡发展、加快发展具有鲜明区域特色的高职教育是我国高职教育高质量发展的重要目标。其主要体现为东、中、西部之间高职教育在办学资源、层次结构、师生规模及质量效益上的均衡；不同省份、省内不同地市、同一省份不同院校之间规模及资源获取的差异性。

（二）与区域经济协同发展

首先，高职教育是区域经济发展的助推器：一是高职教育为区域经济发展提供高技能人才。二是高职教育促进区域经济转型升级。"转型"是指区域经济依靠科技进步和集约型发展方式转型；通过产教融合、校企合作，有效提升学生的适岗性；根据企业需求有效提升劳动者的职业素养和技能水平，从而提高劳动生产率，直接服务企业的人才需求。

其次，区域经济是高职教育发展的动力源：一是从供求关系上看，区域经济发展的规模、效益和质量决定高职教育的发展规模、办学水平和教育质量，也影响高职教育服务区域经济社会功能的发挥。

---

① 王泳涛. 我国省级政府深化产教融合的政策分析与局限突破——基于 24 省市实施意见的文本分析 [J]. 职教论坛，2020（1）：42-49.

区域经济发展的人才需求决定高职教育的人才培养方向。区域经济发展良好就能提供更多的就业岗位，为高职院校毕业生提供更多的就业机会；区域经济的产业结构和行业特色决定就业层次和就业方向；区域经济产业技术结构决定着高职教育的办学层次，如经济体量大，产业结构合理，新兴产业和高新技术企业聚集，就要求高职教育定位在本科及研究生层次。二是从深化教育教学改革上看，区域经济对高职教育有着深刻影响。它支持和引导行业内企业深度参与高职教育教学改革，参与学校专业规划、课程设置、教材开发和实习实训等教育教学工作。区域经济的产业结构决定高职教育（院校）的专业及课程设置、教学大纲和教学内容的安排，影响其人才培养方向；产业结构直接影响高职的教育教学改革方向，甚至影响高职的教育体制。区域经济的产业布局和产业发展重点，指引专业人才的需求和发展方向，高职院校要进行科学的、具有前瞻性的评估，并且尽可能提前规划，及时进行专业设置和调整；课程设置和教学计划及时跟上产业发展需求，高职教育的教学内容、实践实习内容要紧贴市场需求，并随其变化相应调整。三是区域经济的发展水平决定着对当地高职院校的经济支持力度。

第三节 高职院校发展

高职院校发展包括学校、教师、学生、服务等不同维度的发展。通过发展，高职院校提升关键办学能力，深化教学改革，打造高水平"双师型"教师队伍，加强高水平专业群建设等，从而夯实主体地位，履行立德树人的重任，培育具有自身特色、社会影响力和公众认同的育人品牌，实现高质量发展。

一、学校发展

（一）专业群建设

1.专业建设

专业是组织教育教学的基本依据和衡量高职教育服务能力的重要"观测点"，是一所高职院校的安身立命之本和核心竞争力之所在。专业是确定高职院校办学水平与质量的核心要素，也是衡量高职教育质量的重要指标。高职教育高质量发展要求高职院校必须将专业建设置于教育教学的龙头位置，精心打造自身的传统王牌专业，作为提高人才培养质量与办学质量的动力源。

一是专业方向与特色要适应区域经济社会发展的用人需求与技术服务需要。专业设置应有稳定的发展方向与鲜明的育人特色，与院校所在区域的主导产业和社会需求高度匹配。二是人才培养模式符合高职教育基本规律与人才培养需求，以类型教育定位为基本遵循，以提高人才培养质量为中心。三是教师队伍建设能够保障技术技能人才的高质量培养需求。"双师型"教师是职业教育对教师的特定要求，同时注重教师在理论教学与实践教学两个方面的实效性。四是科技研发注重为行业企业的"四技"服务并反哺教学。高职院校科技研发的重点是面向行业企业提供技术开发、技术转让、技术咨询与技术服务，同时加大教学反哺力度，服务人才培养。五是教学条件尤其是实践教学条件满足人才培养质量提升的需要。六是国际交流为专业发展提供新的教育教学理念与经验。经常性的国际交流有利于教师更新教育教学理念、学习职业教育发达国家的成功经验，有利于学生习得学习理论与方法，与更多国家的学生开展学习交流。

2.专业群

高职专业群一般是指参照"工作体系"的知识组织逻辑，以存在与区域发展产业相近的职业岗位群为现实依据，围绕某一技术领域或服务领域，依据自身独特的办学优势与服务面向，以学校优势或特色专业为核心，按行业基础、技术基础相同或相近原则，充分融合相关专业而形成的专业集合，是提高人才培养质量与办学质量的动力源。专业（群）建设应处于高职院校建设的龙头位置，高职教育的高质量发展重点在于专业群建设。专业群建设不仅关乎人才培养与社会服务的方向性和有效性，也是打造技术创新服务平台和提升技术技能水平，使高职院校专业结构与区域产业结构对接的直接载体。

专业群建设涉及专业方向与特色、人才培养、师资建设、科技研发、教学条件、国际交流等内容。其以人才培养模式为核心，以教学团队、实训条件和校企合作为重要的条件支撑，以质量评价为保障。建立合理的专业组群的行动逻辑是，以专业设置为前提，按照产业链的要求调整自身的专业布局，调整或优化专业群结构，提高专业群与产业的匹配度和映射关系；开展相关组织变革，发挥与产业群相关联学科专业的集聚效应，增强企业合作资源的开放性；围绕专业群发展的目标构建人才培养体系、课程体系、教材体系、实践教学体系，组建教师创新团队及改革教学活动，更高质量地培养复合型技术技能人才；推动专业群内部和谐有序治理，建立多方共同参与的专业群建设绩效评价体系，通过内部评价与外部评价相结合的方式保障专业群建设质量。

（二）课程建设

课程是高职教育人才培养的基本单元，是实现人才培养目标的基本要素和核心中介。所有教育理念的变迁和发展、任何教育目的的实现都以课程为中介。它是衡量技术技能人才培养质量的基本依据，高职教育思想的转变最终也将落实到具体的课程中来。高职教育课程的构建与实施质量在很大程度上决定了技术技能人才的培养质量。课程教学质量直接决定着高职院校的办学水平以及高职教育的高质量发展。

课程体系是教学内容和进程的总和，是提高教育质量的关键因素，是实现人才培养目标的重要载体。课程体系的构建主要体现在对课程内容的选择取向和组织方式上。高职教育高质量发展着眼于育人目标，因此，课程和教学体系变革是高职教育高质量发展的落脚点。

人才培养目标的达成度，是通过课程体系的设计、实施、反馈与改进的闭环系统来体现的。高质量发展背景下，高素质人才培养要求不断提升高职教育的课程适应性。通过分析区域产业发展、技术更新、岗位变化和人才新需求，建立新课程开发、旧课程淘汰、课时分配、课程内容动态更新机制，围绕课程生态建设，针对彰显"适应性"的课程目标、课程结构、课程内容、课程实施以及课程评价等研制课程改革实践方案。

高职教育课程的适应性包括价值取向、组织架构、内容选择、实施与评价等方面。一是从课程自身来说，主要是指课程内容的适应性，即课程内容要与产业发展匹配，发挥其人才培养的桥梁作用；而影响课程内容的因素包括最新生产技术所包含的知识体系、学生成长成才的身心发展规律、职业岗位所要求的各项实践能力等。二是从生产技术进步的角度来看，课程对技术发展的适应性主要表现为职业岗位、产业发展、人才培养等相关要素之间的契合程度，岗位要顺应产业，课程要适应岗位，服务于人才培养，从而使人才适应岗位。课程通过与最新技术知识和技能训练的融合与共生，促进受教育者知识和技能的整合与协同，依据高质量发展下产业及生产岗位的诉求，培养与产业结构相适应、与岗位高度契合的人才，满足新能源工程、生物科技、航天工程等新兴产业对特定岗位人才的需要。同时，课程适应性，还应在对产业结构、技术创新、岗位需求和人才关联性研究的基础上，进一步探讨学生的职业倾向、岗位定向对课程结构的调整、课程模块的构建与选择以及个性化人才培养方案的诉求，明确职业教育课程适应性改革的目标和方向。

（三）院校内部治理

职业学科建设是高职院校高质量发展和核心竞争力提升的主要路径。高职院校应以学校高质量发展为目标，以建设符合职业教育类型定位的职业学科为统领，以知识传授、生产和应用为核心，以内部评价为手段，以师资队伍建设为关键，以立德树人为根本，不断提升内部治理能力和关键办学能力。

一是坚持系统思维。高职院校内部治理是一项系统工程。经过改革发展，职业教育的类型属性越来越突出，同时其人才培养的跨界性也越来越明显。跨界性和开放性已成为职业教育的重要办学特征。为此，现代职业教育需具备良好的外部适应性、内部适应性和内外协调性。借助制度、文件等的推动，职业教育初步完成了市场化，但受历史因素影响，我国高等职业院校多采用科层式的内部治理结构，在提升效率的同时，协同性不足的弊端也越来越明显，学校教育的相对独立性（组织边界）与人才培养活动的跨界性（组织行为）之间的矛盾成为高职教育发展的普遍难题。因此，高职院校构建内部治理模式应遵循系统论思维。

二是坚持正确的办学定位和治校理念。价值主张是高等职业院校发展的灵魂，是形塑治校理念的内部驱动力。实现学校价值主张和满足师生及其他利益相关者的需要，是院校治理模式的出发点和落脚点。办学定位和治校理念是高职院校价值主张的直接体现。高职院校的办学定位和治校理念具有传承性、实践性和引领性等特征，具有凝心聚力和价值导向等功能，也是学校办学特色的源泉。针对高职院校的同质化现象，要在内部治理过程中坚守办学定位和治校理念。理念只有落实到模式才能实现目标，模式是理念和目标的中介。因此，高职院校在内部治理模式建构中必须坚守其价值主张，而价值主张直接作用于内部评价、学科建设和人才培养等关键环节。

三是以职业学科建设为统领。学科建设处于学校发展的龙头位置，也是高职院校办学的根基。高职院校职业学科建设统领专业、课程、人才培养和社会服务等产出性环节，由教师和其从事的科学研究活动所支撑。高等职业院校设置的基本逻辑大致可以描述为："人才培养定位—职业岗位知识需求—规划相应学科—组建师资队伍—设置专业—编制课程"。确定了人才培养定位后，明确职业岗位对知识的需求是课程编制的前提，而学科内容选择是课程编制的基础；课程是专业的基本组成单元，专业是根据社会和行业需要而设置的职业类群单元。知识（包括明言知识和难言知识）是整个教育活动的核心，而学科是知识的组织形态，所以高等职业院校内部治理需以学科建设为统领。高等职业教育的学科知识来自职业学科、技术学科、工程学科和基础学科等，学科形态呈"四螺旋"形，具有"超学科"特征。在类型教育视角下，高职院校只有准确把握办学定位，根据行业需求有针对性地建设职业类、技术类、工程类和基础类学科，才能将职业学科知识与技术、工程和基础学科知识有效融合，实现高等职业教育"高等性+职业性"的办学定位，而非简单、机械、静态地将知识线性叠加。

四是以提高人才培养质量为根本。刘易斯·芒福德认为，大学的目的是为从事某种职业的人准备基础条件，同时制定出这一职业应共同遵守的规则。高职院校培养的是面向经济社会生产一线的高素质工程型、技术型和技能型人才。虽然有学者指出教育服务于经济社会发展是一种被动状态，但对职业教育来说，经济社会发展需求是其主要发展动力。高等职业教育的根本任务是为社会主义现代化强国建设培养高素质技术技能型人才，各项工作都应围绕这个核心，因此高等职业院校内部治理应以提高人才培养质量为根本。

五是通过内部评价激发人力资源效能。2020年，中共中央、国务院印发的《深化新时代教育评价改革总体方案》明确提出，"充分发挥教育评价的指挥棒作用，引导确立科学的育人目标，确保教育正确发展方向"。评价改革的五个对象包括改革党委和政府教育工作评价，推进科学履行职责；改革学校评价，推进落实立德树人根本任务；改革教师评价，推进践行教书育人使命；改革学生评价，促进德智体美劳全面发展；改革用人评价，共同营造教育发展良好环境。方案提出，职业院校要重点评价"双师型"师资队伍建设。教师是教育教学改革的关键和核心。所以，职业院校需要通过优化学校内部治理，调整教师与学校、部门与学校、教师与教师、教师与合作企业及教师与学生之间的关系，以切实激发人力资源效能。

六是重点关注产教融合、职业研究和社会服务。产教融合、校企合作是职业教育的办学模式，工学结合是其人才培养模式。具备特定人才培养能力是职业教育成为类型教育的必要条件。产教融合和校企合作直接决定专业建设质量和人才培养质量，高等职业教育人才培养的诸多环节如教学资源建设、实习实训、学生就业和知识创新等都要与企业紧密合作。要实现产教融合，校企需进行文化对接和价值共创，这是提升企业参与职业教育积极性的根本途径。提升职业研究和社会服务能力是加强校企文化对接和促进价值共创的有效手段。研究指出，我国高职教育关注教育更多，研究职业偏少。深入研究职业发展规律，不仅能提升人才培养的市场契合度，还能提升师生解决实际问题的能力。社会服务能力是评价高职院校知识应用能力的重要指标之一，是校企共创价值的有效模式，也是高职院校科研活动的主要形式，更是"双师型"师资队伍建设的目标。因此，产教融合、职业研究和社会服务是强化职业教育类型定位的三个有力工具，高职院校内部治理应对其进行重点鼓励、引导和规范。

（四）内部质量保障体系

内部质量保障体系是指以培养高素质人才为目标，以提高教学质量为核心，把人才培养过程中的各个环节、各个部门的活动与职能合理组织起来，形成一个任务、职责、权限明确，能相互协调、相互促进的网络化、全覆盖的有机整体。它包括纵向上的决策指挥、质量生成、资源保障、支持服务、质量监控五个系统，横向上的学校、专业、课程、教师、学生五个层面，以及一个现代化信息技术平台（包括信息平台、现代管理与科学决策的支持平台、服务与学习平台、创新平台等）。它具有全员性、全程性和全方位性。其中，"全员性"是指承载教育教学质量属性的学生同时也是教育教学质量的责任主体。"全程性"和"全方位性"是指从影响学生学习质量的各因素来建设和考察质量保障体系，既包括纵向大一到大四各年级的教育教学质量生成过程，也包括横向课内外、校内外、国内外及线上线下等质量生成的全部教育或学习的场域。

高职院校内部质量保障体系建设应遵循系统性和协同性原则。系统性是指一体化构建贯通包括专业与课程体系、教材与教学体系、管理与服务体系等在内的内容完善、标准健全、运行科学、保障有力的质量保障体系，形成全员全过程全方位育人格局；协同性是指形成教学、科研、实践、管理、服务、文化、组织等协同育人的长效机制。

高职院校内部质量保障体系建设要在学校的统筹设计与领导下，通过校、院/部、专业三级运行系统，调查、研究和分析影响教育教学活动的主要因素及其质量生成过程和契机，综合运用制度、程序、规范和文化等多种手段，有针对性地解决影响教育教学质量生成的难点和关键问题，进行全员全过程全方位的育人管理与服务，营造良好的管风、教风、学风和校风，以取得最佳教育教学效果和学习效果。

高职院校内部质量保障体系建设主要表现为以下六个方面特征：一是保证目标的适切性，所培养的人才与社会所需要的人才对称；二是保证主体的全员性，需要高职院校全体人员共同努力；三是保证组织的健全性，既按照高职教育教学规律进行科学组织及运行，也需要管理部门对教学要素进行组织协调与管理；四是保证结构的融合性，需要政府、社会和企业等外部因素的配合；五是保证评估的生成性，教育评估需要以预定目标和计划为依据，对相关要素进行动态跟踪；六是保证反馈路径的闭合性，内部质量保障体系建设是一个循环的过程。

二、教师发展

教师队伍建设是高等职业教育实现高质量发展的关键环节和根本保障，是新时代推动职业教育现代化的基础。高职教师队伍建设主要包括三个方面：围绕教师本位发展理念的"双师型"教师队伍主力军建设，职前培养、职后培训相结合的高职教师能力结构完善，以健全"双师型"教师动态管理机制推动高职教师专业发展的动态化、可持续化。

高职教师队伍高质量发展应以师德建设为统领，重点加强"双师型"教师队伍的结构优化；积极与生产基地搭建合作平台，加强教师技能培养，实现教师理论认识与专业技能的同步提高，支撑团队发展。同时，健全和落实高职院校"双师型"教师认证标准与制度，为"双师型"教师队伍的建设提供明晰的政策导向和制度保证。

三、学生发展

（一）知识、能力和素质提升

高职教育培养德智体美劳全面发展的技术技能人才。2022年新修订的《职业教育法》从"高素质"和"技术技能"两个目标出发，既关注学生对知识与技能的理解和掌握程度，也注重学生是否成为"完整的人"，凸显了高职教育高质量发展的全方位育人内涵。

学生发展具体而言，主要包括素养、知识和能力提升。一是提升素养。高职教育应以满足国家发展需求和市场经济诉求为基础，融合时代精神，重点培养学生的职业素养，将职业道德、职业意识、职业行为习惯和职业技能融入人才培养全过程中，密切关注学生职业素养的养成与内化，使其成为国家的建设者和接班人。二是重构知识。高职教育应开发岗位变迁和岗位能力变化的专业知识，培养知识能力过硬的"高层次"技术技能人才，使其从事更具专业性的工作。三是提高能力。高职教育应基于职业面向，以服务发展、促进就业为办学方向，主动适应因新技术、新产业、新业态、新模式迅速变化而产生的用人需求，注重培养具有实践操作能力、创新思维能力和科研能力的技术技能人才[①]。

高职教育的发展历程表明，服务社会、促进人的发展是教育的根本目的，正如联合国教科文组织所言，教育不仅仅是为了给经济界提供人才，它不是把人作为经济工具而是作为发展的目的加以对待的。面向经济社会发展的就业技能培养和面向可持续发展的育人培养（关注学生可持续发展，促进其多元发展，实现综合素质提升）的有机结合是高职教育发展的内在价值目标。高职教育高质量发展的"定盘

---

① 阿木古楞，董苓. 高等职业教育高质量发展：本质要义、价值诠释及实践进路 [J]. 教育理论与实践，2023（33）：16-21.

星"是学生职业能力发展。因为学生职业能力发展是职业教育利益相关主体对职业教育高质量发展的核心诉求，没有学生职业能力发展，就无法满足产业发展对技术技能人才的需求，更无法满足学生家长对高质量就业的期待。职业教育发达国家普遍将学生职业能力发展视为职业教育高质量发展的核心目标。德国《联邦职业教育法》明确规定"职业行动能力"是职业教育高质量发展的核心。

（二）就业质量

以就业为导向是职业教育的鲜明特征，促进就业创业是《职业教育法》赋予职业教育的法定职责，做好就业工作，帮助高职院校学生通过掌握职业技能获得适合的职业、体面的工作，是职业教育的内在要求。

就业是帮助学生从学习世界过渡到职业世界的过程，就业质量会对个体的职业生涯发展产生重大而深刻的影响。毕业生就业质量是对人才培养质量和个体综合水平的反映，是考察人才培养质量最直接的指标。就业质量的内涵主要包括获得体面的工作岗位、较高的工作报酬以及持续的职业发展。因此，各高职院校要从管理、教学、服务、指导等方面系统设计、扎实推进，助力高职毕业生优质就业并获得持续的职业发展。[①]

四、服务发展

高职院校的社会服务是指为满足新时代经济社会发展对职业教育的种种需求，依托院校自身资源条件，有计划、有组织地以体制、机制等手段保障预先设计的涵盖多元服务形式与广泛服务群体的服务内容有效运行，并在后续以结果呈现情况反哺服务流程的一系列实践活动。

---

① 胡烨丹，王玉龙，江南. 高质量发展背景下高职院校学生优质就业路径探析[J]. 中国职业技术教育，2022（31）：88-92.

首先，面向广泛社会主体，打造全覆盖趋向的现代化职教服务格局。一是在服务供给上由单向度服务转向多向度合作。高职院校不仅是技术技能、知识共享等的受益者，而且要参与到服务生产过程当中。二是实现社会服务参与领域与实现形式的多元化。在技术转化等方式助推经济社会发展的基础上，逐步拓展至文化、教育等关涉公民利益、社会可持续发展等的领域，推动以技术技能为底色服务广大人民群众的物质文明、精神文明协同并进。

其次，以"内外一体化"为指引，构建动态化的职教服务模式。高职院校一方面要建立相应的动力协调、成员互促、监督考评等链条式的一体化机制，激发教职员工参与院校社会服务的内生动力与建设能力；另一方面要根据当地政府、产业、人群等不同层面的发展诉求与具体情况建构不同的社会服务模式，体现一定的灵活性与动态性，构建起从服务前的需求管理到服务中的供给管理再到服务后的质量管理的全过程运行机制。

最后，以引领社会需求为前提，推动职教服务高质量发展。高职院校社会服务必须实现从"被动满足社会需要"和"主动适应社会需要"向"引领社会发展需要"的"由有到优"的根本转变。要注重发挥高水平高职院校的高质量服务示范作用，在服务理念、服务成效等方面体现时代性、革新性。此外，应注重提炼服务发展的高质量成果。高质量成效、成果对内能够帮助高职院校提高认知，形成阶段性总结，实现其对"量""质"的统一评价，尝试呼应"双高计划"办学评价中绩效评价指标与效能评价方式应相互衔接的评价理念；对外能够提升职业教育的社会适应性与认可度，以实现内涵式发展，并推动中国式现代化技能型社会的全面建成。①

---

① 刘晓，李甘菊. 中国式现代化进程中的高职院校社会服务：愿景、实践错位与形塑路径［J］. 河北师范大学学报，2023（4）：24-31.

第四章

高职教育发展成就与实践困境

第一节　我国高职教育发展的主要成就

截至 2022 年 6 月，全国独立设置高职院校数已经达到了 1 522 所，其中本科层次职业院校 33 所，专科层次职业院校 1 429 所。全国高职院校 2021 年校均在校生数约为 9 300 人。其中，双高校的校均在校生总规模已达 13 600 人，非双高校的校均在校生总规模达到了约 8 600 人。我国高职教育的规模化发展创下历史新高，正逐步从规模扩张向以质量为导向的内涵式和特色化发展方向转变，我国高等职业教育在新时代迎来了新的发展机遇。

一、确立作为教育类型的发展定位

2019 年颁布的《国家职业教育改革实施方案》确立了职业教育作为一种教育类型的重要地位，从根本上扫清了影响职业教育发展的思想障碍。它响应了新时代人才观的转变，响应了个体发展的多元可能，为增强职业教育吸引力提供了制度层面的保障。职业教育类型地位的确立，为高职教育高质量发展和实现现代化提供了重要前提，为形成纵向贯通、横向融通的现代职业教育体系及其建制化路径，提升技术技能人才生涯发展的宽广度，以及开发职业教育与培训事业的更大潜能，提供了制度保障。

二、完善整体提质与重点培优发展模式

教育部于 2015 年和 2019 年分别发布了《高等职业教育创新发展行动计划（2015—2018 年）》以及《中国特色高水平高职学校和专业建设计划》。2019 年，教育部与山东省启动了高地建设，河南省、江苏省、江西省、成都市等省市也相继开展了类似的建设行动，既创

造了为全国探路的重要价值，也充分关照了职业教育发展的地域性特征。现代学徒制试点、1+X证书试点等工作也通过"试点探路""重点培优"的方式，产生了积极的社会影响力。"提质培优"反映了全面、整体的发展观，体现了职业教育由典型突破向"典型突破+整体提升"的发展思路的转变，有机融合了内涵发展、特色发展、系统发展的理念，探索和完善了职业教育整体提质基础上的重点培优发展模式。这一发展模式为高职教育高质量发展提供了根本保障，为职业教育制度创新、模式创新、思想创新提供了广袤的沃土，培植了面向2035年的职业教育现代化发展根基。

三、深化产教融合办学模式改革

首先，产教融合形成新格局。一是国家发展改革委、教育部等八部门联合发布《职业教育产教融合赋能提升行动实施方案（2023—2025年）》，旨在通过培育建设产教融合试点城市、产教融合型企业等举措，坚持以教促产、以产助教，不断延伸教育链、服务产业链、支撑供应链、打造人才链、提升价值链，加快形成产教良性互动、校企优势互补的产教深度融合发展新格局，持续优化人力资源供给结构，为全面建设社会主义现代化国家提供强大人力资源支撑。二是央地联动共同推进"一体"。教育部先后与天津、山东、广西、黑龙江等省（自治区、直辖市）联合发文，启动省域现代职业教育体系建设新模式试点，部省共同推进职业教育更好服务地方发展战略定位，探索可复制、可推广的发展经验和范式。三是凝聚各方力量，着力打造"两翼"。为深化产教融合、服务区域经济发展，教育部在资源和统筹能力较强的市域层面，首批遴选建设28家市域产教联合体。同时，聚焦国家重大行业，特别是制造业重点产业链以及农业、服务业重点领域，建设产教融合共同体；支持中车集团牵头成立首个国家轨道交通装备行业产教融合共同体。各地也纷纷成立和认定了一大批联合体和共同体。"两翼"建设的最大特征就是凝聚了政、行、企、校、社各方力量,产业园区、行业企业、普通高校、职业学校作为牵头单位,参与程度大大提高。

其次,深化了产教融合办学模式改革。一是1+X证书制度的建立,推动了我国技能证书制度向"国家取向和市场取向并存"的方向迈进。X证书将各行业内的龙头企业引入证书开发的进程中,使企业客观上深度参与了职业院校的育人模式与课程改革,充分发挥学历教育和证书教育相融合的优势,满足复合型技术技能人才培养的社会需求。二是"三教"改革增加了高职教育的课程门数、教材数量、资源数量,行业企业深度融入职业教育育人体系,在"改进结果评价、强化过程评价、探索增值评价、健全综合评价"的基本原则下,探索教师、学生、教学督导部门、用人单位之间在育人层面的切入点和协同行动方式。三是推动院校内部不断优化治理结构。随着一大批职业院校产业学院、企业学院的建立,以及部分产教融合型企业、产教融合型城市的认定和建立,院校内部治理结构也开始适应多元治理、开放治理的理念,行业、企业、政府等通过校务委员会、决策咨询委员会等形式进入职业院校治理体系之中,在课程改革、教学改革、教材开发等领域享有充分的决策权或影响力,形成了职业教育人才培养的新格局。[①]

四、关键办学能力取得新进展

首先,坚持"应用为王"扩建职业教育数字资源。在国家层面,修订专业教学标准758个,建设1 777个虚拟仿真资源、10 389门在

---

① 李政. 谋高质量发展为现代化奠基——我国职业教育"十三五"回顾与"十四五"展望 [J]. 中国职业技术教育,2021(10):5-10.

线精品课、1 559个专业教学资源库，715万种优质教学资源接入国家职业教育智慧教育平台，更好地助力教学管理和教学评价，更优地服务职业学校专业建设和教学改革。

其次，持续加强职业教育质量监测评估与规范管理。落实职业教育质量年报制度，推出《2023中国职业教育质量年度报告》，基于教育强国建设的宏大视角，聚焦职业教育服务学生全面发展和服务经济社会发展的目标定位，从国家、省、校三级全方位展示职业教育事业过去一年的发展全景。组织开展实习工作专项调研，助力学生实习全过程管理，消除实习隐患，提高实习质量，保障学生权益。

再次，以人才培养为中心推进专业教学改革。基于新一代信息技术等，在6个行业重点领域启动专业课程改革，教育部委托深圳职业技术大学等高水平院校牵头，联合龙头企业，组建专家团队，规划建设专业课程、教材和生产实训项目，构建一流专业体系，培育优秀教师团队。启动职业教育现场工程师专项培养计划，联合工信部等部门，2023年在新能源、高端装备等先进制造业重点领域遴选了447家联合培养企业。

最后，以"双优""双高"为载体着力提升内涵发展水平。启动首批国家"双高计划"验收，稳步推进省级"双优""双高"建设，推动职业院校高质量发展。系统总结第一轮"双高计划"的成效和经验、凝练特色与亮点、分析问题和不足，带动职业教育持续深化改革，强化内涵建设，实现高质量发展。

五、支持职业教育的良好氛围逐步形成

2023年职业教育活动周期间，两院院士、学生家长、中小学生、行业企业等社会各界人士广泛参与，教育部等十部门分别牵头举办了十余项全国性活动，推出"职教百家说""职教大家说"视频，为职

业教育高质量发展出谋划策。主流媒体高度关注"技能成才 强国有我"系列教育活动，宣传各地职业院校德育和思想政治教育工作成效，助力德技并修的高素质技术技能人才培养。

全国职业院校技能大赛的影响力更大、影响范围更广。为完善大赛规范，平稳举办年度大赛，教育部办公厅于2023年3月印发了《全国职业院校技能大赛执行规划（2023—2027年）》和"设赛指南"，改革赛项生成机制、赛区安排程序、企业征集办法。2023年的大赛共设置31个赛区、134个赛项，全国有近320万名学生、25万名教师参与各项赛事，获得了主流媒体和社会各界的持续关注。

六、国际化持续取得突破

一是打造境外办学品牌项目。坚持"教随产出、校企同行"，服务国家外交大局，以共建"一带一路"国家为重点，加强在中亚、中东、东南亚及非洲布局，推广"鲁班工坊""郑和学院""丝路学院""现代工匠学院"等"小而美"的民生境外办学项目，为中资企业用工需求本土化、增进驻在国的民生福祉做出更大贡献。

二是持续建设海外二级学院。鼓励高职院校、"走出去"企业、国外院校联合举办二级学院，推出更具国际影响力的标准、资源、项目，凝练中国职业教育的经验、理论，积极融入世界职教话语体系，高水平扩大对外开放，加速走向世界舞台的中央。

三是稳步推进海外职业技术高校建设。在中国-赞比亚职业技术学院、柬华应用科技大学等全日制学历教育高校的基础上，稳步扩大办学规模，让职业教育走出去，为驻外中资企业源源不断地培养高素质劳动力和技术技能人才，推动国际产能合作和高技能人才国际流动。

第二节　我国高职教育发展实践困境

近年来，高职教育与经济社会发展的联系越来越紧密，对促进就业创业、助力经济社会发展、增进人民福祉具有重要意义。然而，高职教育高质量发展还面临着一些现实挑战，如高职教育层次需要进一步提升，高职教育发展需要进一步均衡，服务经济社会发展的能力需要进一步增强，学生的职业技能水平需要提升等。其主要体现在体系结构、区域发展和高职院校自适应性三个方面。

一、高职教育体系结构及适应性不足

宏观层面主要从三个方面审视我国高职教育：一是重点关注高职教育是否具备完善的体系结构及其能否满足国家、社会及个人的需求等问题；二是高职教育的教育价值是否得到全社会的充分认同；三是高职教育的办学资源投入是否充分。

（一）专业结构的适应性偏差，专业设置同质化问题突出

1.专业规模结构与产业需求存在偏差

从高职教育专业人才培养的规模结构看，与产业结构的匹配存在偏差，具体表现在两点：一是第一产业和第二产业的专业招生数量与产业需求不适配。据统计，2021年我国第一产业产值结构占比7.20%，而同年第一产业相关专业招生占比仅为2.11%，导致农林类生产技术型人才严重不足，且和农业相关的跨学科复合型人才培养偏弱。第二产业的专业招生数量与产业需求也相差较大。据统计，到2025年，中国制造业十大重点领域人才总量将接近6 200万人，人才需求缺口约3 000万人，缺口率达48%，但当前的专业招生数量却无法满足产业发展需求。二是第三产业的专业招生数量超过产业生产需

求。从2021年的招生数据看，第三产业专业招生数量占比约61%，而同年第三产业就业人员占比约为48%，招生与就业的落差是不可忽视的，长此以往势必会造成第三产业的人才过剩。

2.专业类别结构过于集中，专业设置趋同

从高职教育的专业类别结构来看，当前高职院校专业设置存在不平衡的现象。专业设置存在同质化倾向，成本较低或普遍热门的专业开设过多，如2020年高职院校开设最多的前4个专业均属于财经商贸大类。某类专业重复率过高，容易造成专业类别结构内部的不平衡，从而导致部分人才积压。此外，战略性新兴产业的相关专业设置有待加强。以粤港澳大湾区为例，《2020年粤港澳大湾区（内地）急需紧缺人才需求目录》聚焦7个战略性新兴产业，涉及316类工作岗位和403类专业，涵盖急需紧缺人才岗位5.8万个，占需求总量的近5成。而从粤港澳三地高职教育相关专业的布点数量预测来看，3年后相关专业招生约为两万人，与产业需求尚存在不小差距。从未来产业发展趋势方面来看，对复合型技术技能人才的需求还会不断增加，低端流水线操作岗位则会逐渐减少，调整和优化当前的高职教育专业类别结构势在必行。

（二）布局结构的协调性不足，人才的区域支撑性不强

1.高职院校省域布局差异悬殊，人才流失严重

从省域布局来看，存在明显的不协调现象，具体表现为高职院校集中分布在中心城市和省会城市，相对外围的城市高职院校分布较少。这种现象在中西部省份、欠发达地区表现得尤为明显。如2022年，云南省高职院校共计49所，其中有31所集中在省会昆明市；青海省高职院校共计8所，其中6所集中在省会西宁市。值得注意的是，中西部省份高职院校总数本身就低于东部地区，加之向中心城市聚集，导致中西部高职院校的地区差距更为显著。高职院校具有很强

的区域性，其招生以区域生源为主，人才培养以服务地方经济发展为主。研究表明，高校毕业生呈现出向上流动的趋势，即生源地级别由低向高流动，中西部地区本身就面临着人才流失的困境，加之没有足够数量的高职院校做支撑，非中心城市技术技能人才的数量难以支撑当地经济发展，也不利于高职教育持续、健康发展。

2.优质教育资源区域布局不平衡，马太效应加剧

相较于高职院校的数量布局，优质教育资源的布局更能从质量上体现高职教育在布局上的不平衡性。教育资源的优质性可从不同方面衡量：一是体现在重点院校布局上。以"双高计划"院校为例，重点高职院校大多集中在东部、北部沿海经济区，就入选比例而言，东部沿海综合经济区的比例最高，为22.36%，大西北综合经济区入选比例最低，为8.43%，二者差距较大。二是从生师比来看，2019年东部和北部沿海经济区的高职院校生师比约为17∶1，而大西南综合经济区高职院校生师比约为21.8∶1。其中，陕西省生师比最高，达到26.8∶1。生师比是衡量高职院校办学水平的重要指标之一，生师比的差异也代表着区域高职教育资源的不均衡。三是从经费收入来看，根据2021年高职院校经费收入统计资料，最高的是东部沿海经济区，省均经费收入为1 222.4万元，其次是北部沿海经济区，省均经费收入为1 081.6万元；经费收入最低的是西北综合经济区，省均经费收入仅为277.6万元。从高职教育资源的质量布局来看，当前地区间的差异较大，这种明显的差异会催生马太效应，欠发达地区高职教育因资源差距，在专业建设、社会服务等诸多配套设施上严重缺位，将进一步加剧教育的不公平性。

（三）层次结构的合理性欠佳，层次间的衔接不够畅通

1.层次结构重心偏低，职业本科发展尚不充分

2019年6月，教育部首次以"职业大学"命名批准了15所高职

院校举办本科层次职业教育，标志着我国独立建制的本科职业院校正式建立。从学校数量看，2021年全国共有高职（专科）学校1 486所，而正式获批的职业大学只有32所；从招生人数看，2021年我国高职（专科）招生552.58万人，而职业本科仅招生4.14万人，仅为高等职业教育招生规模的0.74%。当前我国高职教育职业本科的发展尚不充分。

2.各层次的办学定位尚不清晰，人才培养的衔接不甚畅通

从内涵上看，我国高职教育分层发展的本质内涵仍待厘清。根据联合国教科文组织2011年颁布的《国际教育标准分类》（ISCED），对照我国的高等教育体系，本科层次的职业教育应当属于第6级专业教育，包括应用型工程教育、技术与技能教育等，是与学术教育完全不同的教育类型，是第5级专科职业教育层次高移的产物。然而，层次"高移"的具体内涵当前还没有达成统一且明确的共识，高职专科教育和职业本科教育在人才培养目标上的差异化的定义尚未明晰，导致人才培养上的衔接较难落实到课程等细微之处；我国高职教育层次结构的稳定性和适应性还没有充分展现出来，层次结构的内涵还有待进一步厘清。

（四）类型结构的多样性欠缺，多元办学格局尚未健全

1.政府仍旧占有绝对的主导和优势地位

从高职院校举办者类型看，据统计，截至2022年5月，我国高职院校共计1 489所，其中公办院校1 136所（76.29%），民办院校350所（23.51%），中外合作办学院校3所（0.20%），公办高职的数量占绝对的主导地位。分区域来看，公办高职占比最高的为大西北综合经济区，占比高达91.86%；最低的是南部沿海综合经济区，占比为65.81%，也大幅超过半数。从教育经费投入情况看，2021年我国高职院校国家财政性教育经费投入约占总投入的68.75%，而社会性教

育经费（包含民办院校举办者投入与社会捐赠）投入占比仅约为0.83%。从以上数据可以看出，当前我国高职教育办学的类型结构并不完善，社会多元办学格局尚未完全形成。政府的财力、物力有限，难以兼顾区域内经济社会发展需求和个人多样化教育需求的满足，容易造成教育机会上的不平等。

2.行业企业参与职业教育办学的机制尚未健全

行业企业等其他主体参与办学的机制不健全是高职教育多元办学格局难以形成的重要原因。一是各地对完善高职教育办学类型结构的规划制定和落实不够，多数地区尚未形成专门推进高职教育社会多元办学的跨部门协同机制，导致部分工作出现多头管理、权责难分的情况；扶持多种办学类型的政策体系也尚未完善，甚至政策上对民办院校在生均经费、教师培训、职称评定、基础设施等方面的支持与公办院校还存在不小的差距，导致社会主体的办学动力和热情不足。二是当前多元主体办学还缺乏合理的利益分配与平衡机制。如从举办的混合所有制产业学院的性质来看，企业无法取得办学结余，企业合作办学的经济效益体现不出来，合作难以为继。①

二、区域高职教育发展不平衡、不充分

（一）我国区域高职教育发展欠均衡、不充分

我国东中西部之间、城乡之间高职教育发展的不均衡主要体现在办学资源、层次结构、师生规模及质量效益等方面，同时在不同省份、省内不同地市及同一省份不同院校之间，也存在着规模及资源获取上的较大差异。从区域高职教育整体发展情况来看，当前我国优质高职教育资源主要集中在东部沿海发达地区，中西部地区相对薄弱，

---

① 李小文，石伟平. 高质量发展背景下高职教育结构优化的逻辑、挑战与路径[J]. 中国高教研究，2023（4）：102-108.

而且优秀教师及生源进一步向部分地区、个别院校汇聚，师生的流失又加剧了欠发达地区高职院校"人才空心化"问题。城乡二元发展格局亦反映到高职教育发展水平上，城市高职教育较为发达，而农村地区高职教育相当薄弱。

（二）我国区域经济社会发展与高职教育发展失调

首先，部分地方政府对区域内教育链、产业链、创新链、人才链"协调育人"的认识不够，缺乏从经济社会长远发展的角度树立"四链"有机互动的生态意识，没有将区域高职教育发展纳入地方经济社会发展的整体规划中，高职教育与区域产业集群的融合度不足，没有建立起区域经济社会发展与高职教育发展共生共长的关系。

其次，区域产教融合进入"深水区"。一方面，工业社会"工业文明"的缺失使得中国缺少职业教育存在的价值基础。企业往往片面追求经济利益的最大化，对立即带来利益的成熟技术感兴趣，缺乏参与职业教育的理念和传统。另一方面，高职教育产教融合面临政策边界不清、跨部门协同机制不畅、对企业经营需求重视不足、混合所有制改革难推进、优质产教融合资源不均衡等关键问题，导致新阶段职业教育改革"一体两翼五重点"的重大举措推进难度较大。其中，"一体"是改革的基座，即探索省域现代职业教育体系建设新模式，选择有迫切需要、条件基础和改革探索意愿的省（区、市），在产教融合、职普融通等方面进行改革，以点上的改革突破带动面上高质量发展，形成一批可复制、可推广的新经验新范式，优化有利于职业教育发展的制度环境和生态。"两翼"指市域产教联合体和跨区域产教融合共同体，它们是改革的载体。"五重点"是围绕职业教育自立自强设计的五项重点工作，包括提升职业学校关键办学能力，建设"双师型"教师队伍，建设开放型区域产教融合实践中心，拓展学生成长成才通道，创新国际交流与合作机制。[①]

（三）我国高职教育国际化面临困境

首先，高职教育国际化内涵发展受制约。一是高职院校办学多由地方财政支持，外部资源和政策支持相对不足，开展国际化合作在一定程度上会消耗学校自身的办学经费和成本，这使部分高职院校在配合国家战略推进留学生培养、境外办学等国际化交流方面的动力不足，其国际合作的空间和能力也随之受限。二是高职生源质量总体水平比本科院校低，学生的知识基础、外语水平、学习积极性以及学习能力不足，影响高职院校国际化办学的实施效果。比如，中外合作办学专业的课程数量相对普通专业的课程数量要多，对学习能力相对较弱的高职院校学生来说难度大，降低了合作办学的效果和效能。三是高职院校在办学过程中，受学历层次不高、国际化办学意识不强、师资国际化水平和对外交流水平不高等因素的影响，与海外较高水平应用技术大学有效对接的难度大，对国际合作伙伴、高水平国际师资、国际学生的吸引力也较为薄弱。

其次，世界变局阻碍我国高职教育国际化进程。当今世界正处于"百年未有之大变局"的历史洪流中，职业教育对外开放所面临的外部环境和国际形势正在发生深刻而复杂的变化，使以教育要素跨境流动为主要特征的高职教育国际化受到严重的冲击和阻碍。此外，新冠肺炎疫情使得全球经济总体呈下行趋势，给已经遭受疫情重创的教育国际合作交流增添了不稳定性和不确定性，给高职教育国际化带来了巨大困难和挑战。

最后，"援外"政策导向影响高职教育国际化平衡发展。高职教育国际化在一定程度上呈现出重"援外"、轻"内功"，"影响力打造"

---

① 教育部：一体、两翼、五重点 深化职业教育改革迎来重大举措［EB/OL］.［2024-02-10］. http://www.moe.gov.cn/fbh/live/2022/55031/mtbd/202212/t20221227_1036605.html.

有余、"自身能力建设"不足的"虚高"、失衡局面。部分高职院校对自身国际化战略的规划和顶层设计不足，发展目标模糊不清，导致国际化工作盲目趋从；很多"资源引进"型国际化活动，如中外合作办学具有专业性强、程序复杂、准入高、获批难等特点，严格的程序将很多高职院校拒在中外合作办学的门外。[①]

三、高职院校自主发展空间较大

从当前我国高职院校办学实践来看，高职院校人才培养质量的影响因素主要包括专业群、教师队伍、课程模式、校企合作、内部质量保障和学生学习管理等方面。

（一）学校发展层面

1.专业群建设在行动逻辑上不够清晰

很多高职院校单纯追求组群的"大而全"，忽略科学的专业群组群逻辑，没有立足自身的办学基础；存在"重立项、轻可持续发展"的情况，未能有效整合育人资源、优化人才培养方案及重构课程体系等。一是专业群基层治理水平有待提升，专业群内部组织、管理、师资以及教学资源等需进一步有效整合。二是我国高职教育人才培养模式本土创新不足。我国高职教育过往倾向于学习、借鉴西方部分发达国家的技术技能人才培养模式，但由于国情、校情的差异，国外部分技术技能人才培养模式在我国高职院校办学实践中的适应性和有效性不足，尤其是在我国高职教育扩招百万的大背景下，来源多元且数量庞大的学生群体需要我国高职院校探索个性化、弹性制的育人模式。但我国部分高职院校在面对生源重大变化时存在人才培养模式路径依赖问题（刘晶晶&和震，2022）。三是我国高职教育人才培养模式的

---

① 王丹. 中国式现代化视域下高等职业教育国际化：价值逻辑、现实表征及推进策略［J］. 职业技术教育，2023（7）：18-25.

设计和实施质量有待完善。高职教育人才培养模式的运转需要完善的课程体系作为支撑。例如，在工学结合人才培养模式中，需要校企联合开发高质量的实习课程并开展面向真实生产任务的教学，但部分院校仅重视实习形式而忽略了实习内涵，企业实习课程质量参差不齐，对学生实习过程缺乏有效的教学指导。[①]

2.课程教学模式本土化创新不足

我国从20世纪80年代开始引入"双元制""CBE""MES""BTEC""TAFE"等模式，并形成了中国职业教育课程的典型模式，如"宽基础活模块""工作过程系统化""项目课程""工学一体化""任务引领型""岗课赛证融通"等。但上述课程模式在一定程度上存在着低层次及过度标准化问题，主要表现为以下方面：

第一，课程定位不清与价值目标错位。首先，公共课与专业课之间、基础课与核心课之间相对独立。专业课程体系构建也只是对原有课程进行简单整合，模块与模块、课程与课程之间缺少资源共享和信息交流，缺乏连贯性。其次，公共基础课和专业课之间存在冲突。随着素质教育提升计划的推出和产业的不断发展，信息技术、大学语文、思想道德等公共基础课和专业课之间存在课时冲突。最后，高职教育课程体系未能全面契合产业发展和职业发展的实际需求，对行动体系中的实践知识也缺乏关注，知识体系和能力结构上缺乏有机融合，形成多元职业面向等方面的要素和内容不足，忽视了技艺之道和职业伦理等价值理性内容，影响了受教育者综合能力和岗位迁移力的提升，难以满足学生个性发展、可持续发展的要求。

第二，课程内容与产业发展脱节。一是没有及时地将产业的新技术、新工艺、新规范更新到现有课程体系中，课程内容缺少动态更新

---

① 唐玉溪，何伟光. 后发跨越式赶超：智能时代中国高职教育变革路向研究［J］.中国远程教育，2023（12）：68-75.

机制，课程内容不能适应产业发展需求。二是随着以人工智能为代表的信息技术与产业相结合，催生了融合创新、新兴业态，新行业、新岗位、新工种不断涌现；职业课程体系缺乏应有的产教融合双创课程，缺少对创新型人才培养的课程支撑。三是教学内容难以满足项目式、情景化、模块化教学要求，教材未满足"活页式、工作手册式、立体信息化"等要求，教学内容和教学形式没有充分考虑受教育者的学习习惯和特点。

第三，课程体系融通不足。一是课程体系横向和纵向衔接不足，基础课和专业课之间缺少有机对接，直接影响人才培养目标的达成。二是中职、高职以及应用型本科的课程体系之间缺乏有效的纵向衔接，资源的优化整合程度不够，各学校之间的交流与合作尚显不足。三是课程体系无法满足学生的发展需求。随着科学技术促进产业转型升级加速，学生的就业通道越来越多样化，专升本比例进一步提升，高职课程体系在人文素养、理论基础、信息技术等方面难以满足"复合型"人才培养的要求。

第四，"双创"教育内容专业性缺失。创新创业是深化高职教育改革的重要内容，现有的"双创"教育内容存在着专业性缺失的问题。一是课程内容更新慢，与产业新技术脱节；创业课程专业性缺失，内容泛泛而谈，学生参与的创新创业大赛、挑战杯大赛等双创竞赛内容与专业联系不紧密，创业课程与专业技术脱节严重，专业课程没有在促进学生创新创业能力提升上发挥作用。二是双创课程内涵建设不足，没有制定专创融通的课程目标。三是优质创业师资匮乏，难以提供有效的指导。教师自身存在着创业经验不足、专业水平有待提升等问题，对学生的创业指导力不从心。

第五，课程评价系统缺失。一是我国现有的职业教育质量评价标准体系还不完善，不重视对课程体系的评价；或是对课程体系的功能、价值实现、人才培养支持力度的评价不足。二是行业企业对课程体系的评价严重缺位。企业对课程内容、课程设置、教学计划和教学效果等方面的评价参与度不足，各利益相关方的价值诉求缺乏有效的交流和沟通。三是当前的质量评估大多属于静态性质，并未实现与产业发展的动态对接，未充分考虑岗位变化和职业精神等方面的需求。因此，这种评估方式无法对毕业生的真实职业场景适应能力、跨界整合能力以及未来发展性等进行全面评价。

3.校企合作的有效性不足

制约高职院校产教深度融合有效性的关键问题是体制机制不够健全，校企合作育人水平不够高。有效性不足主要体现在四个方面：一是时效性不强。不少校企在签订合作协议后没能根据产业变化及时调整合作方向及合作内容，且存在校企人才交流互动频率低、共同开发的课程教材更新不及时等问题。二是实效性不足。在校企合作中存在学校担心国有资产流失、企业担心投入大效益小等问题，使产教融合的利益相关方往往停留在"最后一公里"，产教融合无法真正落实。三是结构性矛盾。由于校企双方的功利化思想浓厚，因此，校企之间的"强强合作"最受追捧，而渴求优质合作资源的普通高职院校及中小微企业受到冷落。这种结构性矛盾既不利于高职院校为日后多数将就职于中小微企业的学生提供针对性的岗位实践机会，也难以支持地方中小微企业借助高职院校的资源实现快速发展。四是创新能力距离科教融汇新要求还有差距。科教融汇的核心是实现科技创新与教育教学的深度交汇与融合。高职院校只有不断提升科技创新能力和应用型科研水平，才能更好地服务于学生全面发展和经济社会发展。当前，职业学校对科教融汇的理解不到位、不深入，组织科研能力不强，多数教师的科研素养相对偏低，在产学研合作体系中定位不清，合作机制尚未磨合顺畅，难以将自身在技术技能方面的优势转化为协同创新合力，高质量科研成果较少，成果转化应用率不高。最新调查显示，2022年第一申请人为高职院校的专利总量为46 100件（含发明授权6 051件），仅占全国专利总量的0.51%。近7成高职院校专利成果转化率为0。同时，职业学校以科研成果更新教学内容、反哺教学改革创新的层次不高，运用现代技术优化提升教育教学方法的创新能力尚显不足。[①]

其主要原因包括：一是高职院校是非营利组织，企业则追逐利润，两者的冲突给高职院校与行业企业形成有效合作和沟通的机制制造了障碍。二是产教融合保障机制缺失，特别是国家产教融合政策落地有难度，导致有效约束和激励企业参与校企合作的具体实施性政策保障不足，制约了校企协同育人落地；"政校行企"多重主体跨界融合机制尚未成熟，校企合作陷入"制度低效"困境，合作的广度与深度不够，多重主体的协商自治和利益自足难以充分实现。此外，由于校企双方关系松散，工学结合的办学模式推进不顺畅，如学校有意全方位对接企业真实需求，将企业的真实生产项目引进实训中心，但由于缺乏有效合作运行机制，难以较好地解决人才培养衔接、科研成果转化等方面存在的问题。三是高职教育治理体系有待完善，体系构建过程中，侧重学校自身、教师以及学生要素，忽视行业企业的现实需求。

4.内部质量保障体系有待健全

首先，自主保障质量意识薄弱。高职院校各系统、各层面质量主体内生动力不足，主体责任缺位，质量管理粗放、低效，质量自律的文化生态还没有形成。无论是学校管理层还是教职员工，普遍缺乏主动保证质量的习惯、信念和机制，质量主体全员参与的意识与协同保证质量的机制还在建设之中，"全员、全方位、全过程"的"三全"

---

① 王新波，聂伟，宗诚，等. 2023职业教育改革与发展报告［N］. 中国教育报，2023-12-26（5）.

质量观落实不到位；实施自上而下的层级管理模式，以行政推动与院校领导的经验管理为主，各项工作、规章制度依靠上级教育行政部门所制定的政策、规划和提供的模板和范例，依赖外部评估的思维模式根深蒂固；教学管理重形式轻内涵，有标准但执行不严，有执行但冲突较多，有评价但指标不够科学。

其次，质量保障能力不足。一是质量生成系统标准体系不健全。虽然国家、地方教育行政主管部门、行业、企业出台了专业、课程、资源建设、基地建设等各个层面的标准，但国家标准、部编标准、行业标准、省级标准、校本标准等体系繁杂、种类繁多，且政出多门，导致落实到院校层面，相关条款的力度、可操作性与约束性存在诸多不足与误区。同时，上级标准体系的推进也在某种程度上束缚了院校结合实际自主开发标准的创新能力，院校项目意识较强，评估情结突出，对按项目设定质量标准的临时管理方式习以为常，质量管控标准不健全的状况较为普遍。二是人才培养保障质量不足。在专业层面，建设目标与定位模糊，建设标准不完善，专业教学过程数据监测不到位；课堂教学与人才培养目标的衔接不畅，监测侧重教师教学层面，缺乏对学生学习情况、实习与就业情况、毕业后满意度的持续跟踪，对充分利用质量信息来保障和提高教育教学质量的改进关注不够，持续改进机制尚未形成。

再次，信息化管理难以满足需求。目前，高职院校的信息化工作仍缺乏统一规划和顶层设计，各业务系统分散建设、相对独立，信息孤岛现象比较严重，公共数据采集与交换平台和统一门户平台的数据中心尚未建成；高职院校信息化运维人员的能力提升需求与保障软硬件系统正常运行的管理需求之间的矛盾突出；信息化自主开发和合作建设的体制机制有待建立；质量过程数据的"有痕"实时采集难以实现，预警、诊改机制不够健全，基于信息管理的动态化、实时化、一体化状态数据实时诊改分析平台成为体系建设中的一大瓶颈。

最后，机制创新亟待突破。动力机制、兼顾公平与效率的科学制衡机制的建立，是推动高职院校质量均衡发展、促进质量持续提升的内部动力机制与科学管理机制，是由"他治"走向"自治"的关键。而由于实践历史较长，高职院校对以教育行政主管部门为主体的外部质量评估形式的工作思路和工作体系较为熟悉，并产生了一定的依赖，导致在体系架构、管理制度设计、运行机制实施等多个层面都保持着挥之不去的旧的评估模式的情结。因此，高职院校亟待建立持续质量提升的动力机制，结合学校实际情况，将外部质量评估要求与院校自身建设有机结合。

究其原因，一是我国高职院校内部质量保障体系建设的政策引导鲜明，在相当程度上是政府这一外力推进的结果。二是对质量保障体系整体功能的认识存在一定的偏差，更多地把内部质量保障看作一项管理职能，质量保障体系本身所具的教育意蕴、所含的教育价值被挤压和消解；对质量保障体系的研究和实践主要处于借鉴国外和遵循政策阶段，依据高职院校人才培养定位和特色对质量标准及生成环节、质量可持续改进等的理论研究和实践探索还很不够；未充分地将现代信息技术用于质量保障体系建设，诸多高职院校尚未建立起依托大数据平台进行质量信息采集、分析、反馈或向教师提供可行性改进建议的机制。

5.教学督导机制有待健全

一是职能"无位"。教学督导通常是指由教学督导组织及其成员运用相应的方法和手段，对教学工作进行监督、检查、评估和指导，帮助教师规范教学行为和树立质量意识，提高学生的主体地位，营造良好的质量文化氛围，进一步深化教学改革，从而达到提升高职院校办学质量和效果的目的。其工作主要包含"督教""督学""督管"。目前，各高职院校设立的教学督导机构大致有两种模式：依附于教学职能部门模式，其职能是配合教务处工作；职能处室模式。这两种督导组织模式都有督管不力的弊端。前者是地位边缘化，较难客观公正地监督和评价教学管理方面的问题，难以有效发挥"督管"的职能作用；后者是常常出现督导反馈的建议不被教务处重视或采用的情况，"督管"工作流于形式。其原因是尽管督导的监督、检查等工作职责属于教学管理范畴，具有行政权力，但只是建议权，没有直接处置权力。

二是队伍"无本"。目前，高职院校的教学督导队伍人数不足，主要是由在职的教学管理干部、学院教学院长、教授或专家组成的院校两级的专兼职队伍；专业化程度较低，教学督导员一般年龄较大，且许多高职院校缺乏再提高、再培训的机制，导致教学督导员自身工作理念、工作态度、工作方式和知识储备等得不到及时的调整、补充与更新，无法跟上新时代改革和发展的步伐，其知识结构、实践背景和教学评价能力有限；工作中，督导往往根据一次课或几次课对教师进行评价，评价结果缺少公正性和科学性，评价结果和建议难以让全体教学人员信服，教师对督导的专业认同感不足；评价结果用于教师评优、绩效考核、职称评审等，在一定程度上增加了教师的心理负担；课后与教师的交流有限，这种"简单督导"方式不仅缺乏人文性、过程性和发展性的关照，而且使得督导人员在提供针对性改进意见、进行持续有效指导、促进其专业发展等方面，还难以有效发挥作用。

三是功能窄化。现阶段，教学督导的内容仍主要是听课评教等"常规督导"，主要形式是"找问题查漏洞"，如检查师生到课、教案携带、课堂管理、课件质量、学生听课状况等方面，听课后简单指出教师教学过程和实践环节中存在的问题；对教学秩序、教学实验环境和设备等进行时段性监控，完成期中教学检查等任务，对实践教学等凸显高等职业教育类型特色的关键环节缺乏相关督导标准和督导行为。

6.高职院校国际化工作仍待优化

其一，办学结构不良：合作办学未能跟上经济社会新的开放态势。过去10年，高职教育在中外合作办学上先易后难，办学项目及机构增长迅速，但仍存在合作办学外方在"一带一路"沿线分布不均、合作形式单一、资源引进缺乏多样性等问题。高职教育合作办学未能跟上开放型社会的构建步伐和经济社会新的开放发展态势。一是合作办学外方布点分布不均，未能满足新的开放态势对高职教育国际合作多样化的要求。《职业教育提质培优行动计划（2020—2023年）》提到，高职院校大多数倾向于引进国外优质职业教育资源，促进职业教育提质增优、增值赋能、以质图强。这有利于培养具有国际视野的高水平技术技能人才，满足国内经济结构转型升级和高层次对外开放的需求。但经统计发现，高职院校中外合作办学中的国外合作方以发达国家为主，英语系国家较多，合作最多的前三个国家均非"一带一路"共建国家；与"一带一路"共建国家的合作少，中亚、南亚、西亚、非洲等区域布局欠缺，这与当前中国同"一带一路"沿线发展中国家的经济合作多、双边和多边贸易增速快、国际产业链合作加深、对掌握小语种和熟悉各国政治、经济、人文环境的高技能人才的需求大等特点未能合理匹配，教育合作方式未能及时调整以更好地匹配经济社会发展战略。二是合作办学引进资源的来源单一，未能很好地借力"一带一路"倡议带来的人文教育合作便利，未能合理吸收与利用人类多样化文明资源。"一带一路"联结的非洲大陆、西亚、南亚区域都是人类古文明的重要发源地，沿线国家人口众多，物产丰饶，经济发展速度快，国际活跃程度高。然而，教育部中外合作办学监管工作信息平台的数据显示，高职教育中外合作办学引进的资源多数来自欧美发达国家，"一带一路"共建国家和地区较少。教育部等八部门印发的《关于加快和扩大新时代教育对外开放的意见》提出，要提升我国高等教育人才培养的国际竞争力，加快培养具有全球视野的高层次国际化人才。中外合作办学是培养具有全球视野的国际化人才的窗口。引进资源的单一不利于高职教育全球视野的形成和"一带一路"倡议中人文交流桥梁的架设。

其二，供需匹配不够：高技能人才培养未能满足"一带一路"倡议需求。近十年来，高职教育在跨国高技能人才培养上取得了一定成就，但与"一带一路"倡议需求相比，仍有差距。高技能人才供给的规模、类型、质量与"一带一路"产业链需求和我国企业"走出去"的发展规模不相匹配。商务部官网数据显示，中国企业在"一带一路"共建国家进行了大量的合同承包和实体投资。经济走廊的建设、物流的畅通和贸易的增长对各行各业技能人才的需求也不断增长，而高职教育对高技能人才的供给明显不足。由于部分"一带一路"共建国家教育落后，中国企业的机械设备运到这些国家后，在当地很难找到会操作的工人。为解决技能人才短缺问题，部分企业甚至尝试自己开展职业教育，为"一带一路"共建国家培养具有现代产业技能的青年从业者，尤其是熟悉中国设备和标准的技术技能人才。这反映出高职教育国际化人才培养的不足，即高职院校未能为企业跨国运营提供充足的本土和海外高技能人才。《CEAIE2022年度职业院校国际化发展报告》显示，中外合作办学毕业生国外就业率不足10%。中国企业在"一带一路"沿线65个国家中的分布率很高，而"鲁班工坊"正在运营的项目只有27个。

其三，校企合作不足：产业与教育国际化发展未能实现同频共振。校企合作、产教融合是高职教育高质量发展之本，也是高职教育国际化发展的动力源泉。但纵观过去十年，产教双方在国际化发展上却未能完全实现同频共振。《CEAIE2022年度职业院校国际化发展报告》显示，"一带一路"共建国家的中国企业有10 000多个，但与高职院校合作办学的却不多，签订合作协议的中外合作办学机构和项目比例较低，不足1/3。在与高职院校合作的382个企业中，中方企业364个，外方企业18个，且外方生产型企业极少；既有中方又有外方合作企业的高职院校不到10%。具体来看，校企合作、产教融合携手共促"一带一路"倡议、共谋国际化发展的成功案例有，但不够普及。以中国有色金属行业为例，其仅在非洲赞比亚的企业就有400余家，当地雇员达30 000余人。企业在赞比亚的经营、发展对高水平技术技能人才与员工的需求较大，而当地较低的教育水平难以满足企业的发展需求。为解决"走出去"企业在当地面临的高技能人才短缺问题，2019年，我国13所高职院校在教育部的指导下，协同中国有色矿业集团有限公司，在海外独立举办了第一所开展学历教育的高等职业技术学院——中国-赞比亚职业技术学院，5个教学标准成为赞比亚职业教育教学标准，中国职业教育教学标准首次进入非洲国家国民教育体系。然而，这类行业龙头企业牵头将行业企业需求与高职院校出海需求进行嫁接的成功案例很少，高职院校和企业合作不足、产业和教育国际化发展未能实现同频共振。

其原因有两点：第一，受限于高职院校作为教育类公益主体的特殊性，单个高职院校在专业分布、人才培养、应用研究等方面的规模较小，难以与龙头企业和行业协会开展对等合作。高职院校需要组建跨地域的专业联盟，方能具备较强的专业能力并拥有话语权，但是，当前职教联盟普遍处于松散的合作状态，尚未形成有效的协作模式，内部协调能力不强。第二，高职院校"出海"的经济成本、制度成本较高，对海外办学的主动探索较为谨慎，提前布局和实践的成果较为缺乏。虽然通过联盟可以和企业进行优势互补，降低彼此的海外拓展成本，但大多数高职院校并不具备和"走出去"的大型企业建立对等合作的成本补偿机制的能力，依赖政府又难以充分调动市场主体的积极性。

（二）教师发展层面

1.教师队伍建设困境

在国家政策的大力推动下，经过长期坚持不懈的努力，我国高职教师队伍建设取得了明显成效，有数据显示，2020年高等职业院校"双师型"教师占专业教师的比例已经达到了54%，"双师型"教师成为教师队伍的主体，我国高职教师队伍进入一个新的发展阶段，实现了质的飞跃。[①]

首先，高职教师队伍规模不足。根据《2021年全国教育事业发展统计公报》，截至2021年，我国普通本科学校专任教师126.97万人，本科层次职业学校专任教师2.56万人，高职（专科）学校专任教师57.02万人；普通本科学校生师比17.90∶1，本科层次职业学校生师比19.38∶1，高职（专科）学校生师比19.85∶1。相比普通本科院校，高职院校专任教师数量明显不足。大部分教师承担着繁重的教学任务，主要精力用于日常教学，直接影响了科学研究、教学改革、企业实践、进修培训的投入程度。

其次，高职教师队伍结构不尽合理。一是学位结构方面，获得硕士学位的教师较多，但获得博士学位的教师很少。而教育部出台的《本科层次职业教育专业设置管理办法（试行）》对博士研究生学位专任教师的比例提出了应不低于15%的具体要求，以进一步提高整体学历水平。二是职称结构方面，取得高级职称尤其是正高级职称的

---

① 曹晔，孟庆国. 推动职业教育产教融合与高质量"双师型"职教师资队伍建设[J]. 中国职业技术教育，2023（5）上：19-24.

教师数量相对较少，高学历、高职称教师的匮乏，一定程度上影响了师资队伍的整体水平。三是来源结构方面，缺乏真正来自企业一线、掌握生产工艺和能解决生产技术难题的行业企业骨干教师，难以发挥带头性、示范性与引领作用，直接制约了高职院校的专业建设以及整体办学水平的提升。四是能力结构方面，教师的专业实践能力不足。目前，绝大多数高职教师来源于普通高校毕业的硕士和博士研究生，职业教育教学能力和专业实践能力薄弱，缺少系统的心理学、教育学知识。尤其是当前高职"双师型"教师的科研能力和科技服务水平仍有待提升，帮助企业解决生产过程中的技术难题的能力不足，部分教师难以适应科技服务、教育培训、服务中小微企业技术研发和产品升级等的需要。

2.教师队伍建设困境的原因分析

首先，教师管理制度有待完善。一是缺少产教融合、校企合作的激励与保障措施，以及教师企业实践的保障措施。尽管国家高度重视高职教师素质的提升，但在现有的高职教师培养培训体系中，仍缺乏行业企业的实质性参与，主要以知名本科院校或国家示范性高职院校为主体，培训内容多以理论教学为主，实践教学部分不够丰富和充实，理论教学与企业实践脱钩；行业企业参与"双师型"教师培养培训的主动性和积极性不够，无法或不愿意提供足够的岗位来接纳教师实践，高质量、稳定的"双师型"教师顶岗实习基地不足。同时，下企业顶岗实践或挂职锻炼的教师，由于实践时间较短，教学任务重，加之部分教师专业能力有限，无法满足企业岗位要求。二是招聘机制不健全，由于现有机制和体制等方面的原因，行业企业中的优秀技术技能人才和能工巧匠虽然实践能力强、经验丰富，但由于受到编制、待遇、学历和职称等因素的制约，进入高职院校工作的途径不畅。这直接导致教师来源途径单一，行业领军人才和教学名师缺乏。

其次，高职教师专业发展制度有待优化。一是高职教师资格证书制度缺失。按照我国《教师资格条例》等的规定，现行的高职院校教师资格证书制度仍然沿袭普通高校的教师资格制度，在考察教师入职资格时，主要强调教师的学历以及相关专业理论知识的掌握情况，缺乏对教师在企业的工作经验、实践教学能力等方面的实质性考核。高职教师的入职标准与"双师素质"标准严重不符，导致从源头上就弱化了对专业素质的要求，造成了专业发展方向的不确定性，教师准入机制的刚性约束不足。"原则上""基本上"等字眼意味着对教师职前企业工作经历的强制性要求不高，导致高职院校在政策执行过程中出现偏差，在招聘条件上盲目追求高学历，弱化或忽视对专业教师工作经历与实践经验的要求。而从欧美等职业教育发达国家职业教育的政策与文件中可以发现，职教教师的企业工作经历是其任职的硬性前提条件。二是高职教师职称评审仍未破"五唯"。高职教师职称评审已经进行了几轮的改革，从沿袭普通高等教育评审的惯例到与本科院校教师职称评审分离，成为单独序列，再到院校自主评审，已经有了很大程度的改变，但是由于依然参照普通本科高校的教师职称评审标准，因此，仍片面强调对科研的考核，缺乏对科研成果转化能力的考核，实践教学能力、教学效果考核的科学性和有效性不足，还没有真正打破"五唯"的局限，导致部分高职教师专业发展动力不足，或专业发展方向偏离了类型教育要求的轨道，难以发挥制度对专业发展的价值引领、激励和推动作用。[①]三是高职教师考核评价机制有待健全。其具体表现为考核内容不够细化，在学校层面的评价标准不健全、评价主体单一、

① 左彦鹏. 高职院校"双师型"教师专业素质研究［D］. 大连：辽宁师范大学，2016：1-299.

评价内容科学性不足。如缺乏科学有效的兼职教师评价制度，考核评价多流于形式且缺乏激励机制，导致兼职教师工作动力不足，投入在教育教学能力提升上的精力不足。四是激励机制缺失，对"双师型"教师在职称评审、岗位聘任、项目申报、年度考核以及绩效评价等方面缺乏实质性的倾斜机制；缺少专业发展的激励制度，教师职业生涯规划意识弱，没有为教师提供更多的发展和晋升通道，其专业发展的积极性有待提高。

再次，高职教师培训资源供给贫乏。当前，大部分高职院校的教师缺乏系统的师范教育经历、企业实践经验，职业教育教学实践能力不足。由于国家职业标准、国家教学标准的研发不完善，培训机构和师资的质量较差、数量不足，企业提供的学习资源与专业匹配程度不高等问题，高职教师培训资源的供给一直存在内容贫乏、针对性不强的问题，难以满足教师专业发展的需求，在很大程度上抑制了教师专业发展的积极性。

最后，高职教师专业发展环境有待优化。一是和普通高校教师相比，高职教师对自身所从事的职业仍有低人一等的感觉，认为自己的工作不太受家长和社会的重视；教学任务繁重，企业实践、职称评定等方面需投入大量精力，导致教师的压力越来越大，部分教师对职业教育的热爱度较低，产生了职业倦怠，安于现状，对工作缺乏积极性和主动性。二是受国家项目制治理形式的影响，部分高职院校片面、非理性地理解国家的政策导向，为了追逐组织在教育科层制中的地位以及中央和省级的政策及财政资源，忽视自身的主体地位，丢掉了自身的价值理性。如个别院校以项目为导向，通过以专断权力为重心的组织运行，调集一切组织资源来获取项目。同时，制定了与项目制相伴的成果导向的教师激励制度，将院校立项所需的重大项目和高水平论文等指标分解到教师"专业带头人"等称号的评选以及考核、评聘等过程中，既忽视了自身内涵建设，又导致部分高职教师重科研轻实践、重业绩轻教学，呈现出功利型的个体驱动状况，价值取向与专业发展相背离。[①]三是一些高职院校对教师的管理主要以科层制为主，缺乏弹性，存在以行政指派为主、管理欠科学等问题，在一定程度上忽视了对教师的精神激励、人性化关怀，呈现出一种单向的"命令-服从"关系和层级化的组织文化。对教师的管理还停留在人力资源的管理层面，对教师职业发展规划的认识和重视不足。有的高职院校过于重视工作效率，不把精力集中在如何使上级任务有机嵌入学校现有运行体系中、以改革创新实现提质培优方面，而是将其视为额外任务，对其简单化处理，使教师工作量激增，挤占了本就不够充分的专业发展时间，未能充分给教师赋权，支持教师在民主、安全的心理氛围中开展微观层面的课堂教学改革活动的氛围缺失。[②]这些都直接制约了高职教师的职业认同感，导致部分高职教师的专业发展内驱力不足。

（三）学生发展层面

长期以来，高职学生的主体性价值未能得到彰显，对学生的学习收获以及学生发展的关注度不足。

1.教育教学过程忽视"以学生为主体"

一是忽视学生的需求。在行政力量的推动下，各类精品课建设、教师教学技能大赛、各种教学改革活动等层出不穷，基于工具理性，在一定程度上，高职院校关注自身在政府评估中的排名、获得的项目甚于关注自身的人才培养水平和教学质量，全部精力向上看，做了大量表面文章，而忽视了改革的根本目的，鲜有考虑学生的根本需求。

---

① 李天航，王屹. 警惕"双高计划"项目的潜在风险：表征与规避 [J]. 成人教育，2021（8）：43-48.
② 王向东. 大学教师评聘制度过度功利导向的负面影响及其控制——基于社会学制度主义的视角 [J]. 现代大学教育，2015（2）：88-93.

二是片面强调专业技能培养，忽视了学生综合素质的提高和可持续发展，"重教轻学"现象较为突出，在推动学生的学习变革方面力度不够。一些院校对学生的学习能力、学习方式、学习动力、学习态度、学习投入度及学习自控力等方面不够重视，缺乏有效的学情监测及全过程学习支持，导致不少教育教学改革难以取得预期的效果。在数字化经济中，技术迭代加速对学生的主动学习能力提出了更高的要求，高职院校的学生学习管理必须尽快改革，如充分利用新兴信息技术的智能性，赋能学生主动建构性学习；充分利用新兴产业技术的复杂性，激发学生深度思考和进行探究性学习等。

2.就业质量有待提升

一是就业观存在偏差。部分高职学生被动就业，对就业岗位的薪资待遇和发展空间满意度不高，总是试图通过不断跳槽寻求突破；部分高职学生的职业规划不明晰，就业观念不正确，存在短视和功利的心态，更多关注"生存性需要"，忽视"精神性需要""发展性需要"，存在"刚入职就离职""动不动就离职""工作不开心就离职"等现象。二是就业能力不足。传统的操作工种伴随生产自动化、智能化而被替代，"机器代人"一定程度上迫使毕业生提高就业技能。部分高职学生的职业能力和综合素质难以得到用人单位的认可，就业水平与社会需求存在落差，交换价值偏低。

究其原因，一是行业企业需求侧与人才培养供给侧不能相互适应，产教融合、校企合作很大程度上仍旧是浅层次的合作，学校对企业的需求信息不完全掌握，企业没有全程参与学校的人才培养，合而不融的问题依然突出。二是高职院校对学生的就业以及职业生涯规划指导不足。三是受国际经济形势影响，部分行业和企业生产经营困境日益加重，中小企业、民营企业吸纳就业能力下降明显，不少岗位存在薪资收入不高且不稳定等现象；个人职业发展难以规划，不稳定性风险增加，"吃青春饭"的岗位到一定年龄就需要转行换工作；新的就业形态也缺少制度政策的保障。

（四）服务发展层面

当前，我国高职院校的社会服务存在内容设计窄化、行动执行弱化、成效反馈虚化的实践偏差。

1.内容设计窄化：面向全民性与多元化体现不足

其一，由于对服务理念的认识不足，高职院校在服务面向上全民性的响应欠缺。中国式现代化进程中的高职院校社会服务应当面向广大人民群众。然而，通过调查分析发现，即使是在社会服务建设中颇具引领性的"双高计划"建设单位，在提供技术技能的供给服务时，也主要集中于企业员工等本身具有一定技术技能基础的群体，对低学历青年、残疾人、农村妇女等就业弱势群体的关注度明显不足，仅有不到5%的关注比例，难以满足中国式现代化进程中高职教育强调公平正义的要求。其二，工具主义盛行导致服务内容的多元化缺失。目前，高职院校的社会服务内容、形式还较为单一，缺乏对知识传播、文化建设等能够有力推进公民精神文明建设、社会可持续发展的服务形式的关注。长期以来，为了缓解社会对高职院校技术技能人才不断增长的需求，工具性价值成了社会服务的主要目标，且在此过程中形成了一种由积淀为一系列历史关系构成的以实用为导向的行为习惯。由此，能带来显性成效的社会培训与技术服务，较之成效较慢的知识传播、文化建设等服务形式，在高职院校社会服务的内容设计中占据了更大比重。

2.行动执行弱化：专门化运行的体制与机制建设不够

首先，高职院校浓厚的科研创新环境尚待优化。一是在科研基础设施、科研设备、科研经费等软硬件方面存在劣势；具有浓厚科研兴趣、强烈科研意识以及较强科研能力的高学历人才相对分散，缺乏核心支柱，缺少结构合理、实力强劲的科研创新团队支持，科研基础薄弱、学术资源匮乏、社会服务能力不强等常态化因素严重束缚了高职院校教师科研创新能力的提升。二是高职院校普遍存在教学工作量过大、偏重教学工作量考核等情况，开展科研创新工作的时间受限。三是现有的考核激励机制设计不利于教师的科研创新，科研创新激励机制不够合理，难以科学专业地考核和评价教师的科研创新成果及其社会服务功效；同时，考核在实际落地时又需要协调人事等其他部门，导致考核的导向作用发挥得不够突出，成果难以产生实际的经济效益和社会效益。

其次，高职教师参与科研的意识不强、能力有待提升。部分教师习惯了仅仅把教学当作本职工作，没有充分意识到科研创新工作对个人专业成长的重大意义，存在"科研是副业""科研冲击教学""科研只是职称晋升的条件"等诸多错误认识；部分教师对科研创新抱有急功近利的想法，过分强调评职称、岗位晋升、申报教学成果奖和精品课程；部分教师缺乏基本的科研素养和科研方法，在科研选题、科研项目申报、科研写作等方面存在盲点，在对科研项目实施时处于迷茫状态。

最后，高职院校社会服务组织的专门化、独立性体现不足。例如，对197所"双高计划"建设单位中期自评报告进行文本统计可以发现，68%的调查院校提出以"产学研办公室""发展规划办公室""协作发展联盟"等实体或非实体化的组织形式开展社会服务工作，体现出一定程度上的协同性。但由于缺乏专门开展社会服务工作的部门，且各部门间的职责分工不够明确，彼此间的沟通也不够顺畅，导致院校内社会服务的发展定位、综合职能、主要任务以及管理、保障等较为模糊。这种情况也同样体现在社会服务机制的建设上，即无论是规范性条例还是制度性条例，普适性、笼统性有余，独特性不够。

例如，尽管大部分"双高计划"建设单位的中期自评报告都涉及了社会服务的激励机制、考核制度，但文字性描述较为笼统，如"将教师的服务情况放至考核评价中"，但对考核的具体内容及权重等鲜少提及。由此可知，目前高职院校专门针对教职员工社会服务能力生成、提升、发挥的关注程度还远远不够，需要加以重视。教师作为高职院校践行社会服务的重要实践主体，其社会服务能力的生成与提升在其中占据重要位置。但从教师专业发展的角度来看，其专业发展的全周期阶段呈现出注重教育教学等的发展态势，针对社会服务能力的培养尚未纳入教师发展的专业"必然"构成之中。高职院校顶层设计上关于社会服务的人员分工、制度条例不明确，相关激励、协调、监督考评等一系列机制尚不完备，且机制间缺乏贯通性，必然导致服务前、服务中以及服务后的管理流程的流畅度受损。

3.成效反馈虚化：系统完善评价指标体系与高质量态势欠缺

从社会服务成效反馈的角度来看，当前无论是学界还是实践机构，对新时代职业教育社会服务发展目标与结果、职业教育社会服务能力构成要素等的评价还停留在较浅层面的讨论阶段，针对高职院校社会服务的评价指标体系与考核标准尚未确认。评价指标体系的欠缺将导致现实层面难以对高职院校社会服务的发展水平进行具体评估，如在高职教师的职称评定标准体系中，与人才培养、科学研究相比，社会服务的评定标准与所占权重尚不明朗，无法进行统一评定。同时，也无法说明高职院校的服务内容与执行情况是否满足时代的发展需求，使得其在开展社会服务的过程中缺乏明确的行动导向与发展路径。

除此之外，从社会服务的成效反馈结果来看，经济发展尚处弱势的地区的高职院校社会服务能力亟待提升，显现出社会服务供给不均衡的特点，如在全国"高职院校服务贡献典型学校"榜单中，华东、华南地区均有35%左右的"双高计划"建设单位名列榜单，但东北、西北等地的建设单位在两项标志性成果上均仅有不到10%的院校，且后者在地区内部也存在不均衡现象，如陕西省的社会服务总经费等在西北地区该类目下就占了一半有余。整体上来看，高职院校社会服务的高质量供给明显不足。而从系统论的观点来看，高职院校社会服务的整体高质量供给需要重视"多要素"之间的联系，某一"要素"的不足极易导致其他部分和整体发展面临"链式风险"；同时，由于高职院校是辐射区域经济发展与反哺地方技术技能人才培养的重要教育"高地"，该现象还会导致提升高职院校社会服务发展水平以助推中国式现代化重大战略的逻辑起点出现偏离。

第五章

中国高职教育高质量发展路径建设

高职教育高质量发展主要从高质量高职教育体系结构、区域高职教育、高职院校三个方面开展路径建设，从而系统构建技术技能人才成长路径，打造充满活力的"双师型"教师队伍，激活学校发展的内生动力，实现校企双向赋能，优化职业教育发展的社会氛围。[①]

第一节　高质量高职教育体系结构建设

一、提高专业结构的动态适应性

政府对专业优化升级起着引领与服务作用。在高职教育专业结构调整的过程中，政府承担着服务者、指导者和调控者的多重角色。首先，要健全需求预测和信息发布机制，当好信息提供的服务者。政府要做好对产业发展前景的预判和未来人才市场需求的把控等工作，整合各方资源，深入调研，并通过合理渠道对外公布各类专业的人才供需数据，为高职院校专业结构优化提供参考。其次，要定期更新高职教育专业目录，当好专业调整的指导者。政府应结合地方经济和产业的发展规划，制定中长期高职教育指导性专业目录，重点扶持适应新技术、新模式和新业态发展的新兴产业相关专业，从高位层面引导专业结构的整体转型。再次，要完善评估机制，严格专业审批，当好专业设置的调控者。政府对高职院校专业结构和质量的把控，可以通过培育第三方专业评估机构来实现，充分发挥地方行业协会和咨询机构的作用，对高职院校的专业结构进行动态评估和诊断；对高职院校新建专业的审核要从严把控，重视对新专业市场需求的论证，从根源上改善区域内高职教育专业盲目、同质建设的现状，促进高职院校的错位发展。

[①] 邢顺峰. 建设高质量职业教育体系 增强职业教育适应性 [J]. 中国职业技术教育，2021（3）：12-18.

二、增强高职资源布局结构的协调性

以政策引导为抓手，注重布局结构的顶层设计和整体规划。中央政府应充分发挥其宏观调控的职能，通过实地调研等多种手段对各地区的人才供需结构进行充分的把控，针对省域内资源薄弱地区高职教育人才培养难以支撑当地经济发展需求的困境，可通过政策引导和制度改革逐步调控。对高职教育资源相对薄弱的边远地区给予更多的优惠政策扶持，促使高职教育资源逐步扩散、下移；鼓励开办与当地经济产业发展相适应的特色院校和专业，保障区域内毕业生的就业优势；可通过财政投入优化资源配置，除整体加强对高职教育的财政投入之外，还可采用设立专项经费的方式平衡区域间的经费分配，削弱办学实践中的马太效应；分配经费时，可对弱势的高职院校给予更多的投入倾斜，帮助其快速突破发展瓶颈，稳定高职人才培养的规模和质量。如以省部共建、试验区建设等形式推动中西部地区高职教育的规模扩张与质量提升；在"双高计划"建设中，适度向中西部地区的高职院校倾斜；通过办学形式的创新，如连锁化办学、网络化办学，推动中西部农村地区高职教育的发展。此外，要从职业教育链与产业链协同发展的角度，在产业布局及产业转移方面注重提升中西部地区的产业链发展水平，推动中西部地区高职教育的可持续均衡发展。

三、提升层次比例和衔接的科学性

大力发展本科层次职业教育，完善高职教育层次的比例结构，形成促进职业本科教育发展的政策合力。国家政策的引导和行政管理的协同是推动职业本科教育规模快速提升最有效的手段，政府需当好"总设计师"，形成国家、地方政府以及院校多方的政策合力，统筹谋划、有序推进。一是将部分本科院校特别是地属普通本科院校或行业特点鲜明的普通本科院校改制，举办本科层次高职教育；支持符合条件的双高院校独立升格为职业本科院校；通过高职院校选择部分专业与本科院校联合培养人才的方式发展本科职业教育。二是从高等教育整体发展的角度考虑，根据高等教育的现实基础和综合条件，依据《国务院关于加快发展现代职业教育的决定》等政策要求（职业本科教育包括本科层次职业教育和应用型本科教育两个方面），引导一批普通本科高校向应用技术型高校转型，重点举办本科职业教育。还可以逐步探索高水平大学举办职业本科教育、民办高职院校升格、盘活开放教育资源等方式。要面向中高端产业、产业中高端和企业中高端岗位的人才需求，按照职业本科教育两个1号文件关于职业本科教育学校和专业设置标准的要求，建立健全职业本科专业动态调整机制，全面创新职业本科产教融合办学治理体制、人才培养机制、教师队伍建设机制、科研与社会服务机制以及教学质量保证机制等，做好职业本科办学的质量评估工作，确保人才培养质量。深化职普融通、产教融合、科教融汇，努力创造基本办学条件，探索具有中国特色的职业本科教育办学体制机制和人才培养模式，[①]培养德智体美劳全面发展的高层次高素质创新型、复合型、发展型技术技能人才。

明晰各层次人才培养的定位，提高层次之间的衔接质量。从理论上分析，应用型人才的类型（包括技术应用型、知识应用型和创新应用型人才三个层次）和国家职业标准相结合，以区分不同层次职业教育培养目标。其中，中职教育重点培养技能型人才；高职专科教育重点培养高素质技术技能人才；本科层次职业教育重点培养高层次技术

① 郭广军，蒋晓明. 高质量现代职教体系的发展逻辑、主要特征与实践路径 [J]. 教育与职业，2023（10）上：30-36.

技能人才，即具备生产一线解决复杂问题的能力，相比普通本科教育，既具备理论知识，又具备更熟练的操作技能；相比高职专科教育，更加具备高层次知识与解决复杂问题的技能。[①]专业学位研究生教育培养高端技术技能型人才。各层次人才的培养规格从职业岗位中生发出来。因此，高职教育应当找准各层次人才所对应的岗位群，通过对岗位能力和工作任务的分析，明确各层次的人才培养定位，培养出社会真正需要的各层次人才。职业教育的升学衔接相较于普通教育更为复杂，每一个层次都应通过培养目标、专业设置、课程体系与教材、教学资源、教学过程、招生制度、评价机制、教师培养、行业指导、集团化办学"十个衔接"，形成与其他层次及其他类型教育衔接贯通的应用型人才培养体系。如对中高职一体化衔接而言，以下三个方面十分关键：其一，课程一体化设计。它是一种基于整体性、系统性课程观的课程设计理念和模式，同时也是人为的建构活动，并受制于相关利益主体的目标、行动力、政策与制度等，是中高职一体化衔接的关键：一方面，课程一体化设计强调的是从整体上系统设计相关专业中高职两个学段的培养目标、学习内容、企业实践、学习安排、学习标准、衔接要求和衔接方式，使学生的学习处于一种基于知识和能力发展规律的有序结构之中；另一方面，课程一体化设计涉及的因素多、理论性强、工作难度大，实施起来比较困难。其中，构建一体化的专业教学标准和课程标准体系是课程一体化设计的焦点。一体化的课程体系要求课程专家、中高职教师、企业专家协同进行课程的研究、设计和开发。其二，学习能力的培养。学习的层次越高，学习内容越抽象，对学生抽象知识学习能力的要求也越高。学生从中职升入高职，尤其是进入本科层次的高职或普通高校，学习内容往往从偏重

---

① 袁广林. 职业本科教育的本质内涵与实践逻辑 [J]. 现代教育管理，2024（1）：119-128.

具象和实践转向偏重抽象和理论，这对中职生而言具有很大的挑战性。学习能力是指个体开展学习活动所需具备的心理特征，是顺利完成学习活动的各种能力的组合，包括感知观察能力、记忆能力、阅读能力、解决问题能力等。此外，学习能力还包含思维能力、主动性、策略与元认知能力等。学习能力具有领域性，不同学习领域所要求的学习能力是不一样的。学习能力的发展与教学过程相辅相成，因此，必须对课程体系、培养模式、教学方法、考核评价等进行全面、深入的改革与创新。从课程体系角度讲，要重视文化基础科目的教学，重点培养学生的语言理解和数理逻辑能力；要在所有课程标准中确立学习策略与元认知培养的教学目标。从教学方法角度讲，应采取养成式而非灌输式方法。养成式教学方法的核心要义是尊重对象特征，讲求教学规律与方法，注重知识理解与内化过程。养成式教学方法要求尊重学生的主体性和知识的建构性，在教学中切实坚持"以学生为中心"的原则，创新教学设计与组织形式，因材施教，使学生在真正理解和内化知识的过程中成为学习的主角、自我调控者和策略型学习者。其三，一体化协同机制。其包括宏观和微观两种类型。前者是一种多主体、外部化、大范围、具有关键性作用的协同机制，在利益主体上包括政府教育主管部门、中高职学校与企业；在合作范围上包括政策改进与制定、课程一体化设计、教学方法改革、衔接制度与机制等；在作用上具有决定性和广延性等特征。后者是一种少主体、内部化、小范围、具有一般性作用的协同机制，在利益主体上主要包括中高职学校和学校内部的相关部门；在合作范围上主要是人才培养方案与课程一体化设计、教学方法改革；在作用上是中高职一体化衔接制度的重要组成部分，是对宏观制度的重要补充。①

---

① 逯长春，王珏. 中高职一体化衔接的关键点、挑战与应对策略［J］. 成人教育，2022（12）：60-61.

四、丰富办学类型结构的多样性

优化高职教育类型结构的关键在于鼓励多元主体深度参与办学过程，有效增加教育服务的多样化供给。这里要解决两个关键问题：多元主体如何参与办学，以及政府如何保障办学质量。

（1）重点培育社会办学主体，推进高职教育办学形式的创新。地方各级政府及行业主管部门应依法支持社会力量参与联合办学，举办股份制、混合所有制学校，鼓励企业利用资本、技术、设施设备等要素参与校企合作。具体而言，可根据不同企业的特征，进行有重点的办学主体培育。如鼓励有条件的大型企业单独举办高职院校、与高校合作举办高职院校、与高职院校合作举办产业学院等。公办职业院校可重点深化产教融合，拓展现代学徒制、产业学院、中外合作办学、东西合作办学等多种办学形式；民办院校可发挥自身的灵活优势，重点探索混合所有制办学，并尝试与公办职业院校进行合作办学。

（2）在终身学习思想的指导下，从制度设计到教学内容上互相渗透、衔接、贯通，建立普通高等教育和高职教育的沟通和衔接体系，为学习者提供多种选择的机会。一是搭建两种教育互认的立交桥，针对高职专科、职业本科等各层次入口制定具有职教特色的招生考试制度，在出口方面拓展成长成才通道，与普通高教体系学历互认。二是要坚持两个服务要求，切实打造"纵向贯通、横向融通"的高质量现代高职教育体系，确保学生在接受基础教育后进入高中阶段乃至再进入高等教育的各阶段，有多次机会可以自主选择进入高职教育系统。三是对普通教育而言，在基础教育、高中教育和高等教育各阶段，分别有机融入职业启蒙教育、中等职技教育、高等职技教育；对高职教育而言，高职专科阶段在促进就业的同时要加强可持续发展能力培养，职教本科阶段在突出高端技术技能教育的同时应当加强应用技术、工程技术教育。

第二节　区域高职教育高质量发展

区域高职教育高质量发展包括高职教育与区域经济产教融合、协同发展，区域之间及区域内的高职教育发展与合作，区域高职教育国际化等内容。产业转型升级要求区域高职教育培养高素质技术技能人才，深化产教融合、校企合作，增强技术研发与社会服务能力，加快区域高职教育国际化发展等。

一、深化产教融合

探索构建科学、协调、健全的产教融合办学体制机制，保证高质量现代职教体系建设目标落实落细落地，是实现区域高职教育高质量发展的关键环节。

（一）着力打造市域产教联合体

探索市域产教联合体是各地有效深化产教融合，创新产教融合办学体制机制，夯实多元主体合作办学内涵，加快培养国家战略人才和急需紧缺人才，增强服务产业经济高质量发展的支撑力和贡献力的新赛道、新动能的重要途径。

首先，提升服务产业经济发展的能力。市域产教联合体要立足产业园区实体经济主战场，服务区域核心主导产业、重点支柱产业和战略性新兴产业等的转型升级，深化多元协同育人和协同创新功能，提升学生的就业质量和创新创业能力，推动区域科技创新体系建设，增强院校服务区域经济产业高质量发展的人才与技术支撑能力，不断提高贡献度。

其次，突出创新产教联合体运行机制。要健全"政园行企校研"

共建共管、多元联动、协同治理的治理决策制度，有效整合资金、技术、人才、政策等要素，着力加强市域产教联合体章程、运营管理制度、绩效考核制度、运营质量保障制度建设，探索形成组织健全、产权明晰、制度完备、机制完善、运行高效的实体化的市域产教联合体。

最后，深化产教联合体内涵建设。一是健全专业设置协调机制，推动学校专业布局与区域产业结构紧密对接、协调发展，如围绕区域产业链发展优化高端技能人才供给链布局，根据地方支柱性产业布局重点推动高职教育相应专业群的建设，为地方产业发展提供技术技能人才和应用型科研支撑力量。二是统筹规划，使高职教育人才培养适度领先于区域产业发展，瞄准未来产业发展趋势，率先布局下一代产业发展所必需的高端技能型人才链，打造新兴产业技术技能人才资源的"蓄水池"，提升人才供需信息平台的服务质量。三是联合体成员单位开展联合招生、联合培养和学徒制培养；共建产教融合实训基地和产业学院，共同制定学科专业发展规划和人才培养方案，共同开发课程教材，共同建设教学资源，共同组建专业教学团队，共同实施教育教学、教学管理、考核评价，全面提升技术技能人才的培养质量。四是创新产教融合、科教融汇机制。联合体成员单位要共同打造共性技术服务平台，共同实施前沿科技研究、技术应用创新、产品升级研发、成果转移转化，增强服务联合体企业发展的关键能力。

（二）着力打造行业产教融合共同体

行业产教融合共同体是各行业、企业及相关高校职校、科研机构紧密合作，实现协同育人、协同创新、协同发展、协同招生、协同就业的创新共同体、育人共同体和命运共同体，要增强"四链融合"，实现延链补链强链发展。一是增强服务行业、企业发展的能力。面向工业4.0战略需求，在新一代信息技术产业、先进制造业等重点行业和重点领域，打造面向产业链、跨区域的相关龙头企业、高校职校、科研机构等多元参与的行业产教融合共同体，整体增强服务行业企业发展能力。二是深化产教融合共同体的课程、标准和资源建设。行业产教融合共同体成员单位共同制订人才培养方案、专业教学标准、课程标准、实习实训标准，共同开发专业核心课程、教材、资源、实践能力训练项目，共同研发、推广应用于相关专业教学的装备设施。三是深化产教融合共同体人才培养培训模式改革。行业产教融合共同体成员单位根据产业技术发展对专业技术技能人才类型、层次、结构的需求，开展联合招生、委托培养、订单培养和学徒制培养，共同开展企业员工职前、职中、职后的技术技能培训，不断提升产教融合共同体的人才培养培训水平，优化技术技能人才供给结构，增强供给能力，提升供给质量。四是提升产教融合共同体的科技创新服务水平。行业产教融合共同体成员单位要共同打造企业工程技术创新中心、科技成果转化中心，共同搭建创新创业中心、众创空间，提升高素质技术技能人才的创新能力，服务企业产品技术改造、工艺流程革新、产品迭代升级和生产效能提升。

（三）着力打造产教融合实践中心

产教融合实践中心要着力强化其基本条件建设，服务学科专业发展，有效提升服务学生企业实习实训、教师企业实践锻炼、企业员工技术技能培训的整体水平。一是突出提升产教融合实践中心的综合效能。紧跟行业企业发展、学科研究，探索专业建设、专业人才培养、技术技能培训等前沿新需求、新标准，着力提升产教融合实践中心在专业实践教学、真实生产实训、社会职业培训、企业员工培训、技术研发服务、产品中试、工艺改进等方面的一体化综合效能。二是创新产教融合实践中心建设机制。通过政府主导、多渠道筹措资金方式建设公共实践中心，通过政府购买服务、金融支持方式推动建设企业实践中心。以"校中厂""厂中校"的方式校企共建实践中心，健全教师企业实践、学生企业实习、企业员工培训、协同创新发展的平台机制。

（四）着力探索现场工程师培养试点

现场工程师培养是构建高质量高职教育体系的内在要求，是实现现代职业教育内涵式创新发展的新使命、新任务，是深化产教融合办学机制创新的重要途径、载体和内容，要合理定位，聚焦重点，突破难点，完善机制，形成模式。第一，明确现场工程师培养服务定位。要紧密对接先进制造业、战略性新兴产业和现代服务业等重点领域的高端化、数字化、智能化、绿色化发展要求，协调匹配教育供给与人才需求，深化产教融合、校企合作及中国特色学徒制实践改革，校企联合深入实施学徒制培养和员工培训，健全教育链、产业链、人才链、创新链有效融合、协同发展新机制，形成赋能技术技能人才培养培训的新生态。第二，明确现场工程师培养目标。要面向重点领域数字化、智能化职业场景下的人才紧缺岗位，发布生产企业岗位需求信息，有效对接匹配的职业教育资源，按照"精操作、懂工艺、会管理、善协作、能创新"的要求，探索构建中国特色学徒制现场工程师培养标准、培养体系，加快建设一批现场工程师学院，创新现场工程师培养模式，培养能解决比较复杂的工程问题的复合型、创新型、发展型现场工程师。第三，突出现场工程师培养改革重点。校企联合实施学徒制培养，加快推进招生考试评价改革，着力打造"双师双能"结构化、专业化教学创新团队，助力提升企业师傅和学校教师的数字技能。

（五）共同研究一体化技术与服务

鉴于技术进步的层级性与递进性特征，应在不同梯度区域内成立协同创新中心，分层分类建立技术研发与服务团队，整合具有不同专业技术能力背景的师资力量，为不同区域产业结构提供针对性的技术服务。在重点核心产业区域，协同创新中心主要是面向区域中小微企业的双边技术协作与技术创新，发挥区域梯度发展的极化效应，通过技术突破，实现高层级区域的技术进步，引领低层级低梯度地区的技术研发与服务。在落后产业区域，协同创新中心提供全产业链技术培训服务与技术支持，开展技术升级与产品研发，积极推动低层级技术积累，促进低梯度区域产业结构转型，为区域技术升级进步、实现从低层级向高层级跃迁提供新动能。

二、加强区域高职教育发展

加强区域资源布局结构的协调性，区域和地方政府之间应加强信息沟通，建立联席机制，以区域高职教育发展为共同目标，加强区域之间的对话与合作。以机制建设为保障，加强省际区域之间的交流与合作。地方政府作为高职教育布局结构调整的施策主体，应在兼顾国家发展战略的基础上聚焦省域特色和人才需求，建立合理可行的政策落实工作机制，保持政策的持续性。地方政府应因地制宜地发展当地优势产业，以产业链建设支撑高职教育的可持续发展，以高质量的高职教育发展反哺地方经济建设。

丰富区域办学类型结构的多样性。重点培育社会办学主体，推进高职教育办学形式的创新。地方各级政府及行业主管部门应依法支持社会力量参与联合办学，举办股份制、混合所有制学校，鼓励企业利用资本、技术、设施设备等要素参与校企合作。具体而言，可根据不同企业特征，进行有重点的办学主体培育。如鼓励有条件的大型企业单独举办高职院校、与高校合作举办高职院校、与高职院校合作举办产业学院等。公办职业院校可重点深化产教融合，拓展现代学徒制、产业学院、中外合作办学、东西合作办学等多种办学形式；民办职业院校可发挥自身的灵活优势，重点探索混合所有制办学，并尝试与公办职业院校进行合作办学。

优化多元主体参与办学的治理格局，保障民办高职办学质量。地方政府在履行指导、支持和监督等职责外，可根据调研结果探索建立本区域高职教育和培训清单，明确各岗位需要的职业教育与培训，以及需要政府加大扶持的专业，充分履责；进一步落实高职院校自主办学权，重点在教育教学标准与质量监控等方面收紧治理权限，在人事、资金等方面适当放权，通过购买高职院校服务等形式助推校企合作、产教融合，在确保技术技能人才培养质量的同时提升院校办学活力。此外，针对不同办学主体，开展相关法律、法规与政策培训，尤其是向企业普及参与办学的优惠政策与详细规定，加深企业对参与高职教育的必要性与合法路径的理解，打消企业的办学疑虑，打造依法治教制度生态。

三、推进区域高职教育国际化

从近年来国家颁布的各类教育法规、文件和职业教育发展实践来看，国际化作为一个重要教育元素，已经成为实现中国式职业教育现代化道路中的风向标和先手棋。尤其是在经济全球化和"一带一路"倡议不断走向深入的时代背景下，高职教育国际化对院校自身的改革功能、对经济发展的服务功能以及对中外人文交流的促进功能均上升到了前所未有的新高度，同时成为高职教育高质量发展、服务新时代国家战略、实现中国式职业教育现代化的内在需求。它具有提升高职教育办学质量、构建现代职业教育体系、打造中国特色职业教育品牌、助推实现中国式职业教育现代化的价值内涵。

（一）发掘区位优势，加强区域联动发展

高职教育的国际化与自身区位有关。各高职院校要充分发掘自身的区位优势和比较优势，联合周边省份的高职院校，加强区域联动发展，积极深度参与"一带一路"建设，在高职教育国际化方面持续发力。对处于沿边、沿海、沿江区域的高职院校来讲，充分利用其区位优势实现国际化并非难事，如广西利用面向东盟的独特区位优势，建立了中国-东盟边境职业教育联盟，输出职业教育标准。像云南、西藏、新疆、内蒙古、黑龙江等沿边境省份（自治区）的高职院校可依托区位有利条件，积极发挥窗口和桥梁作用，探索建设"国门高职"新模式。像大连这样的沿海城市，作为区域经贸往来的桥头堡和国际海陆联运枢纽、东北三省和内蒙古东部地区进出口的海上大门，市内的高职院校不仅要实现自身的国际化，还要联合东北其他地区的高职院校，利用夏季达沃斯论坛等机制和平台，全面扩大对外人文交流，实现整个东北区域高职院校的国际化合作。像重庆这样沿江城市的高职院校，则要充分发挥长江经济带上游多式联运联通战略连接点的枢纽作用，增强在西部开发开放中的聚集辐射能力，依托"渝新欧"国际铁路联运大通道、长江黄金水道和渝昆泛亚铁路大通道，携手长江沿岸、四川、云南等地的高职院校一起走出去，实现联动发展。对完全处于内陆地区的高职院校而言，并非无计可施，同样可以深度发掘自身的区位优势。此外，高职教育作为培养高素质技术技能人才的一种教育类型，高职院校的国际影响力与当地经济的国际化发展相辅相成。内陆高职院校可以利用区域的对外经贸合作通道和平台实现国际化。如陕西的高职院校可以利用其丰富的历史文化底蕴和科教资源，立足古丝绸之路起点和"向西开放"战略前沿的区位优势，加强与西部省区市的区域联动发展，推动区域对外开放。

（二）建立职教"国-省-院"国际化品牌体系，扩大国际影响力

教育走出去的本质是其蕴含的文化基因的走出去。教育品牌作为文化基因的外显形式，需要多层次、多角度的表达。"鲁班工坊"这个国家级品牌的建立，凝聚着中华民族优秀传统文化的底蕴，也蕴含着中国在革命、建设、改革的伟大实践过程中孕育的社会主义先进文化。这些优秀的中华文化伴随中国复兴的伟大进程和对外开放的步伐走向世界，被"一带一路"共建国家所认可。同时，不同地域的人文历史、文化特色、国际交流环境都各不相同、各具特点，是从不同侧面对中华文化的一种表达。从区域文化与高职教育结合中提取出的品牌在国际舞台上展示是对大中华文化基因的补充和丰富。在我国高等职业教育的国际化进程中，不同高职院校应从自身优势入手，结合不同行业领域、不同行政地域的特色，将其凝练成品牌，使区域、院校的品牌与"鲁班工坊"形成众星拱月之形、星月交辉之势，从而更好地弘扬中华文化。从品控管理的角度看，品牌生态理论认为，精心组建相互关联、相互促进的品牌群，能形成可持续的竞争优势，品牌群整体生态系统的构建能够提升品牌的生存力和影响力。"鲁班工坊"作为一个国家级品牌俨然已在"一带一路"共建国家获得认可。然而，高职教育的进一步国际化需要凝聚更多共识，在品牌建设、品控管理方面做出更多努力，打造一个由行业领域、行政地域、院校联盟等各维度品牌组成的生态系统，建立从国家到省市再到院校的同基因高职品牌体系，以适应不同层次、不同地域的特殊需求，增强高职教育的国际生存力，提升其国际影响力。①

（三）加强质量保障体系建设，完善多元利益相关者参与机制

质量是我国高职教育国际化的起点和归宿。随着我国高职教育国际合作与交流形式的日益多样化，各种质量问题也日益凸显。这就需要建

---

① 白玲，安立魁."一带一路"倡议下我国高职教育国际化实践样态与推进策略——基于全国1344所高职院校质量年度报告的分析路径 [J]. 职业技术教育，2020（22）：20-25.

立多元化的质量保障和检测机制，有步骤、分层次地对国际化办学活动进行规范和引导。我国需要借鉴国际先进经验，加强对国际资格框架（它是一套跨越国界的教育和职业资格认证体系，旨在通过统一的标准和等级描述，实现不同教育体系和资格证书之间的等值性、融通性和可比性。其主要目的是增强社会及劳动力市场对资格的认可度，促进劳动质量提升和区域经济社会发展）的研究，逐步建立与国际接轨的技能标准和职业资格标准，构建国际通行的质量保障和职业资格认证制度；充分发挥政府、第三方组织、中外双方合作院校、企业、学生及其家长在质量保障过程中的作用，建立多元利益相关者参与的质量保障体系，从根本上解决国际化办学活动的质量问题。高职教育国际化质量保障体系要遵循三个原则：第一，严把入口关，保证引进来的资源属于优质职教资源，包括师资、教材、教学方法、跨国企业等；第二，严把过程关，保证优质教育资源使用的本土化；第三，保证输出的职教资源符合国际认证标准，树立我国职教资源的官方信誉。

（四）规范国际化校企合作，加快高职院校走出去办学

高职院校的国际化办学与区域经济发展的国际化需求情况密切相关。一方面，要进一步规范现有高职院校与跨国企业的合作项目。要在归纳总结现有国际化校企合作实践经验的基础上，加快职业教育校企合作政策建设，明确政府、学校在办学活动中的定位，政府要为该类项目的课程合作提供便利；要在支持和鼓励我国企业走出去的同时，推动高职院校依托企业走出去办学。高职教育国际化是由企业国际化推动的，要依附中国企业走出去。已有经验表明，开办境外分校或职业技能教育（培训）中心是高职院校走出去办学的可选路径。①

---

① 莫玉婉. 高职教育国际化：内涵、实践及改革趋势——基于国家百所高职示范校的调查分析 [J]. 职业技术教育，2017（16）：24-28.

案例：特色的区域高职教育高质量发展的实践
——以湖南省为例

一、形成特色院校布局，服务区域发展的合力

（一）对接全省产业布局，形成高职院校布局

湖南省三大区域板块包括长株潭国家自主创新示范区、环洞庭湖生态经济圈、湘南湘西承接产业转移示范区，区域优势和特色日益凸显，主体功能逐步发挥，全省经济社会发展进入了全面协调可持续的新阶段。在三大区域板块战略布局明确之后，湖南省教育厅提出对接三大区域板块布局全省职业院校，根据区域板块的需求推动新建职业院校，要求所有新建职业院校必须与所在区域板块的主体功能、主体产业相适应，并强力推进职业院校对接所在区域板块需求动态调整专业。与2010年相比，2020年湖南省高职院校增加9所，目前全省有高职院校71所。其中，在长株潭核心引领示范区布局5所，在环洞庭湖生态经济圈布局1所，在湘南承接产业转移示范区布局1所，在大湘西经济区布局2所。

"十三五"以来，随着区域经济空间布局的战略调整，湖南省逐步对接"一核三极四带"区域产业发展战略，重点布局相应数量的骨干职业院校。其重点建设的11所高水平高职院校，全部入围国家"双高计划"；全省建设国家示范（骨干）职业院校37所，省级卓越职业院校57所，省级示范职业院校136所。其中，在长株潭核心增长极布局各类骨干院校112所；在岳阳、郴州、怀化增长极分别布局各类骨干院校11所、8所、9所；在京广、环洞庭湖、沪昆、张吉怀经济带分别布局各类骨干院校12所、19所、7所、6所。湖南省已基本

形成支撑"一核三极四带"的职业院校骨干体系。

与此同时，湖南省按照加强产业园区建设的"多点"布局，坚持职业教育与产业园区同步建设，引导各地把职业院校办在开发区内，重点支持长沙、株洲、常德等6个城市在产业园区集中建设职业教育基地。全省现有150余所职业院校建在省级以上园区，在校生占全省总规模的48.8%。其中，株洲市投资40亿元，在株洲·中国动力谷建设占地5 000余亩的湖南（株洲）职教科技园，10所院校入驻；长沙市投资14.5亿元，在长沙雨花经济开发区建设占地1 100亩的长沙职教基地，8所院校入驻；常德市投资30亿元，在德山经济开发区建设职业教育大学城，4所院校入驻。

（二）支持行业企业办学，推动产教融合发展

湖南一直采取多种方式支持行业企业办学，形成了具有鲜明行业企业办学特色的多元办学格局。如采用联合办学的方式，与民政部共建长沙民政职业技术学院，与中华职业教育社共建湖南科技职业学院。近年来，还陆续在新增设的9所高职院校中支持行业企业举办4所。目前，湖南有行业企业举办的高职院校35所，占总数的49.3%。

二、布局特色专业，凝聚错位发展定力

专业是职业教育实现高质量发展的基础，也是反映区域职业教育水平的核心指标。从职业教育供给侧来讲，各地尤其是中西部地区支持职业教育发展的人力、物力、财力有限，这就要求区域职业教育专业体系不能大而全，而应结构优化。从经济和社会需求侧来看，区域产业需求的技术支持和人才支撑要靠专业。然而，受诸多历史和现实因素的制约，职业教育专业结构调整不易。湖南在这方面做了有益探索，基本上形成了区域内职业教育专业错位发展优势。

（一）强力推进专业集中度提升

早在"十一五"期间，湖南就开始按照专业特色发展、形成错位优势的思路优化全省职业教育专业布局。省教育厅要求每所高职院校确定2~3个重点建设专业大类，要求职业院校新增专业在重点建设专业大类中产生，并明确规定各类省级职业教育重点项目原则上均在学校重点建设专业大类中产生，强力推动职业院校专业动态调整。近3年，湖南省职业院校新增专业点601个，撤销专业点223个，面向一、二、三次产业专业数占比为7.3∶33∶59.7，与湖南三次产业结构比基本适应。其中，高职院校对接工业优势产业链的专业点718个，占专业点总数的40.1%。目前，湖南职业院校专业集中度较高，专业错位发展的局面全面形成，一校一品特色发展格局基本形成。

（二）及早谋划专业群建设

2013年，面对我国产业日益链式、集群式发展的新趋势，湖南省开始谋划职业教育专业建设新思路，在全国率先提出专业群建设理念，在专业建设经验的基础上，通过调研分析，形成了专业群建设框架方案。一是创新提出对接产业链、产业集群构建专业群的思路。引导职业院校在重点建设专业大类的基础上，按区域范围内多个相关专业群服务一个产业链、产业集群的愿景，探索构建专业群。二是创新提出"专业基础相通、技术领域相近、职业岗位相关、教学资源共享"的专业群构建原则。引导职业院校根据相关专业特点，遵循职业教育教学规律，依据技术和岗位需求变化，合理构建专业群，推进专业聚集发展。三是明确了项目引领、试点探索、全面推进的专业群建设路线和策略。设立省级"示范性特色专业群"项目，鼓励各职业院校试点建设校级专业群，推动全省职业院校普遍建设专业群。四是提出"以群建院"专业群治理理念。引导职业院校优化内部治理结构，以专业群为单位设立二级学院（系），形成有效统筹群内资源的专业群治理体系，将专业群打造成人才培养共同体、校企协同联合体。

湖南省率先推进专业群建设。一是以省级项目引领专业群建设。2014年、2018年先后启动实施示范性特色专业群建设项目、高职一流特色专业群建设项目；2015年启动实施的卓越职业院校建设项目要求每所立项学校必须重点建设2~3个专业群。每个立项专业群由3~5个专业构成，其中1个专业为群核心专业，群外专业逐步撤销或合并。项目实施以来，省本级财政累计投入20亿元以上，带动学校举办者和行业企业投入大量资金，立项建设省级一流（示范）特色专业群262个，各职业院校均建设了不同数量的专业群，群内专业点数占全省总数的比例达96%。二是聚集资源支持专业群建设。校企合作推进群内教学资源共建共享，建设专业群产业二级学院113个、共享性实训基地1 966个、校外实践教学基地6 122个、精品在线开放课程2 762门。专业群全部实行校企双带头人制度，高职院校引进245名行业企业领军人才作为专业群带头人，打造了一批高水平专业群；催生了铁道机车、汽车智能技术、飞行器维修技术等一批省内外知名的、对接新兴优势产业链的专业群，以及湘绣、湘瓷、湘菜、湘茶等"湘字号"专业群。实施专业群建设计划以来，湖南省内的职业院校建成国家示范专业点38个、高职骨干专业155个，立项为"双高计划"的13个高水平专业群全部为省级示范性专业群。

（三）探索办好新兴专业

湖南省职业教育始终保持对生产技术、产业业态变化的高度敏感，及时把握新技术、新业态的变化特点，聚焦区域产业升级加速新趋势、新需求，建设了一批新兴专业。2017—2020年，湖南高职院校新开办云计算技术与应用、物联网工程技术、移动应用技术开发、大数据技术与应用、工业机器人技术、人工智能技术服务等新兴专业24个，专业点235个。这些新兴专业2019年招生2.1万人，在校生达

4.1万人，分别占湖南高职院校同期招生数的 8.3%、在校生数的6.6%。新兴专业均已纳入相应的专业群，成为专业群建设的重点专业，为湖南职业教育专业适应产业发展、保持长远发展优势打下了基础。

三、构建特色人才培养范式，激发"芙蓉工匠"潜力

（一）思政教育作为职业素养培养的要务

新生代职业素养包括价值观、职业观、适应力、发展力。价值观包括信仰社会主义核心价值观、信守湖湘文化等要素，职业观包括崇尚工匠精神、立志振兴湖南等要素，适应力包括岗位职业能力、综合职业能力等要素，发展力包括学习能力、创新能力等要素。其中，价值观是基础，思想政治教育是首要任务。职业素养各要素之间存在着层次和结构关系：价值观与职业观共同构成内隐素养，是职业素养的核心部分，共同影响适应力和发展力；适应力与发展力相互影响，但前者对后者的影响更大，二者共同构成外显的职业素养，在价值观和职业观的支撑下生长。此外，把信守湖湘文化、立志振兴湖南作为区域人才特有的职业素养。

（二）校企协同贯穿人才培养全过程

企业深度参与职业院校所有人才培养方案、教学标准的制定和修订，校企共同建设一批高水平基地、技术研发中心，共同开展多种形式的人才培养。截至 2019 年，湖南省内的职业院校与企业共建校内外实践教学基地 8 088 个、省级校企合作生产性实习实训基地 40 个；共建各类技术研发中心 205 个、省级工程技术研发中心 4 个；共建产业学院 113 个，企业文化、企业专家进入校园；共建高职专业教学资源库 1 210 个，获国家级专业教学资源库立项 18 个，排全国第 4 位；有国家和省级现代学徒制试点单位 90 个；普遍实行校企双导师指导

学生顶岗实习、毕业设计。通过校企协同育人，学生的职业素养明显提升，2019年学生技能抽查合格率达98.35%，毕业设计抽查合格率达94.57%，高职学生参加全国职业院校技能竞赛获一等奖数排全国第3位，近5年高职学生就业率有4年高于本科。

（三）建立发展导向的职业素养评价体系

一是坚持发展性评价理念。坚持以促进评价对象和评价主体共同发展为导向，由"用评价衡量学生水平"转变为"用评价促进师生发展"，评价结果能为学生的择业、就业和职业发展提供参考及指引，教师通过评价"学"的质量来反思"教"的质量，持续改进教学；坚持提升内隐职业素养评价的重要性，摒弃"技能至上"观念，运用量表法、职业行动目标测量法等多种方式，对难以显现出来的内隐素养进行评价。坚持评价与教学一体，注重过程、注重行为，把培养和评价有机统一起来。

二是坚持"四个结合"的评价原则：①科学性与人文性相结合，兼顾评价标准及过程的客观性和主观性，以企业需求为导向，尊重学生的个体差异；②评价性与导向性相结合，既要面向共性得出可比较的结果，又能够引导个性发展；③系统性与便捷性相结合，既用系统的方法把职业素养的全部构成要素作为一个整体来考查，又用结构化的方法设计指标，使得操作相对便捷；④可信性与可用性相结合，既从实际出发设计硬指标和软指标、精确指标和模糊指标，又注重评价结果发挥激励学生、引导教师和为企业选人提供参考的作用。

三是坚持处理好"四个关系"：①处理好评价主体与评价对象的关系，既要让主体坚持公平、公正，又要让对象接受评价结果；②处理好学校与企业的关系，明确学校与企业各自的职责，校企共同评价；③处理好静态与动态的关系，用静态指标反映连续不断变化过程中的一个瞬间静止情况，用动态指标反映在某一时期所发生的某种变化情况，评价学生职业素养的动态"增值"；④处理好整体与要素的关系，既把职业素养诸要素作为整体进行综合评价，又考虑各项指标的相互独立性。①

案例：区域高职教育高质量发展的实践路径
——以辽宁省为例

一、以顶层设计推进区域高职教育高质量发展

（一）战略协同高效决策

首先，辽宁省将国家宏观发展战略、政策和愿景系统转化为更具适应性和操作性的区域教育方案；积极落实党的二十大报告对强国建设提出的新要求，以教育、科技、人才协同发展推进辽宁科教兴国、人才强国和创新驱动发展战略的实现。其次，在区域政治、经济、文化等各项事业发展的基础上规划教育发展蓝图；统筹高职教育因地制宜、因势利导地与省内政治、经济、文化等事业展开战略合作。最后，通过教育督导、教研实践以及课程管理等形式，对省内高职院校的发展进行系统管理；帮助高职院校及时发现和解决自身发展的短视问题、教育资源的供给问题和政府组织的低效问题，实现区域教育的帕累托改进，以及国家、地方和学校层面战略的目标协同、行动协同和结果协同。

（二）深度整合优质资源

辽宁省把深度整合多种职教教育资源作为核心任务。一方面，通

---

① 毕树沙. 打造特色：区域职业教育高质量发展的生命力——以湖南省为例 [J]. 职业技术教育，2020，（30）：47-52.

过丰富区域教育资源储备，开放资源整合空间。在制度、文化、尺度和关系四重转向的交织过程中不断建构自身，使高职教育呈现出动态生长样态；通过交通、通信等基础设施建设，形成文化趋同、地理联通、空间组织紧凑、经济联系紧密的地域空间，进行更大范围、更高效率、更多样态的资源链接，开展以"政府-学校-市场-社会"为代表资源的跨界联动，为高职教育发展提供丰富的资源储备。另一方面，优化区域教育资源配置，创新资源整合方式。利益整合是资源整合的前提，省教育行政部门需要对社会不同教育主体的利益诉求进行识别、选择和综合，达成合作的共识。通过整合国家战略性教育资源和区域优质教育资源，打造区域高职教育中心，推进区域人才高地和创新中心建设，提升区域职教竞争力；通过系统性、科学性的高职教育要素配置、结构调整和空间布局，实现高职教育主要需求和关键资源供给的均衡，保障区域高职教育稳定有序发展；以实现共同富裕为使命，推进区域协调发展、城乡整体发展、校际均衡发展和群体公平发展，加快构建优质均衡的基本公共教育服务体系。

（三）多维构建和谐生态

辽宁省基于创新、协调、绿色、开放、共享的新发展理念，打造适应自生、整合共生、循环再生、开拓竞生和多元创生的区域教育新生态。一是以数字化转型和教育领导力建设培植新的教育驱动力和教育生长点，以管办评分离和家校社协同破除"政府发号施令，学校亦步亦趋，社会无从参与"的区域教育单力发展障碍，激发学校和社会中的创新活力。二是协调教育与其他事业的发展关系、教育内各级各类各水平各层次学校的发展位序、区域内所有利益相关者的发展要求，处理好教育的改革发展与稳定的关系、教育的区域发展与整体发展的关系、城市教育发展与农村教育发展的关系、教育与经济和社会的关系四对重要关系，构建区域教育纵向有机衔接、横向多元共生的发展新格局。三是明确绿色育人目标，培养与自然和谐共生的人；构建绿色育人方式，基于"法自然之道、顺天性而为"开展教育教学；挖掘和利用绿色育人资源，弥补学校育人资源形态单一、活力不足、作用有限的缺陷。四是"引进来"，借势国内国际双循环发展格局，在国际视野中发展本土教育，实现彰显中国特色和世界特征融合的价值追求；走出去，积极参与全球教育治理，大力推进"留学中国"品牌建设，增强我国教育的国际影响力和话语权。[①]

二、辽宁高职教育高质量发展的实践路径

（一）以加快推进现代职教体系建设为基础

1.推进职教一体化建设

辽宁省深入推进高等职业教育对口升学改革，2022年，辽宁省启动高等职业教育对口升学本科（即"专升本"）专业范围调整工作。按照专业大致对口原则，将高等职业教育对口升学本科专业由15个增至62个，其中普通本科专业45个、职业本科专业17个，对应涵盖了"装备制造"等18个高等职业教育专业大类，实现了高等职业院校相关专业按照专业大致对口的原则贯通培养。

2.以职业启蒙教育推进职普融通

2021年，辽宁省教育厅印发了《辽宁省教育厅办公室关于开展职业启蒙教育试点工作的通知》，54所职业院校开发职业启蒙课程358门，面向8万余中小学生开展职业启蒙教育，举办职业启蒙教育培训周活动，培养中小学生的职业兴趣和职业意识，增强职业教育的吸引力和影响力。

---

① 王牧华，方晨阳. 中国式现代化进程中的区域教育高质量发展：理论内涵、战略构想和实践路径［J］. 西南大学学报（社会科学版），2024（1）：187-200.

（二）以提升技术技能人才培养质量为重点

1.合理布局高职校院

截至2022年，辽宁省高职学校（2023年质量年报数据）共计42所，其中高职（专科）41所，职业本科1所。高职（专科）全日制在校生人数382 840人，校均规模9 338人。其中，沈阳14所，大连7所，抚顺2所，本溪1所，丹东2所，锦州4所，营口2所，阜新1所，辽阳2所，盘锦1所，铁岭4所，朝阳1所，葫芦岛1所。有6所高职院校入选国家级"双高计划"，有2所国家级创新创业教育改革示范校、3所国家级乡村振兴人才培养优质校。其中，综合类院校9所，占比为21.4%；理工院校19所，占比为45.2%；农（林）业院校2所，占比为4.8%；医药院校2所，占比为4.8%；师范院校7所，占比为16.7%；财经院校3所，占比为7.1%。辽宁高职院校类型多样、覆盖面广，形成了多种类型协调发展的格局，与辽宁产业结构特点和区域经济发展相适应。

2.优化专业结构

2022年，全省高职院校共开设18个专业大类，373种专业，1 672个专业点。省教育厅印发《关于进一步推进高等职业院校专业结构优化调整工作的通知》，搭建辽宁省高等职业院校专业结构调整信息平台，制订专业结构优化调整工作方案，面向辽宁主导产业需求，对接"数字辽宁、智造强省"建设和结构调整"三篇大文章"需求，新增智能制造装备技术、人工智能技术应用、智慧健康养老服务与管理等紧缺专业布点81个，开设服务国家"五大安全"战略专业布点1 646个，撤销计算机网络技术等50个专业，"特色理工""智能""智慧""一老一小"等相关领域专业占比显著提升。建立实施专业标准控制、指标调控、周期调整、引导激励等专业动态调整机制，充分运用星级专业评估结果，对未获星专业予以停招。

3.加强专业建设

一是探索高等职业教育专业认证工作。2022年，省教育厅办公室印发《辽宁省教育厅办公室关于开展第二批高等职业教育星级专业评估工作的通知》（辽教办〔2022〕335号），面向101个高等职业教育专科专业启动第二批高等职业教育星级专业评估工作；坚持学生中心、成果导向、持续改进的质量保障理念，构建高等职业教育专业评估认证体系，探索中国高等职业教育专业评估认证的辽宁经验和辽宁模式，2022年在4所学校4个专业开展认证试点工作。二是规范国控专业管理。加强过程管理，提高国控专业人才培养质量。依据教育部职业教育与成人教育司印发的《关于做好2023年职业教育拟招生专业设置管理工作的通知》，搭建省级专业设置管理平台，按教育部的要求严把申请关，严格审查11个国控专业的申报资质。

4.加强课程建设

一是开展省级精品在线开放课程建设。将课程建设视作关键的行动点，以此来同步促进专业领域的产业升级、转型以及实现数字化改造；以职业综合素质培养为主线完善课程目标，以工作生产典型案例为参照设计课程结构，以岗位核心能力培养为重点改革课程内容，着力推进课程目标与培养目标对接、课程标准与职业标准对接、课程内容与生产内容对接。2022年建成并上线省级精品在线开放课程131门，构建了体现信息技术与教育教学深度融合的课程结构和教学组织模式，学习者在线学习响应度高，师生互动充分，有效促进了师生之间、学生之间的资源共享、互动交流和自主式、协作式学习。二是开展书证融通课程建设。进一步推广1+X书证融通，261个专业点将1+X证书包含的技能点融入课程体系中，以课程考核成绩衡量技能点的掌握程度，推动1+X证书制度与人才培养紧密结合，深化了复合型技术技能人才培养培训模式改革。组织遴选出辽宁农业职业技术学院宠物养护与驯导、辽宁省交通高等专科学校工业机器人技术、辽宁装备制造职业技术学院机电设备技术、沈阳现代制造服务学校会计等辽宁省书证融通示范专业8个。在沈阳、丹东组织开展工业机器人编程与应用、新媒体技术、工业软件应用与机械工程创新设计等"岗课赛证"融通试点赛3项，吸引全省33个参赛队参赛，56名学生获奖。

（三）以加强师资队伍建设为支撑

开展全省职业院校教师素质提升计划，推出108个项目，培训3 670人次。大连理工大学等6所院校入选国家级职业教育"双师型"教师培训基地，遴选建设32个省培基地。遴选省级职业教育名师、专业带头人和骨干教师260人。研制《辽宁省职业教育"双师型"教师认定实施办法（试行）》及省级"双师型"教师认定标准。

（四）以校企双元育人为主线

1. 培养现场工程师

辽宁省启动实施职业教育现场工程师专项培养计划，制订现场工程师专项培养计划实施方案，紧密对接辽宁先进制造业、战略性新兴产业等重点领域，通过完善招生考试办法、搭建培养平台、校企共育共管、贯通成长通道、打造双师队伍，加快高素质技术技能人才选拔培养。

2. 推动混合所有制办学

2022年，辽宁省教育厅等13个部门出台了《关于推进职业院校混合所有制办学的指导意见》，制定实施细则，支持职业院校与企业按照"公办高校、混合体制、民营机制"的办学思路，建设"厂中校、校中厂"，推动办学体制机制创新，破除混合所有制机制障碍，激发企业参与举办职业教育的积极性。

3.推进产教融合实训平台建设

按照"政府统筹、数字赋能、校企共建、多元参与、市场运作、开放融合"的建设思路，开展"1+N+X"开放型区域产教融合实训平台建设，启动省级实训运行服务管理中心建设，遴选省级产教融合实训基地10家；搭建省级产教融合信息服务平台，利用人工智能等先进信息技术，实现产教供需信息的自主发布、智能搜索、精准匹配。

4.广泛实施学徒制培养模式

全省32所高职院校的320个专业与262家企业开展现代学徒制培养，遴选省级学徒制示范专业83个。

（五）以促进学生成长为落脚点

1.深入落实立德树人

全面贯彻党的教育方针，在加快推进部省共建、整省推进职业教育实用高效发展的进程中，自觉肩负新时代育人新使命，大力弘扬劳模精神、劳动精神、工匠精神，德智体美劳"五育并举"，培养服务区域发展的高素质技术技能人才；深挖"东北抗联""红医文化""鲁艺精神""劳模精神"等红色文化资源和辽宁工业文化精神，引导学生树立正确的国家观、民族观、宗教观、历史观、文化观，增强对中华民族的归属感、认同感、尊严感、荣誉感。

2.加强创新创业教育

将大学生创新创业教育纳入人才培养方案中。以大学生创新创业训练计划项目和创新创业教育课程建设、教材建设、师资队伍建设等为有效载体，建立各具特色的创新创业理论和实践教育体系，将大学生创新创业教育纳入各专业人才培养方案，并融入专业教学过程中。依托辽宁省高等职业院校创新创业教育联盟，举办创新创业教育教学能力提升培训班和研讨会，全年培训省内23所职业院校教师306名；实施创新创业教育训练计划，充分利用"互联网+"大赛等创新创业实践活动，激发学生的创新精神，培养创新思维，弘扬工匠精神，提升创新创业能力。2022年，全省1所高职院校入选国家级创新创业教育建设单位，5所高职院校入选省级创新创业教育建设单位。

3.探索"岗课赛证"融通育人机制

创新"岗课"相衔接、"赛证"搭建"岗课"桥梁相融通的高素质复合型技术技能人才培养模式。各高职院校将技能大赛作为提升技术技能人才培养质量、引领教育教学改革的重要抓手。通过参加技能大赛，强化学生的实践动手能力、创新创意水平、应变处突能力、工作组织能力和团队合作精神。2022年，辽宁省组织开展了第十九届职业院校技能大赛，包括学生技能比赛、岗课赛证融通比赛、创新创业比赛、教学能力比赛。高职组学生技能大赛设置了装备制造类、交通运输类、数控加工类、土木工程类、资源环境与生物化工类等10个大类81个赛项。通过"以赛促学、以赛促教、以赛促改"，高职院校构建了"初赛人人参与、省赛选拔参与、国赛集训参与"的三级竞赛组织管理体系与机制，持续强化学生专业实践能力和综合职业素质的培养。在2022年全国职业院校技能大赛中，共有66人在34个赛项中获得三等奖及以上奖项。1所职业院校在首届世界职业院校技能大赛上获奖。

（六）以服务区域经济发展为突破点

1.推进职业教育服务企业行动

辽宁省内的高职院校共建技术技能创新平台、专业化技术转移机构和众创空间等科技企业孵化载体，促进创新成果和核心技术产业化；广泛开展订单、定制人才培养，紧贴区域、行业企业发展的实际需求，开展职业技能培训，提升职业院校高素质技术技能人才的供给能力。书记校长走访企业5 723家，订单培养3.4万人，现代学徒制培养2.2万人，为沈飞、华晨宝马、大船重工、中国航发-沈阳黎明等先进制造业，中铁、京东、泰康之家等现代服务业，禾丰牧业等现代农业，辽宁鹏达节能、辽宁润兴新材料等战略性新兴产业提供技术技能人才 5 万余人，沈阳职业技术学院、大连职业技术学院、辽宁轻工职业学院等院校帮助沈阳海德、大连联大机车、大船重工、恒力石化等企业转化科技成果 161 项。

2.服务民生福祉

2022 年，全省高职院校开展公益项目培训 13 362 学时。为提高服务民生领域技术技能人才的培养培训水平，共设置养老服务、婴幼儿托育、家政服务等 13 个专业、布点 65 个，在校生 1.7 万余人。支持智慧健康养老服务与管理、护理与康养服务等 7 个卓越专业群建设；积极推动辽宁医药职业学院、辽阳职业技术学院健康产业学院建设；组织辽宁现代服务职业技术学院等 3 所职业院校与沈阳市皇姑区牡丹社区围绕"一老一幼"服务需求开展共建工作，重点围绕老年教育康养系列服务等方面开展深度合作，举办"学在辽宁、食在中国""喜迎二十大、欢度重阳节"等公益活动；构建三级社区教育指导体系和五级办学网络，扩大老年教育资源供给，起草《新时代辽宁老年教育工作实施方案》，遴选 15 个省级老年教育示范区，搭建老年大学互动服务平台、老年教育学习平台，提供老年特色课程 1 万余门，覆盖受益人群 1 000 余万。

2022 年，全省有 13 个国家示范性职教集团、4 所国家数字校园建设样板校、9 个国家级示范性虚拟仿真实训基地，承担 5 项国家级专业教学资源库建设任务，6 所高校获批国家级职业教育"双师型"教师培训基地；25 所高职院校、141 个专业群入选省级"兴辽卓越"建设项目；9 所高校举办本科层次职业教育；建成 77 个省级虚拟仿真实训教学项目；107 家企业纳入省级产教融合型企业建设培育范围，建设兴辽产业学院 50 个、产教融合实训基地 10 个。每年向社会输送高素质技术技能人才 14 余万人，面向社会开展职业技能培训 166 万人次。42 所高职院校毕业生面向三次产业就业人数共 89 314 人。其中，高职（专科）毕业生面向三次产业就业人数共 87 940 人，面向一、二、三产业就业人数分别为 6 256 人、22 403 人、59 281 人，占比分别为 7.11%、25.48%、67.41%；职业本科学校毕业生面向三次产业就业人数共 1 374 人，面向一、二、三产业就业人数分别为 41 人、324 人、1 009 人，占比分别为 2.98%、23.58%、73.44%。高职（专科）院校升学人数为 14 894 人，占其毕业生就业总人数 18.47%；职业本科学校升学人数为 244 人，占其毕业生就业总人数 14.10%。

（七）以区域新政策供给为保障

一是为深入贯彻落实新修订的《中华人民共和国职业教育法》，政研行企校"五位一体"全方位多维度学习普及新修订的职业教育法；启动《辽宁省实施〈中华人民共和国职业教育法〉办法》的修订工作。

二是出台一系列配套文件，包括《辽宁省推动现代职业教育高质量发展若干措施》（辽委办发〔2022〕13 号）、《关于做好职业学校办学条件达标准备工作的通知》（辽教通〔2022〕46 号）、《关于推进职业院校混合所有制办学的指导意见》（辽教发〔2022〕1 号）、《辽宁省职业院校举办混合所有制二级学院实施细则（试行）》（辽教通〔2022〕218 号）等，制订了《辽宁省职业学校办学条件达标工程实施方案》《辽宁省职业教育数字校园建设方案》《关于实施职业教育现场工程师专项培养计划的实施方案》。

三是加强省级统筹，明确目标任务，深入推进职业教育改革发展。统筹推进部省共建 54 项改革措施，落实落细《职业教育提质培优行动计划（2020—2023 年）》，[①]具体包括：推进职业教育制度建

---

① 参见辽宁省高等职业教育质量年度报告（2023）。

设，推进校企深度合作，推进企业与社会力量举办高质量职业教育，试点实施1+X证书制度，坚持知行合一、工学结合，打造高水平实训基地，加强"双师型"教师队伍建设，推进高等职业教育高质量发展，完善高层次应用型人才培养体系，广泛开展高质量职业培训，推进学习成果的认定、积累和转换，加强职业教育国际交流合作等。

案例：中高职一体化人才培养有机衔接模式的建构
——以浙江省为例

一、区域中高职一体化人才培养的探索

2019年6月，《浙江省教育厅关于深入推进中高职一体化五年制职业教育工作的指导意见》发布，意见指出，随着试点工作的不断深化，原有"3+2"和五年一贯制两种办学模式在人才培养方式、招录方式等方面已渐趋统一，为了规范学段管理，将两种模式统一整合为中高职一体化五年制职业教育培养模式。

2022年5月，《浙江省教育厅办公室关于开展区域中高职一体化人才培养改革工作的通知》发布，通知提出，探索职业教育长学制人才培养的有效实现方式，创新政校行企共同深度参与的职业教育五年制人才培养模式，推动优质高等职业教育资源下沉县域，扩大辐射面，让高等职业教育更直接、更好地服务县域发展。在"双高计划"建设背景下，从现有高水平中职学校中好中选优，打造具有示范作用的高水平中职学校，培育其核心竞争力，引领中职教育发展。

针对传统中高职一体化五年制人才培养模式的人才输出乏力、中职阶段的培养过程被淡化、高职阶段面临学程资源（学程资源指的是在教育和学习过程中可以利用的一切人力、物力以及自然资源的总

和，这些资源包括但不限于教材、教师、学生、家长以及学校、家庭和社区中所有有利于实现课程目标，促进教师专业成长和学生有个性的全面发展的各种资源）不足等的困扰，区域中高职一体化人才培养的重心回源到输入端，即中职阶段，从源头深度把握技术技能人才的培养机理。以优质中职学校建设为契机，以校企共建产业学院为平台，依托高水平高职院校资源框架，重点关注中职阶段起始培养过程，将人才培养输入、输出的两端在中职学校中有机整合，提高人才培养的针对性、适应性和质量，切实满足区域经济发展、地方产业升级以及企业紧缺技术技能人才的需求。通过政校行企多方参与，共同把控人才培养的输入、输出端，确保培养过程的持续稳定。在中职学校的内部张力、高职院校的外部引领、地方政府的保障完善，以及行业企业深度参与的协同作用下，实现技术技能人才的有效供给。

二、区域中高职一体化人才培养有机衔接模式的建构

浙江省以培养标准、课程结构、师资共研等一体化路径为立足点，融合各关键节点的动态监控机制，形成有机衔接模式的建构路向。

（一）制定适应区域经济发展的培养标准

1.融入区域一体化的适应性理念

在协调区域中高职一体化人才培养与区域经济发展的过程中，谋求一体化衔接模式下的经济指标与培养标准的有机整合，转变不同层次学段职业教育的发展模式，将一体化衔接模式建构的核心从传统的转移培养阶段转换到提升区域经济水平、引领区域发展上来。

2.统一设计区域一体化培养规格

建立区域中高职院校的相关教学专业团队，制定工作整体协作机制，联合组建中高职一体化教育联盟，成立区域中高职一体化人才培

养指导委员会，负责中高职人才培养标准的制定工作。在人才培养目标与规格的设计上，一体化人才培养指导委员会立足各学段生源的身心素养特点和知识技能水平，以适应区域经济发展需求的高素质技术技能人才所应具备的综合知识、能力、素质为最终目标，梳理学生基础素养与区域适应性目标之间的差距，依据专业能力的形成规律与培养逻辑，分段制定中职阶段与高职阶段的人才培养目标与规格；在整体制定中高职人才培养目标与规格的基础上，再细化学习过程各阶段的具体目标，构建起梯度性、渐进式的人才培养目标与规格体系。

3.联动规划区域一体化教学标准

建立联动、统一的一体化教学标准，是区域中高职一体化人才培养有机衔接的基石。区域中高职一体化人才培养指导委员会应组织区域内的教学名师、课程专家、行业骨干、企业能手等共同组建教学标准规划调研小组，为协调联动规划区域一体化教学标准提供组织保障。调研小组应在地方政府的统一协调下，整合学校、行业、企业资源，通过区域考察、调研，采集与一体化专业建设相关的行业需求信息，形成区域发展调研报告，为联动规划区域一体化教学标准提供依据。在此基础上，分析区域内职业岗位集群的典型职业活动和工作任务，联动考量中职学校与高职院校各自的办学资源，以此确定区域一体化人才培养的整体规划方案和教学标准。

（二）设计符合区域产业结构的课程结构

基于区域产业结构形态，依托技术知识的生成模式，在区域校企合作的基础上，对课程内容组织、课程体系构建与课程具体实施进行一体化设计。

1.基于区域岗位集群设计课程知识结构

从区域岗位集群的设置实际出发，根据岗位工作认知过程，从识别记忆、理解推断、执行维度，提取一体化课程知识并组织课程内容。根据区域产业结构，将区域内的岗位集群分为管理类、专业技术类、技术服务类、操作类、营销类等；针对不同岗位类群提炼关键知识点与内容构成，将岗位集群所需的知识分为程序性知识、规范性知识、实践性知识、经验性知识、沟通性知识等。结合区域内中高职不同学段的一体化人才培养，以及区域内外产业结构发展的层级梯度，包括核心层、紧密层以及辐射层，进一步将岗位集群按初级、中级和高级划分，并相应地设计基础知识、进阶知识与专业知识结构，体现区域一体化人才培养的系统性与渐进性。

2.基于区域工作体系设计课程能力结构

工作体系是系统化的工作流程，是各岗位工作职能的有机组成，是课程能力结构的设计基础。通过梳理工作体系与流程，能够明确课程能力结构内涵，根据区域产业布局下的企业开办情况，将企业工作体系中的系统化能力、操作性能力以及典型性能力融入课程结构中，把工作体系中的策划、执行、操作、沟通等过程性能力与课程能力结构相结合，使以往跨区域的工作流程、工作职能在区域内有效重构与有机整合，实现工作过程能力的迁移，提高实施过程的可操作性与关键过程的可复制性。课程能力结构既注重工作体系的外部整合，提高工作外延体系下的社交与认知能力，还注重工作体系的内部适应，提高培养对象对工作岗位的胜任力。

3.基于区域职业活动设计课程实施结构

课程实施是将预期的课程知识与能力结构设计内化为个体职业能力的过程，是课程方案实施与课程计划执行的具体操作。课程实施结构要与区域代表产业的典型职业活动相结合，融入职业活动的主体、客体、条件、素质、目标等要素，具有动态性、过程性和灵活性的特点。基于区域中高职一体化人才培养的课程实施要树立人本理念，在课程内容组织与课程计划执行过程中充分考虑培养对象的个体能力、素质差异，构建情境式的教学场域。同时，序化职业活动要素，将分类、分工、分层的方法融入课程实施结构中，将企业本位的培训项目或工作任务校本化、人本化，即将企业的实际工作需求和培训内容转化为学校教育的一部分；考虑到教育性和职业性，使课程内容既符合教育目标，又满足职业岗位的要求。这一过程的适用对象主要是职业院校的学生和教师，以及参与校企合作的企业人员。此外，课程实施结构也需要结合区域产业支持环境与职业活动氛围，争取行业资源，采取企业订单班培养、企业导师授课、企业宣讲等多种形式，实现区域中高职一体化课程实施过程的转型。

（三）构建整合区域师资共研的协作机制

区域中高职一体化教师队伍建设应整合区域内高水平师资力量，建立包含教学能力、生产实践能力、技术服务能力的"三能"教师共研共育协作机制。

1.打造一体化教学团队，推动区域人才资源供给

加快中高职一体化教学创新团队建设，以服务中高职一体化人才培养改革为目标，通过教师教学创新团队提升中高职师资合作紧密程度，建立中高职师资有效协同的工作机制。教学团队建设应聚焦区域内重点产业、战略性新兴产业和社会民生紧缺领域，吸收行业企业技术骨干，布局层次递进、结构合理的协作团队。教学团队建设应着眼于区域中高职一体化人才培养，充分发挥团队的创新性与协作性，使人才培养规格与区域技术技能人才的实际需求相匹配。教学团队应积极开展包括职业能力分析、教学标准建设、教材编写研讨等在内的各类活动，使教师从"个体优秀"走向"群体卓越"。

2.研究一体化工作实践项目，满足区域生产实际

中高职一体化教学创新团队建设要结合区域生产实际，根据一体化人才培养标准与规格要求，理顺贯通中高职实训设计环节的教学要

素，在工作实践项目的设计与实施过程中，充分发挥并提高团队教师的实践教学能力。通过深入区域产业一线，开展现场调研、专家指导、市场调查等方式协作共研一体化工作实践项目，从实践项目的实训课程设计、工作任务梳理、活页工单制作、生产情境模拟、工件质量检测等环节充分对接具体产业领域。发挥区域资源整合协同的优势，为实践教学场所构建生产情境场域，协助企业及时反馈实践教学效果，帮助教师适时调整教学内容与方法。基于区域生产实际的一体化工作实践项目，既符合当前初级学段学生基础技术技能的学习需求，又能为学生的未来发展拓展路径，顺应区域产业升级的需要。

（四）建立契合区域动态均衡的监控机制

1.监控一体化衔接培养的过程

在一体化人才培养过程中，搭建衔接过程监控平台，关注衔接模式的实施效果与执行效率。针对一体化培养全学程设置观测点，在入学初、转段前、转段后、毕业前、毕业后的就业去向等关键阶段进行过程性评价，内容包括政策执行满意度、教学质量与效果、转段适应性、企业参与程度、就业岗位胜任力等。构建评价监控逻辑模型，将一体化衔接培养模式组成环节按因果关系结构化为培养规格、资源整合度、一体化行动、人才供给、社会效用、区域影响等要素，运用社会网络分析手段，监控培养过程与规格要求的相关性、一致性及其效果，根据内外部偏差及时调整培养标准，建立监测问题反馈和预警机制，督促问题改进；推广典型地区经验案例，推动各地建立结果运用机制，有效发挥监测诊断、改进、引导功能，从而监控和评价一体化衔接培养模式的效果，提高人才培养的质量和效率。

2.监控一体化课程建设的均衡

课程建设监控的首要环节是技术知识的生成过程，监控平台要深度评价校企合作的知识生成模式，把控课程内容组织与区域岗位集群的契合度，及时推动知识内容的更替迭代；核心环节是技术能力的形成过程，监控平台要准确把握工作实践流程中的能力盈缺，考察培养对象的能力素质在区域工作体系的胜任度，及时调整与技能相关的课程内容；关键环节是技术知识与能力在职业活动中的有效实施，监控平台要实时掌握职业活动中课程知识与能力结构的实际效用，及时总结归纳课程实施各结构要素在职业活动中的偏差；同时，监测区域职业活动的行动需求变化，并反馈至课程建设环节。

3.监控一体化师资团队的效能

人力资本诊断工具是对教师聘任与配置、专业发展与报酬以及留任与流失等方面进行效能评估的有效手段，核心目标是促进学生课业成绩的提升。人力资本诊断工具应用于区域中高职一体化师资团队，可以通过效能增值的方法，将影响教师教育效能的不可控因素分离出来，并进一步控制这些不可控因素，保障教师开展高效教学。为保证区域中高职一体化师资团队是创新型的教学团队，应整合区域内的职教师资、行业导师、企业骨干，并建立协作共研的工作机制。设置流动与退出机制，地方政府根据合作院校、参与企业对师资团队效能的评估，及时反馈技术技能人才的产出效益，适时决策，调整师资团队人员的构成，决定其留任或流动。

第三节　高职院校高质量发展

高职教育高质量发展是一项综合性系统工程，是高职院校各办学要素共同作用下所迸发出的整体实力，是办学体制机制优化、资源配置效能放大、自我治理科学有效的体系性建设。关键办学能力对高职院校高质量发展具有决定性意义，以强化专业课程建设水平为关键，以增强"三教"改革成效为核心，深化产教融合是必由之路。

一、以育人能力提升为核心的院校发展

顺应社会需求、追求创新发展、深化校企合作、潜心立德树人是新时代高职院校实现高质量发展的重要目标。为此，高职院校要将资源、政策投入到内涵建设上，服务高职教育高质量发展。

（一）专业群建设

1.提升专业设置与产业发展的匹配度

（1）做好专业升级工作。地方高职院校应充分调动政府部门、行业协会、企业等多方力量和资源，聚焦产业数字化、网络化、智能化发展中的技术链和创新链，把准区域产业布局、技术前沿、民生需求的演进态势，关注区域内新产业、新职业、新岗位的发展变化，以此为基点，围绕行业产业链延伸和市场急需的职业岗位，对接技术前沿，以数字技术赋能、升级传统专业，提升专业内涵，实现专业建设与技术变革的同向共频。

（2）建立新建专业扶持制度。对接新兴产业建设新专业，适时建设与新职业对应的新兴专业，增强专业建设对产业发展的适应性。高职院校要加强与行业企业的联系，随时了解产业界的发展动态和前沿信息，结合国家战略新兴产业与地区新兴产业调整和优化专业布局，在专业结构、专业比例以及招生规模上适应新兴产业的发展；在师资、经费、设施设备等方面给予新建专业足够的扶持，促进新建专业快速成长，提升服务区域经济社会和产业发展的能力。

2.对接产业需求，打造专业集群

通过整合地方高职院校与行业企业在师资、实训基地等方面的软硬件资源，实现多专业交叉复合，使支撑同一产业链的若干关联专业快速发展，构建起支撑产业链发展的专业集群，促进人才培养供给侧和产业需求侧结构要素的全方位融合；紧扣区域产业链对应的职业岗

位，构建专业群的岗位链；依据岗位链的典型工作任务，构建专业群的能力链；基于能力链创新人才培养模式，构建满足产业链需求的人才链，从而形成产业链、岗位链、能力链、人才链"四链衔接、跨界协调、多维互融"的专业群建设发展机制。

3.对接产业发展，优化专业运行机制

（1）健全专业设置论证审核机制。高职院校的专业设置合理与否，很大程度上取决于前期调查、研究、论证、审核工作是否科学、严谨，因而，增强高职院校专业设置的适应性、构建完善的专业设置论证审核机制是前提。高职院校在设置和调整专业之前，应组织院校管理人员、骨干教师等深入企业以及人力资源市场进行实地调研，加强研究、分析，避免盲目上马、跟风设置专业。要充分发挥地方行业组织、教育研究机构、地方专业教学指导委员会的咨询服务功能，依托专业机构的专业能力和市场经验，对高职院校的专业设置进行论证和审核，形成政府指导、行业企业共同参与的专业设置联动机制。

（2）优化专业评价机制。地方高职院校专业评价体系建设应紧密结合区域产业发展及岗位工作实际，遵循以评价促管理、以评价促改进、以评价促发展等原则，做到校内评价与社会评价相结合。同时，专业评价指标制定要遵循以下两方面准则：专业共性与个性相结合，评价指标既要充分体现专业建设的整体特征，还要体现学校自身的专业特色；专业建设目标与动态发展过程有机结合，评价指标既要体现专业建设目标的标准，又要重视专业自身发展的能力与速度。

（3）完善专业动态调整机制。高职院校要承担起专业建设中的主体责任，加强专业预警，增强专业调整机制的灵活性、前瞻性；要建立涵盖专业就业对口率、专业满意度、专业社会认可度的指标体系，通过定期评测形成专业调整预警机制；要抓住招生和就业两个关键环节，对招生低迷、对口就业状况不佳的专业应及时缩减规模；对生源充足、对口就业情况良好的专业应适时扩大规模，保障专业设置与区域产业发展需求协调一致。

（二）校企合作

1.实体互嵌，创办混合所有制二级学院

《国务院关于加快发展现代职业教育的决定》提出，探索发展股份制、混合所有制职业院校，发挥企业的重要办学主体作用，实现校企深度融合。地方高职院校可依托区域产业园区的资本市场优势，推进办学体制机制改革。高职院校可与企业及社会力量共建股份制、混合所有制二级学院，以股份制撬动产权主体多元化，吸引社会资本投资职业教育。通过产权制度改革，推动学校治理模式创新，实现学校资源优势与非国有资本（市场）机制优势的互补，增强办学活力，推动职业院校适应市场需求，更加灵活地进行办学，提高职业教育人才培养的适应性。

2.融园入企，校企共建产业学院

2020年，《现代产业学院建设指南（试行）》发布，指南提到，"发挥企业的重要教育主体作用，深化产教融合，推动高校探索现代产业学院建设模式"。高职院校可依托区域产业园区的产业集群优势，推进校企合作模式创新。选择产业园区内有优势、有实力的企业建立战略合作伙伴关系，以学校这一教育机构的形式，在学校或企业厂区共建产业学院。校企基于行业企业的用人需求，以"量身定制"的方式培养适应性强的技术技能人才，有效保障可持续、高质量的产业人才供给。

3.多元一体，打造产教融合实训基地

2019年通过的《国家产教融合建设试点实施方案》指出，要创新实训基地建设和运行模式，建设一批具有辐射引领作用的高水平、专业化产教融合实训基地。高职院校可依托区域产业园区的平台优势、汇集先进设备、能工巧匠、高水平教学资源等要素，校企共建"产教学研用创"六位一体的共享型产教融合实训基地。校企共同围绕职业岗位需求，采取厂区办学、车间（工地）课堂等模式，开展职场环境下的生产性教学，推动人才培养与产业需求同频共振；共同搭建协同创新平台和技术服务平台，助力企业核心能力的形成，同时提高教学、科研与生产实际的对接度。

（三）课程建设

1.专业课建设

（1）明确课程定位，厘清课程建设融通逻辑，以学生职业能力提升为目标，以"课"为载体，以实际工作项目为纵向主线，在课程中将"赛"与"证"作为横向主线，并有机嵌入企业岗位技能、竞赛项目、证书标准等相关内容中，纵横联合编织，构成有机的知识与技能网络。

（2）重构课程内容，将工作领域转化为学习领域。"课"是人才培养的重要抓手，是专业课程建设的核心。高职院校应从岗位需求的角度出发，以实际工作项目作为课程载体，结合证书技能标准和技能大赛的要求进行专业课程建，将职业岗位所需要的专业知识、职业技能及素质进行解构、提炼后融入专业课程中。以职业教育专业知识为"学"，企业岗位为"做"，构筑"做中学"的课程体系；以岗位所需人才特性以及岗位工作项目内容作为选择教学内容的导向，分析岗位所涉及的工作内容与课程教学的联系；将岗位工作内容细化、分解，梳理出典型工作任务所需的职业能力，根据职业能力范围总结出工作活动领域，再将工作活动领域转换成学习领域，打破知识建构模式，以能力本位和应用性为导向建构职业教育课程，形成"以能力为本位"的课程体系，突出前瞻性、适用性和实用性；将新技术、新工艺、新标准和新方法等及时融入课程内容中，使课程建设与区域产业转型升级保持动态契合。其中，技能大赛与技能证书中所涉及的技能要求是对课程的补充。要深入解构岗位能力、技能大赛及证书技能标准的要求，将其融入课程目标、内容与评价标准中，实现课程的重构，建立完善的专业课程体系。以工作项目为引领，通过对教学过程与生产过程、课程标准与岗位标准的有机整合，将工作领域转化为学习领域，使学生掌握完成典型工作项目所需的专业知识、能力和素质，实现企业岗位能力需求与学校专业课程的有机融通，促使课程教学与实践技能相融合，保障课程内容的现实性、科学性与专业性。

（3）丰富课程形式，激发学生的积极性与创造性。"赛"是人才培养的风向标，是专业课程建设的阶梯。将技能竞赛项目与产业岗位需求、行业技术紧密对接，具有引领性和前瞻性，是高等职业教育课程改革的抓手。"赛"是技能培养的强化和升华，将"赛"融入课程教学中，激发学生学习的积极性与创造性，既能培养学生自主钻研的精神，也能引导学生融入团队进行创新实践。要以大赛为引领，将职业技能大赛的能力要求分解成相应的知识点和技能点，拓展课程内容的覆盖面和深度。大赛中涉及的专业知识、评价标准都可以作为课堂教学的储备资源，以此来丰富课堂教学内容，推动理论知识与实践能力的共享与协调发展，提升学生的职业素养。把富有趣味的技能竞赛融入课程中，有利于培养学生解决问题的能力以及团队协作精神。以职业技能竞赛引导教学，可以激发学生的创造性，促进学生创新发展能力和综合实践能力的提高。此外，"德技并修、工学结合"是职业教育的育人机制和重要理念，既要注重参赛选手的技能水平，更应注重其道德修养。在专业课教学中，要帮助学生提前了解技能大赛的要求，明晰竞赛的公正性与严肃性，树立正确的职业道德观及竞争意识。

（4）深化课程评价，建立四维一体的长效反馈机制。"证"是检验人才培养成效和专业课程建设效果的量尺。以"证"为尺的课程评价具备有效激励学生学习、给予学习效果正向反馈及导向的功能，能对学生的职业能力与素养进行及时评测及权威认可，是检验专业技能学习效果、提升教学质量的有效手段。一是要将职业技能等级证书与职业资格证书的考核标准纳入课程评价的重要指标中，并贯穿于课程实施的前、中、后三个阶段，注重过程性评价；将证书考核结果转化为教学评价，对学生的学习效果和技能水平进行定量评价，以完善结果性评价。二是构建以学生为主体的"岗课赛证"四维一体评价机制。以学生职业能力的提升为核心，从课程教学、岗位要求、证书标准及竞赛要求等方面对课程实施效果进行审视，深化课程评价。课程评价的内容要基于职业岗位的专业能力要求，评判课程是否满足企业对高素质技术技能人才的要求；将证书考核标准纳入课程评价体系，有利于学生提前了解证书考核的重难点，对学生学习效果的检验也具有权威性；将竞赛中的创新精神、合作意识等融入课程评价中，通过课程评价营造良性竞争的学习氛围，有效解决学生学习积极性不高和创新性不足的问题。三是课程评价应建立多元主体共同参与的长效反馈机制，以保障课程评价的有效性和认可度。要兼顾课程发展的多元需求，依据岗位需求不断完善、调整课程内容，针对课程实施前、中、后全过程建立"校企政行"多元主体参与的课程评价反馈及改进机制，不断完善课程开发路径，以评价赋能高职专业课程，不断提升人才培养质量。[①]

（5）以"数字""双创"赋能高质量课程建设。第一，构建数字化课程体系。基于区域产业数字化转型和企业岗位人才需求，将数字化理念和数字技术贯穿于课程开发全过程，融数字技术于人才培养方案、课程设置和教材内容中，推进课程建设与课堂教学改革；建立

---

① 张晓津.'岗课赛证'融通背景下高职院校专业课程建设探析［J］.职业技术教育，2023（2）：58-62.

数字化教学资源库，利用虚拟现实技术构建数字化模拟应用场景，通过实体空间与虚拟空间的耦合，重组线上线下教学资源，进而推进教学改革，实现教学升级。第二，完善创新创业课程体系。突出系统性，构建以创新创业通识课程为基础、以专创融合课程为主干、以创新创业实践课程为关键载体的创新创业课程体系；突出融合性，结合专业教学实际，将创新创业知识和能力培养有机融入课程知识点中，注重多学科专业交叉渗透，培养学生的知识能力与职业素养，为提升学生的创新力、竞争力和可持续发展能力奠定坚实的基础；突出个性化，打破院系间的壁垒和专业界限，安排跨专业的选修课程，并根据学生需求为其量身定制课程内容及教学方式，将创新创业教育与区域经济发展需求相结合。①

2.公共基础课建设

在"学习者中心"的理念指导下，高职公共基础课要突出"融、足、新、优、活"等金课特征，把握"模块化、分层化、应用化、信息化、机制化"等金课建设要求，全方位提升高职公共基础课程的建设质量，为技术技能人才培养提供可靠的公共基础教育保障。

（1）建设理念

第一，建设标准。贯彻"学习者中心"理念，以"两性一度"金课标准为建设标准。其中，高阶性是指知识、能力、素质有机融合，培养学生解决复杂问题的综合能力；创新性是指课程内容具有前沿性和时代性、教学形式体现先进性和互动性、学习评价体现探究性和个性化；挑战度是指课程要有一定的难度，需要学生和老师一起花时间、花精力、花情感来思考。

第二，建设特征。一是课程思政"融"，即所有公共基础课程的

① 李增军，张露颖，于志宏. 基于"四个融合"的地方高职院校融入区域经济社会发展研究［J］. 教育与职业，2024（1）上：103-107.

教学单元都设计育德目标，在教学方式、教学内容中全面融入思政元素，发挥课程的育人功能。二是资源建设"足"。资源配套不仅要有顶层设计，也要完善基础性建设。加大多媒体教室的改造力度，升级更新公共设备，为适应新时代创新型教学提供保障；加快智慧教室的建设，引入智慧教学工具，通过全面打造智慧教学空间来推动课堂教学革命，对教学模式、学习过程、教学反馈评价体系等进行系统性重塑，形成以数字化、探讨型、研究型为主的教育新形态。三是课程内容"新"。课程设计的结构模式、教材力求反映理想与现实、学习与生活、校园与社会、技术与文化等多维度、多形式、多层面内容。根据专业实际情况对接工作岗位，与企业兼职教师一起设计企业真实的工作任务，作为单元学习内容；或者结合现实生活中的实际问题设置启发性问题，引导学生养成在学习和探索中创造价值的习惯，确保课程内容的落地性和创新性；分阶段设置一些高难度的复杂性问题或启发式任务，鼓励学生进行资源整合和分享，引导学生去合作完成或探究完成。四是教学方法"优"。在课堂教学模式设计和教学方法上进行创新，把现代信息技术融入教学模式和教学方法的改革中。突出教师和学生之间的积极互动、教学活动向"探究互动型"方式转换。以线上微课堂为支撑，以翻转课堂为载体，大力推广线上线下混合式教学，着力培养学生的自主学习能力；加强专业及企业生产实际案例库建设，推进案例教学，解决教学与专业企业相互脱节的问题；制订虚拟仿真实训软件开发计划，加强虚拟仿真实训教学，解决现场实训无法做到或者成本过高等问题。五是评价方式"活"。评价主体多元化，教师、学习者、同伴甚至家长都可以成为评价主体；评价内容多样化，课前练习成绩、独立解决问题的表现、小组协作探究活动中的表现、成果展示环节的表现都可成为评价的内容，通过习题检测、课堂观察、同伴互评等方式对学习情况进行全面的评价，评价结果作为制订下一步学习计划的参考依据。

（2）建设路径

第一，围绕学习目标，重构教材知识体系。高职公共基础课教材应充分体现学习者素质素养提升、专业应用和学生持续发展功能，实现知识、能力、素质的有机融合。首先是教学设计"模块化"，可根据专业和自身需要自主选修相应的应用和拓展模块，使整个课程学习的过程既能适应学制缩短、课时减少的实际状况，又可以根据行业岗位（群）对知识的需求，灵活选取最适用的内容进行补充。其次是教学内容"分层化"。兼顾不同层次学生的学习需求，使教学内容符合不同群体的需要，方便教学与自学，实现各层次学习者在现有基础上有所提升。最后是教学实施"应用化"。采取"问题导向、案例驱动"的教学方法，强化学生基础知识、应用能力的培养。在教学中注意联系实际和专业需求，采用"问题探究"的方式开展教学，激发学生的学习兴趣。

第二，围绕学习形式，推动课程信息化建设。根据信息化时代学生的学习习惯，推动公共基础课程在线开放建设，实现泛在学习和线上线下混合式教学。丰富公共基础课程资源，如按照知识点划分而制作的教学视频、教案、讲课PPT等教学常规资源，引导学生学习和巩固学习成果的课堂提问、课堂讨论、课后讨论、师生互动、随堂测验、单元测验、考试等学习环节的非视频教学资源。学生通过在线自主学习和互动交流，能基本掌握各知识点的学习要求。在线开放课程的应用既反映了课程的良好社会服务效果，同时为全面实现线上线下的混合式教学改革奠定了基础。通过在线开放MOOC建设和运用，全面促进"以学生主动学习为主、教师指导为辅"的教学观转变。

第三，围绕学习方法需要，优化教学过程组织。教学过程按照线上线下混合式进行设计。学生通过在线开放课程或MOOC平台观看教学视频、回答随堂提问、参与在线的师生及生生讨论互动等，初步实现对基本概念及知识的掌握和理解。课堂教学采取问题探究式教学模式，教师根据教学内容创设问题或案例，并通过云班课学习平台预先布置；课中学生以小组为单位进行充分的讨论互动、分析探究等，将问题转化为解决方法并对学到的知识加以应用。学生在完成书面作业或在课程平台完成单元测试的基础上，通过查阅资料、小组合作式讨论探究，自主或在教师的指导下完成拓展性学习任务，实现知识的内化与延展，从而提升其综合应用和创新能力。

第四，围绕育人需要，强化课程思政。根据课程特点，深入挖掘课程所蕴含的思政教育元素，全面进行理想信念、社会主义核心价值观、中华优秀传统文化教育以及职业核心素养等方面育德目标的设计。合理设计每个育德目标在教学单元中的融入点，并对教学内容、教学方法、教学评价及课堂教学各环节进行全面优化。对课程思政的教学成效应及时总结，做到可观察、可评估、可持续改进，切实增强学生的获得感。①

（四）院校内部治理

1.高质量发展对高职院校治理的新要求

高质量发展要求高职院校提升关键办学能力。关键办学能力主要体现在三个方面：不断探求职业教育发展规律和人才培养规律，不断探寻产教融合、校企合作和科教融汇的深化路径，持续探索适应"类型化"要求的高职院校治理模式。

一是进一步融合人才培养模式的"高等性"和"职业性"，以培养市场需要的高素质技术技能人才为导向，探寻中国式高职教育发展规律、办学模式和人才培养模式，不断完善高职教育文化，进一步突

---

① 翟步祥. 学习者为中心理念下高职公共基础"金课"建设探究［J］. 教育与职业，2021（9）下：97-101.

出和强化高职教育的类型教育特色。二是持续提升职业教育的服务力与贡献度。有效融合"高等性"和"职业性"，有力推进类型教育特征下的知识生产和应用，并以此构建长效的产教融合、校企合作和科教融汇工作机制。三是持续探索适应"类型化"要求的高职院校治理模式。由于历史原因，我国多数高职院校都沿用普通本科院校的治理模式，这种治理模式虽然规范性强，但在科研管理模式、教学管理模式、教学组织方式和师资队伍建设模式等诸多方面与高职教育发展不相适应。知识体系的相对独立是职业教育成为类型教育的内生动力，治理模式是生态环境的主要影响因素，如何构建适应高职教育类型定位的"类型化"治理模式，成为高职院校急需解决的问题。四是加强高职学科建设。知识是学科的基本要素，学科的本质是独立的知识体系，围绕知识开展的传授、生产和应用是学科建设的主要活动。学科是高校发展的龙头，学科水平决定着高校竞争力。在类型教育背景下，加强职业学科建设是高职院校高质量发展的主要途径和提升内部治理能力的有效视角。

2.高职院校内部治理逻辑

高职院校治理现代化是指在顺应我国全面现代化进程的要求下，各相关利益主体以促进高职院校发展建设为共同目标，根据高职院校章程制度明晰权责关系，通过多向度的权力互动，借助最新的技术手段，使各利益主体实质性参与高职院校治理，进而形成多元民主共治格局的动态发展态势。高职院校治理现代化是一个持续发展的过程，高职院校应根据特定时期的发展需要不断优化和改进治理体系，促使院校治理向更加科学、民主、法治的方向发展。

（1）在目标系统方面，高职院校内部治理要服务学校高质量发展，服务学校的人才培养、学科建设和社会服务能力提升等。

（2）在推进方式上，师资队伍建设是高职院校整个内部治理网络的核心节点，要以评价改革为引导，重点针对教师评价、学生评价和组织（单位和部门）评价发力。全面深化评价改革受学校高质量发展目标的指引和约束，且上述三方相互影响和约束。价值目标是方向，推进方式是手段，以治理原则为指导。内部治理模式本质上是一种治校话语权建构，这些治校话语权就是平时需要不断强化的治理原则。

（3）在行动原则方面，高职院校内部治理是一项系统工程，系统思维是提升内部治理水平的必要条件，办学特色是办学定位的重要组成部分，是评价高质量发展的重要指标。坚持系统思维和办学特色是提升高职院校内部治理能力的行动指南，具体要坚持四个原则，即以职业学科为统领，以人才培养为根本任务，以评价体系为制度保障，以产教融合为基本育人理念。

（4）在状态系统方面，由于高职院校的内部治理模式涉及内部制度、政策和行为、文化等，包括职业学科建设、人才培养和队伍建设等诸多环节，而这些具体环节的现实状态是构建内部治理模式的客观条件，因此，只有基于现实进行传承性创新，内部治理模式方能取得预期成效。基于类型教育对高职教育办学的要求，结合目标系统、推进方式和行动原则，内部治理包括八大状态系统，即人才培养、教研教改、科学研究、社会服务、师资队伍、干部队伍、学生工作和后勤保障。

（5）在办学理念方面，高职院校要把办学理念落实到内部治理模式中，在内部治理中须一以贯之，要将办学目标达成度作为高职院校高质量发展的重要考核指标，以办学理念为依据推进内部评价体系改革；要将办学理念作为内部治理行动逻辑，特别是要在人才培养和职业学科建设的具体执行和保障环节不断强化办学理念，构建集系统性、协同性、整体性和特色性于一体的高职院校内部治理模式。

3.高职院校内部治理现代化的优化策略

（1）协同共治，保证人才培养质量。高职院校只有建立利益相关方共同参与治理的组织架构、议事规则和运行制度，才能实现各方的不同主张，激发各方的活力。一是明确学校发展目标，科学制定规划。依托信息化平台，对学校中长期发展规划、维度目标进行梳理并建立目标体系，再将目标体系具化为任务和项目，明确完成标准和时间，按周期进行测量管控，有效保证任务和项目的完成。二是内外联动，创新政校行企合作长效机制。成立由各方代表组成的理事会，注重各方人员所占比例，优化理事会人员结构，对学校发展规划、专业设置等进行顶层设计，促进人才培养供给侧和产业需求侧结构要素的深度融合。确定例会制度和决策机制，尤其要保障行业企业在学校专业调整、专业群组建、人才培养计划等方面的话语权，强化学校人才培养与市场需求的适配度。通过与企业联合建设工程师学院、大师工作室，开展订单培养等多种方式，与区域管理部门签订全面战略合作协议，将高职院校发展融入区域发展规划中，增强职业教育对区域发展的人才支撑作用，形成政校行企人才共育、过程共管、成果共享、责任共担的长效合作机制。三是民主管理，保障基层师生的治理主体地位。定期召开党员代表大会、教职工代表大会，建立校务公开平台，畅通师生发声渠道，落实师生、职工参与民主管理和监督工作。保障应届和往届毕业生的治理权，针对毕业生进行学校人才培养方案与就业指向性相关问卷调查，根据其实习、就业经历反馈，改进学校的人才培养工作。

（2）权力下放，激发二级学院活力。推进校院二级管理改革，增强二级学院的管理自主权，调动二级学院和教职工的积极性、主动性、创造性，增强学校的办学活力和核心竞争力。一是完善制度、优化机构。在学校层面，出台学校领导联系二级学院工作的实施办法和有关二级学院党政领导班子职责及议事规则的规定，完善放权的顶层设计，厘清二级学院职权范围，对二级学院的日常管理运行起规范、指导和监管作用，使权力行使有制度可依。健全二级学院的管理机构，独立设置教务处、教育督导处、校企合作处、创业学院等，在各部门明确分工的基础上形成教育管理合力。二是训育结合，打造学习型领导班子。加强对二级学院领导班子的管理培训，定期开展教育教学理论、管理理论等学习活动，培养终身学习的习惯，打造具有开阔视野、先进治理理念和开放思维的领导班子。在二级学院内部建构党总支领导下的院长负责制，坚定社会主义办学方向，落实立德树人根本任务。三是下放实权，以促进绩效改革。将绩效分配、人事管理、职称评定、经费拨款定额标准等人、财、物权下放到二级学院，各二级学院要深化奖励性绩效工资分配改革，以优绩优酬为原则，实现高质高聘，激发教职工的工作积极性和主动性；构建以业绩和能力为导向的绩效改革新机制，强调日常考核与重点工作任务考核相结合、定性考核和定量考核相结合、部门考核结果和干部个人考核结果相挂钩。

（3）制定标准，完善专业群基层治理。专业群的建设发展是高职院校发展的基石。首先，确定专业群组建标准，健全所属二级学院内部治理机构。根据国家产业结构转型升级趋势和区域产业布局，在学校已有专业基础上调整、废止、新建有关专业，做到专业设置与产业需求对接、课程内容与岗位标准对接、教学过程与生产过程对接、学历证书与职业技能等级证书对接。组建专业群教学委员会、教材指导委员会、专业建设委员会等，定期召开例会，充分发挥审议、评定、指导和咨询作用，指导专业群动态更新、模块化教学改革、"双师型"教师队伍建设和校内外实训基地建设等。整合委员会成员各方的资源，探索混合所有制学院办学模式，要求每个专业群至少建立一个高端产教融合平台，形成专业群可持续发展保障机制。其次，制定专业群教学有关标准，确定专业群建设目标抓手。制定专业群内开展教学活动的评级标准，开发专业群实习实训基地建设标准，使专业群基层建设有方向和有标准可依。与人社部门、行业组织和行业内标杆企业合作，共同开发职业资格标准、技能等级认定标准、技能培训标准等，并将其运用于教学过程中。政校行企共建专业群实习实训基地，除供专业群使用外，还要对外开展有关技术技能培训活动，培养与输送初、中、高级职业等级人才，提升专业群服务社会的能力。最后，培育、考核并重，加强"双师型"教师队伍建设。根据《职业教育"双师型"教师基本标准（试行）》选聘新教师，完善学校新教师入职培训、骨干教师能力提升、专业带头人培育三级教师发展培育体系；教学与技能实操能力并重；建立高水平、结构化的跨组织教师教学创新团队，夯实基层教学组织。探索分工协作的模块化教学模式，着力开发专业群课程标准和教材、技能实操标准，深化"三教"改革。

（4）数字赋能，健全问责追责制度。高职院校治理现代化要求使用最前沿的技术来提高治理效率，而信息技术发展带来的数据应用能够有效提升治理效率，并为实现治理现代化提供有力支撑。首先，以信息化促进精细化管理和服务能力提升，切实提高工作效能。建立数字化校务管理平台，克服部门主义，解决碎片化治理等问题；建立政府、学校、企业、学生、教师等协同治理平台，便捷、快速地为师生提供服务。其次，用数据"说话"，提高决策的科学性。依托大数据，建立学校大数据分析与专家决策系统、教育数据监测与评估系统，为决策提供数据支撑；分析教育风险、教育舆情，完善应急机制，防范、化解潜在的教育危机，促使高职院校从以往"凭借经验的粗放管理"转向"依靠数据分析的集约治理"。再次，利用信息技术明确权责，完善治理追责机制。利用大数据、区块链等现代智能技术来加强"数据确权"，将数据精准推送至各权责部门，明确各治理主体的责任与义务，并加强相互制约与监督，切实解决由于权责界定模糊而产生的各种互相推诿问题；完善问责机制，将治理行为与治理主体的"考核、奖惩、选拔和岗位调整等对接，与单位的综合考评、经费分配和招生计划分配等挂钩"，以加强问责的震慑力；利用链式时间戳（Chain Timestamp）标记某一时刻的数据结构，形成时序区块，实现治理数据信息可追溯且不会被篡改，从而实现治理行为轨迹的全程追踪溯源，健全追责机制建设。最后，依靠信息技术助力高职院校治理现代化透明度建设。引入区块链点对点传输技术和分布式账本技术（Distributed Ledger Technology，DLT），构建多元参与的分布式教育治理网络，解决各治理主体间的信息不对称问题，消除中心服务器对数字的绝对控制权，提升参与度和透明度，促使治理层级更加扁平化、多元化。数字治理平台的建设为多元主体参与学校治理提供了渠道便利，校务治理信息公开越充分，越能保障治理主体有效参与学校治理，体现学校治理的透明度，将以往的"拍脑袋"做决定和"黑箱"管理操作转化为具有可视化和透明化的现代治理。但应注意，在使用数据时，应保护个人隐私，避免数据滥用和泄漏。具体包括规范信息采集过程、采取数据安全保护措施、明确数据使用动向、推动数据保护有关法规的制定、明晰各治理主体在数据使用方面的责权。①

（五）内部质量保证体系建设

2021年10月，中共中央办公厅、国务院办公厅印发《关于推动现代职业教育高质量发展的意见》，强调"完善质量保证体系""推进

---

① 刘晓，童小晨. 高质量发展背景下高职院校治理现代化的内涵、现状与优化策略——基于56所"双高计划"高水平学校中期绩效自评报告的文本分析［J］. 现代教育管理，2023（5）：110-119.

职业学校教学工作诊断与改进制度建设"。基于此，建立既能反映职业教育类型特征，符合内部质量诊断与改进工作基本要求，又能体现多元化社会需要和个性化发展需求的内部质量保证体系，全面激活内生发展动力。

1.高质量发展对内部质量保证体系建设的要求

高质量发展是一个系统命题，涉及发展的层次、要素、结构、路径和动力等，但最为重要的是形成内生发展动力。内生发展动力缺乏，其他要素就难以持续充分地发挥作用。为此，要构建起"三力同驱"的内生动力系统：一是稳步发展的"控制力"，主要依靠内部质量管理制度的科学构建和良性运行；内部质量管理制度的完善程度和执行程度决定着质量内涵稳步发展的控制力。二是快速发展的"牵引力"，主要表现为内部质量管理机制；内部质量管理机制的健全程度决定着其发展速度的快慢。三是良好的内部质量文化，形成可持续发展的"支撑力"。从高质量发展内生动力视角看，"制度控制力""机制牵引力""文化支撑力"形成合力，构成高职院校"三力同驱"的内部质量保证体系的框架。

2.内部质量保证体系建设的理论支撑

教育学、经济学、心理学、政治学、管理学等学科奠定了高职院校内部质量保证体系的理论基础，分别对保障目标、专业设置、教学原则、保障结构、保障流程等方面产生影响。

（1）目标分类理论。它是确立质量保证体系的教育学基础。美国著名教育学家、心理学家布鲁姆（Bloom）认为，教育目标是由认知、情感和操作三个领域共同组成的目标体系。作为一种有目的地培养人的社会活动，教育的本质就是最大限度地满足人的全面发展需求，即"身心、智力、敏感性、审美意识、个人责任感、精神价值等的发展"，培养未来社会需要的合格人才。

高质量发展阶段，高职院校内部质量保证的目标是要保证人才培养既满足"高素质"和"技术技能型"两大硬性要求，为个人谋生、就业奠定基础；又满足情感、态度、价值观等方面的目标要求，回归教育的本质，而不是培养异化的"工具人"。

（2）人力资本理论。它是建构高职教育专业结构体系的经济学基础。人力资本理论创始人、美国经济学家舒尔茨（Schultz）指出，教育可以有效提高劳动生产率，进而促进经济增长。美国经济学家罗默（Romer）、卢卡斯（Lucas）等提出的"新增长理论"进一步指出，知识和技术是经济增长的内生变量，经过教育和培训获得的特殊知识和专业化的人力资本是经济增长的主要因素，不仅可以使人力资本拥有者受益，而且能够促进其他要素收益的增加，从而保证经济持续增长。产业结构调整必然会带来人力资源需求结构的变化，对低端人才的需求日益减少，对高端人才的需求逐步增加。产业升级的顺利实现要求人力资本水平的不断提高。高职院校应通过内部质量保证体系，根据不同产业对所需人才的知识结构、能力素质等方面的规定和要求，及时调整专业结构与产业结构相适应，形成与产业结构相匹配的人力资源结构，实现高职教育与经济发展的良性互动。

（3）建构主义学习理论。它为高职院校构建以学生为中心的教学评价体系提供了心理学理论基础。建构主义学习理论的代表人物是瑞士著名心理学家皮亚杰（Piaget）、美国心理学家科恩伯格（Kernberg）和斯滕伯格（Sternberg）。他们认为，学习是学习者在一定情境下以现有知识或经验为基础，借助他人的帮助，根据先前的认知结构，有选择性地主动知觉外在信息、建构当前事物意义的过程。因此，学习者是信息加工、意义建构的主体，而教育者是学习者完成学业的支持者、帮助者和促进者，二者之间是一种平等的协作关系。高职院校教学评价体系的构建应树立以学生为中心的理念，遵循主体性原则。如在学生评教方面，要聚焦有效教学，围绕学生参与教学活动的体验感，从学生角度重新设计学生评价教学的指标体系，让学生根据自己的学习体验和学习收获，评价教师的授课情况；在督导评教方面，以课堂教学为评价客体，以促进学生的发展为评价依据，完善督导评价课堂教学质量的评价指标体系，既突出对教师实践技能水平和专业教学能力的评价，又强化对学生学习需要的满足、情绪状态、行为表现及学习效能等方面的评价，科学、客观、全面地反映教师教学质量。

（4）内外因相互作用理论。它是构建质量保证结构体系的政治学基础。唯物辩证法认为，事物的发展变化是由内因（即内部矛盾）所引起的，同时受到外因（即外部矛盾）的影响，是内外因共同作用的结果。内因是事物发展变化的根据，外因是事物发展变化的条件，外因通过内因而起作用。二者相互联系、相互作用和相互影响，决定着事物的生存、发展与变化。

高职院校质量保证体系包括内部和外部两部分：前者是高职院校为了完成既定教育目标对教学、科研和社会服务等方面所进行的自我评价、自我修正与自我完善的教育质量管理活动，它更多地关注生源输入和教育过程的运作；后者是教育行政部门、社会各种评估机构为确保高职院校提供高质量的教育服务和专业人才，对学校所开展的评估、审核、认定、保障等评价和管理活动，注重的主要是输出的结果。其中，前者是前提、关键与基础，是矛盾的主要方面；后者是辅助力量，通过提供反馈信息等，广泛参与、支持与协作高职院校内部质量保证工作，帮助高职院校及时修改人才培养目标、建立新的质量标准等，从而在一定程度上保证质量保障的正确方向。高职院校应建立起以院校为主体、与外部保证体系有机对接的内部质量保证体系，通过内外两个系统的协调运作、相互合作，相辅相成地完成院校质量保证任务。

（5）PDCA循环理论。它是建立质量保证流程体系的管理学基础。美国著名质量管理专家戴明（Deming）认为，高效率的质量管理应该是一个按照PDCA四个阶段所形成的封闭环路实现持续改进的运转过程。所谓PDCA，即计划（Plan）、执行（Do）、评价（Check）和修正（Act）。其中，计划阶段是指活动目标确定与计划制订，执行阶段是指具体操作，评价阶段是指目标落实和计划完成的效果总结，修正阶段是指针对目标落实与计划执行效果所采取的纠正行为。对于亟待解决的问题，要认真分析原因，提交下一轮去解决。内部质量保证活动是一项有目的、有计划、有组织的系统管理活动，这种管理活动不仅要关注教育管理过程，而且要关注教育资源的输入、输出以及教育信息的反馈修正。因此，质量保证运行机制的建立是通过明确纵向层面（学校决策指挥、质量生成、资源保障、支持服务、质量监控）各层级管理系统间与横向五层（学校、专业、课程、教师、学生）之间的质量依存关系，依托信息化诊改平台，建立起管理制度与工作流程有机结合的内部质量管控机制，常态化的院校发展规划、专业、课程、师资、育人工作诊改机制，质量事故管控机制等，形成以"目标-标准-实施-诊断反馈-质量改进"为主线的纵向贯穿、互为因果的闭环，实现质量管理螺旋改进提升的过程。[①]

3.健全高职院校内部质量保证体系的路径

高职院校内部质量保证体系建设是指依托从上而下的组织设计和领导力，以系统化、结构化的思维模式对人才培养的各要素、各环节进行统筹设计，在学校层面对内部管理、专业发展、课程设置、教师团队打造、学生发展评价进行诊断与改进，落实五个层面的主体责任

---

① 刘凤存. 论高职院校内部质量保障体系的理论基础 [J]. 教育评论，2016（4）：60-63.

和相对独立的质量保证机制，强化各层级管理的协同和分工，依托全要素、网络化、全覆盖的质量管理制度和质量监测机制，积极构建权责清晰、运行顺畅的内部质量保证体系。

（1）建设有效衔接、科学合理的目标链和标准链。质量提升的起点在于规划目标。构建目标链是质量管理的起点，标准链是质量管理的运行监控指标，两者互相衔接并相互支撑。高职院校应遵循全面质量管理理论的目标体系、标准体系、执行体系、监控体系、反馈体系一体化的理念，构建清晰的目标体系和稳步提升的标准体系，形成"目标有标准支撑，标准有数据支撑，执行有诊断数据反馈，反馈有利于评价与改进"的教学诊断与改进工作机制，以及贯通培养目标、培养模式、过程监控、培养结果等人才培养全过程的内部质量保证体系。

（2）建设数据整合、标准统一的质量管理综合平台。信息化平台可以让高职院校的质量管理更精细、更智慧。信息化技术和质量管理的融合是必然选择，打造一体化的信息化平台，可以实现综合管理、智能互联、整合数据，并对数据的标准和数据采集源头进行规范化，全面提升诊改平台和校本数据中心的智能化水平。

（3）建立多元评价、绩效评估的质量考核体系。围绕着目标的达成以及产出效果制定全面质量考核机制，以教师、学生评价激励教师和学生发展，优化多元评价的质量评价机制。

（六）高职院校教学督导建设

1.重塑以促进师生发展为本的督导理念

在OBE理念指导下，为高职院校教学质量持续提升服务。在督导原则上，注重教师的现实表现，关注教师的未来发展，以评价为载体，将培养目标和毕业要求有效贯通于督导目标、督导内容和督导方式中，在教学质量持续改进中有作为；在督导方式上，采取形成性评价，注重过程诊断，保证听课观察、分析反馈和交流探讨的频度，实现有针对性的评价指导，避免终结性评价带来的弊端；在督导评价标准上，更加注重个性化、动态化的质性评价，而非统一的、静态的量化评价，给予教师具体的肯定和建议、更多的关爱和包容，形成有效的教学质量激励机制；树立"质量共同体"意识，与教师建立起平等的合作关系，共同建构"评价-反馈-交流-改进"过程，双方在共同切磋中，增进彼此的了解并达成共识，营造相互信任的"对话-协商"氛围，使督导成为教师教学能力提升的有效途径。把握好教学督导尺度，抓大放小，鼓励教师在能力特长、实践手段、教学风格和学术旨趣等方面发挥个性，形成特色。逐步形成一种尊重差异的、多元的、人文的评价文化和督导文化，营造包容个性、和谐共生、充满活力的教学氛围。

2.健全督导制度体系

一是成立校级教学督导委员会，使督导工作得到校长（或主管教学校长）的重视和支持；独立设置督导部门，统管全校的教学督导工作，引入教学督导监督问责机制，增强督导的话语权。二是健全制度体系，既要完善工作责任、考核激励、选拔培训、问责等教学督导规章制度，明确督导的工作任务和职责、权利和义务、评价标准和程序、考核和奖惩、报酬和待遇等，又要与时俱进地优化督导评教、领导干部听课、教学检查、学生信息员反馈等制度。通过一系列制度的建立和实施，落实教学督导的职能，使督导工作规范、专业、高效、有度，激发督导人员的积极性，调动其工作热情，增强其责任感、成就感、荣誉感。

3.加强督导队伍建设

督导的"专业化"主要体现为通过科学评价、有效指导、解决教学中的复杂问题等，成为教师专业发展的引路者、政策的咨询者、技术指导者、难题解惑和心理疏导的帮助者。一是重视人员选拔聘用，由"资历型"向"专业化"转变，综合考虑年龄层次、专业背景、知识能力、素质品行、实践经历、专兼职等因素，构建一支乐于奉献、精于教学、善于管理的复合型校级督导专家队伍。二是加强二级督导队伍建设，出台《二级教学督导工作实施办法》等制度，建立校院两级督导组织架构，明确二级督导的职责、工作内容；建立起涵盖学院领导、专业带头人、教研室主任、一线骨干教师等的院级督导队伍，按照学校规章制度并结合实际情况，灵活开展院级督导工作。三是加强资源共享。校院督导既并行又互为补充，校级督导工作面向全校，在课堂教学督导的基础上，开展教学管理的具体制度、做法及执行效果等督导工作，起到高屋建瓴的作用；二级督导针对本部门教学情况，及时发现、反馈和解决问题，发挥针对性强、信息收集和反馈顺畅及时的作用；建立校际教学督导联盟，进一步强化和充实高职院校的督导力量。四是建立激励与约束相结合的考核机制、培训机制和流动机制等，增强督导履职尽责的学术能力、实践能力和指导能力，有效保证督导队伍的专业性和权威性。

4.构建"传统+智能"督导机制

加强对"专项督导"和"专题调研"工作的研究，研究教学、教学改革和管理方面存在的深层次问题及难点问题，如全校实验（实训）课程教学、青年教师教学能力发展等。为此，可依托高职院校数字化督导平台，实现评价主体多元化，评价内容过程化、具体化和定量化，数据采集全方位、自动化、多模态，数据分析智能化、数字化和精准化。如获得大样本教师报告；依托智能巡课系统，实现大规模常态化监测、筛查优秀和异常课堂，服务督导教师精准发现优秀教师和待改进教师；通过督导教师回顾查看青年教师课堂实录视频，核验智能督导评课结果，提升督导准确度。总之，通过精准分析、多方诊断，形成研究报告，从建设性角度推动学校研究和解决改革发展中的一些瓶颈问题、共性问题、难点问题，发挥督导的咨询与决策建议功能。

（七）高职院校国际交流

1.树立开放的办学理念

发展不应仅仅局限于数量的增长，更应注重质量与效益的提升，以及国际适应性的增强。在经济全球化战略下，高职院校要想在国际竞争环境中谋求发展，就必须以国际化的眼光和开放的办学理念，指导自身的发展；审视当前国际人才市场的供求现状，合理配置教育资源，调整自身的专业设置、培养目标以及课程体系。

2.选择有效的开放路径

对于有一定国际交流合作经验的高职院校，重心应放在资源整合上。如在外籍教师的工作安排上，除了常规的课程教学外，还可以将中方教师海外培养前的语言及风俗培训工作交由其负责；对于国际化建设已开展得相对深入的高职院校，重心应放在组织建设上，校方应推动管理体制上的国际化，构建全方位的国际交流合作格局。同时，继续完善国际化管理的制度规范建设，做好国际化战略规划工作，实现学校国际化发展有法可依；建立"学校宏观引导、国际化组织协调、院系间协同（引入外语学院）"的校-院协同推进机制，发挥学校的基础能力优势与不同院系的专业资源优势；在目标设置上贴近国际化，强化特色专业建设，集中资源，积极开展品牌宣传；在不断的学习借鉴中，实现自我创新，提高环境的适应性，为教育输出创造条件。

3.加强院校内涵建设

其一，完善管理机制。高职院校应当以国际交流合作为契机，强化管理理论的借鉴与实践，勇于突破机制障碍，提升管理效率。其二，强化国际师资力量建设。加强专业教师、管理人员引进工作，重视高新行业的引进渠道。其三，建设国际化课程体系。在课程内容上，除涉及民族特色及意识形态的内容外，其他内容都应当逐渐与国际接轨，在操作层面上，应推动专业课程参与国际认证，提升人才培养的国际化水平；发挥优质资源与地域特色资源的作用，建设国际化的课程标准与职业资格标准，推动资源与技术积累，实现中国优质高职教育资源的"走出去"。涉外专业应当以国际交流合作为依托，提升课程设置的起点，确保课程的先进性；对于主要服务本土的专业，在课程设置上可保留本土特色。

4.大胆尝试教育输出

高职院校应以区域特色专业为依托，吸引海外学子；借助中外合作办学平台，积累国际办学经验，实现由输入到输出的转变；具备一定实力的高职院校可以尝试境外办学。由于相关办学经验不足，高职院校在开展境外办学的过程中，应当制订周密的计划，构建有效的开拓支持与执行体系。

二、以"双师型"教师为旨归的教师发展

教师队伍建设是学校发展的核心，专业发展包括个体能力的提升以及教师之间的交流合作，二者相互促进。在队伍建设的同时，应考虑如何立足精神素养、数据素养、教学素养和专业素养四个维度，促进教师专业发展。

（一）高职教师队伍建设

1.高质量发展对队伍建设的新要求

高职教师队伍高质量发展主要表现在教师个体发展、学生发展、专业发展、院校发展等层面。其中，教师个体发展是前提条件，其角色是"人师""能师""培训师"的融合；学生发展是目标指向，要促进学生的技术技能水平提高和全面发展；专业发展是价值旨归；学校

发展与教师发展互为支撑，同向同行。

（1）筑牢职业教育类型定位的价值观。不同时期，高职教育教师队伍建设都有时代发展的印记。进入高质量发展时代，国家重大政策对职业教育类型特色从确立到优化的表述，要求高职教师队伍建设在引、培、用、留等制度设计与实施，以及队伍结构优化等方面体现出类型教育的特色。

（2）满足职业教育法律、政策的要求。近几年，国家出台了一系列职业教育法律、政策，对职业教育教师队伍建设做出了顶层设计。2018年发布的《中共中央 国务院关于全面深化新时代教师队伍建设改革的意见》提出，全面提高职业院校教师质量；2019年发布的《国家职业教育改革实施方案》强调，加强职业技术师范院校建设，优化结构布局，要求2022年高职"双师型"教师占专业课教师总数的比例超过50%；2019年，《深化新时代职业教育"双师型"教师队伍建设改革实施方案》发布，方案对职教教师工作进行了全面的部署；2021年，《关于推动现代职业教育高质量发展的意见》对职业教育高质量发展做出了顶层设计，明确了加强职业教育教师资格认定、强化对职教教师专业教学与实践技能的考察等工作要求，为高职教育的教师队伍建设提供了政策支持；2022年5月1日，新修订通过的《职业教育法》正式施行，为职教教师队伍的体系化建设提供了法律支持；同年，《教育部办公厅关于开展职业教育教师队伍能力提升行动的通知》发布，通知从标准框架、培养质量、培训体系、培训模式、校企双向流动等方面提出了职业教育教师队伍能力提升的明确举措。

（3）畅通高职教师终身发展的职业通道。一是支持和服务高职教师"双师"能力的持续提升。高职教育高质量发展要求高职新手教师成长为"双师型"教师，再到专家型"双师型"教师。为此，要依托国家职教教师素质提高计划，持续完善"国家示范引领、省级统筹实施、市县联动保障、校本特色研修"的四级高职教师培训体系。二是进一步加强教师教学创新团队建设，为校企人员协同开展创新团队建设、模块化教学、职业培训、技术合作等提供平台和载体，使个人"双师"能力在团队建设中得以提升，个人素质和团队能力全面加强。三是高职教师要主动自我更新。高职教师要树立终身学习的理念，学习、了解教师专业发展的理论，培养专业责任感，对自己的专业发展保持一种自觉状态，及时调整自己的专业发展行为和活动安排；制定生涯发展规划，积极参与继续教育，有计划地进行教育研究；将反思和自我专业发展作为一种专业生活方式，自主选择专业内容和方式进行学习，主动践行专业发展。

2.高职教师队伍建设的理论支撑

（1）教师专业化理论

教师专业化一般是指教师这个职业有专门的培养与管理制度以及特有的职业要求与条件。它包含宏观和微观两个层面的内涵：

第一，宏观上是指教师职业的专业化，即教师这个职业从非专业、准专业向专业性质发展的过程。它主要涵盖三部分内容：国家对教师的资格认定，教育机构有专门的认定制度和管理制度；对教师的学历标准有明确规定，对教师的职业道德、专业知识与能力有确切的要求；国家有专门的教师教育机构。教师专业化建设在宏观方面主要强调两点：专业自身的成熟与分化程度，可细分为专业知识、技能成熟程度，专业组织、制度成熟程度和专业精神；专业的社会地位、经济待遇和专业声望以及由此形成的职业吸引力。

第二，微观上是指教师个体的专业化，是指教师个体通过专业训练和终身学习，从新手逐渐成长为专业的、成熟的教师的发展过程。其具体包括三个基本和必备的要求：恪守基本伦理道德与专业道德规范，有足够的能力引导和帮助学生掌握丰富的知识并强化专业技能，在教学中能制定明晰的教学目标与框架。美国学者 Fuller 利用"教师关注问卷"分析了教师的专业发展过程，以教师关注事务的变化为基点，提出一个专业教师成长最明显的特征就是关注点发生变化。它主要经历四个阶段，分别是关注自身、关注教学任务、关注学生的学习、关注自身对学生的影响。

高职教师既要满足高等教育对教师的基本要求，又要具备职业教育的职业属性（具备实践与职业技能），理实结合、讲做合一。高职院校教师专业化发展既要遵循教师专业发展规律，又要遵循职业教育的独特规律。高职教师专业化的过程就是从新手教师成长为高素质、卓越型"双师型"教师的过程。而高职教师队伍建设的价值就是帮助教师依托专业发展成长为"双师型"教师且不断追求卓越。教师专业化理论有助于理清"双师型"教师的内涵与素质，为"双师型"教师认定标准的制定和落实提供依据。

（2）人力资源管理理论

人力资源管理理论是指在经济学和人本理论的指导下，为满足组织当前及未来发展的需求，通过招聘、甄选、培训、报酬等管理形式对组织内外部相关人力资源进行有效运用，保证组织目标的实现及成员发展最大化的一系列措施。其最初主要用于企业内部，在进行人力资源管理时，不仅要对人力进行合理的组织、调配与培训，使人力与物力保持最佳比例，还注重对人的思想、心理与行为进行合理的引导与协调，调动人的能动性，保证组织目标的实现。人力资源管理主要分为六大模块：人力资源规划、人员招聘与配置、培训与开发、绩效管理、薪酬福利管理与劳动关系管理。

将人力资源管理理论应用队伍管理及建设中，就是秉持以人为本的理念，把教师作为高职院校重要的人力资源，进行科学的招聘、培训培养、考核评价、绩效与薪酬管理，为教师提供良好的发展机会、发展环境和薪酬待遇，激发其工作的积极性，促进专业发展，对教师队伍进行优化整合，推动院校教师队伍建设，进而促进学校持续发展。[①]

3.国外高职教师队伍建设的经验及启示

我国高职教育始于 20 世纪 80 年代，发展始于 90 年代后期。当前，高职教师队伍建设方面仍滞后于高职教育发展。一些发达国家的高职教育起步较早，在"双师型"教师的资格规定、能力素质要求、培训模式、管理模式、激励机制等方面积累了一些成功的经验，对我国高职"双师型"教师队伍建设有所启迪。

（1）国外高职"双师型"教师队伍建设的经验

第一，国外对"双师型"教师资格的规定（见表 5-1）。大多数国家对"双师型"教师资格的认定标准是至少具有 5 年的职业工作经历。

表 5-1　　　　国外对"双师型"教师资格的规定

国家	对"双师型"教师资格的规定
美国	具有学士以上学位，对所授技术课程有 1 年以上的工作经验及最新经验，教师追求创新
德国	具有博士学位，有在企业至少 5 年的专业实践经历
丹麦	完成第三级职业教育、具备专业技能并拥 5 年以上的实际工作经历
日本	具有硕士学位，在学校、研究所、企业从事与上课内容有关的业务，或与研究、技术有关的业务（即从事实际职业技术工作）

第二，国外对高职"双师型"教师能力素质的要求。英国、德国、澳大利亚对高职"双师型"教师能力素质的要求见表 5-2。

---

① 王雨薇. 河北省高职院校"双师型"教师队伍建设研究［D］. 石家庄：河北科技大学，2022（12）：1-68.

表 5-2　　　　　　　国外对"双师型"教师能力素质的要求

国家	对"双师型"教师能力素质的要求
英国	有明确的教育意识，有丰富的教育理论，通晓所教专业的前沿技术
德国	《联邦职业教育法》要求教师同时具备扎实的专业基础理论知识和熟练的专业技能，职教教师的能力框架包括教学能力、教育能力、评价能力与创新能力等
澳大利亚	具有沟通、问题解决、团队协作、组织管理、自主成长、终身学习和掌握新技术等能力

第三，培训模式。德国较早建立了职业院校教师专业化发展体系，针对不同的专业设定了不同的人才培养目标和方案，促进教师专业发展，如开展严格的专业资格培训和职业教育理论进修活动，内容涵盖专业技能训练、实训设备的操作规程、职业教育学和劳动教育学等方面的知识。

丹麦在职业院校教师专业技能经验的基础上，补充教育教学专业知识、技能培训知识，使有经验的专业技术人员成为合格的职教师资。

日本建立了"职业训练指导员模式"的职教教师培养体系。"职业训练指导员"是一种职业资格，是指具有技术专业（如机械、电子、家电维修等）和教育专业双学士学位证书的专业教师。想成为职教教师的学生需要掌握一定的专业领域的理论知识，拥有熟练的实践操作技能，在大学取得教师资格证书，再进入相关企业工作两年，然后才有资格进入职业高中、专修学校、短期大学及公共职业训练机构执教。日本的职教师资培养以"产学结合"的综合模式为主，通过产业界对职业院校进行设备以及人才投资，全方位地支持职业院校的师资建设。日本厚生劳动省专门设立的职业能力开发综合大学是以培养职业技术教育师资为主的机构，以学科理论作为课程的核心内容，以培养实践能力作为基本目标。

在美国，社区学院制定了完善的教师专业标准和职业资格证书制度、灵活的教师聘用和薪酬福利制度，建立了严格的教师考核和"双路径"晋升机制，以及针对教师入职、在职和职后优化等阶段搭建的成长体系。[①]

在英国，依据《英国合格教师专业标准与教师职前培训要求》，英国职教师资培养与培训体系呈现出"三段融合"和"三方参与"的特点。前者指通过职前培养，帮助有意成为教师的人员获得政府认可的教师资格，通过入职辅导帮助教师快速进入专业角色，通过职后提高帮助教师不断更新自身的知识结构，提升教学能力，成长为一名优秀教师；后者是充分整合大学、职业学校和企业三方的资源，推进高职教师培养社会化。

为促进职业教育教师制度的改革与发展，澳大利亚加大职业教育经费投入力度，加强职前教育与在职培训的有机衔接。澳大利亚拥有成熟的培训体系，能采取有效措施提升职业教育教师的专业化水平。其具体表现为重视校企合作，重视产业前沿知识和技能，尤其是与企业一线岗位的结合；制定了全国统一的质量培训框架（AQTF），建立了科学的质量评估体系，从学校、教师和学生三方面对教师开展评估；坚持教师准入制度，扩充职教教师培训包。

第四，管理模式。日本、美国、加拿大等国的高职学校都有一套严格的教师管理制度，其共同点是大量聘用兼职教师。20世纪90年代以来，高职院校普遍实行教师任期制。英国的职教教师主要由企业一线人员组成。澳大利亚高职教育的师资队伍主要包括全日制专职教师和兼职教师，专兼比例大概是1：3。德国职业院校重视兼

---

① 吴遵民，杨婷. 新时代职业院校如何建构"双师型"教师队伍 [J]. 职教论坛，2019（8）：89-96.

职教师的引入，兼职教师队伍已成为关键的技术支撑。美国的社区学院建立了兼职教师制度，采用临时定期聘用的方式，招聘一定数量的具有丰富工作经验的精英人士作为学校的兼职教师，比例超过60%；任期以短期合同制为主，学校根据教师的工作质量、教研经费情况等，每年签订合同，灵活性与针对性较强。日本高职院校的兼职教师比专职教师多出近一倍，"双师结构"更趋合理。20世纪70年代，日本实现高等教育大众化以后，教师终身雇佣制度逐渐产生了"制度疲劳"，任期制作为一种教师人事制度开始受到重视。

第五，激励机制。从整体上看，国外从事职业教育的"双师型"教师在社会福利、工资待遇以及社会地位等方面都高于普通学校的教师，有些国家职业学院的"双师型"教师的待遇甚至高于国家公务员、大学教授。因此，国外职业学院的"双师型"教师队伍稳定，对专业人才有很强的吸引力、凝聚力和向心力。德国的"双师型"教师是一个社会地位和工资收入较高的职业，其身份等同于公务员，其法律地位是由各州的公务员法决定的。日本"双师型"教师的考核晋升与工资待遇的提高直接挂钩，国家对职业教师给予较优厚的待遇，其工资比担任其他课程的同级教师高10%，比公职人员高16%，而且原则上工资一年提升一级。[1][2]

（2）国外高职"双师型"教师队伍建设的启示

一是严格任职标准，对教师的企业实践经历及技能标准做出严格、明确的规定。二是健全培训体系，不断完善校企合作培训模式，落实好教师企业实践工作，帮助和支持教师带着教学中的难题和困惑走向生产一线，熟悉企业的生产环节、操作工艺和管理、培训等模

① 林杏花. 国外高职"双师型"教师队伍建设的经验及启示 [J]. 黑龙江高教研究，2011（3）：59-61.
② 王雨薇. 河北省高职院校"双师型"教师队伍建设研究 [D]. 石家庄：河北科技大学，2022（12）：1-68.

式，了解最新的技术信息，接触到经验丰富的相关技术人员，开阔视野，提高岗位技能，积累实际工作经验。三是完善选聘制度，建立一支专兼结合的教师队伍，探索试行任期制以及"岗位管理"转变，按需设岗，择优聘任，逐步形成人员能出能进、职务能上能下、待遇能高能低的动态局面。四是夯实评价和激励机制。心理学有关研究表明，在缺乏激励的环境中，员工的潜力只能发挥10%～30%，甚至可能产生相反的效果；在适宜的激励环境中，同样的员工却能发挥其潜力的80%～90%。要改进评价模式，提高高职"双师型"教师的待遇与地位，充分调动其工作的积极性、主动性和创造性，吸引和留住人才。

4.高职"双师型"教师的政策梳理

"双师型"教师根植于中国20世纪80年代初期普通高中向职业高中转型、技能型教师大量缺乏的环境，形成于80年代末90年代初的高职高专实践。1990年，王义澄最早提出"双师型"教师这一概念。1995年，《国家教委关于开展建设示范性职业大学工作的通知》第一次提出高职"双师型"教师的概念。[①]之后，"双师型"教师成为中国职业教育发展进程中特有的称谓。

（1）"双师型"教师的政策回顾

目前，国内专门针对"双师型"教师的政策很少，主要是由职业院校设置标准、职业教育人才培养质量、职业教育师资队伍建设、职业教育教学改革四种主题政策之下关于"双师型"教师的内涵、队伍标准和队伍建设等内容，逐步形成今天的"双师型"教师政策体系。[②]纵观上述政策变迁的整个过程，"双师型"教师的政策工具日

---

① 李树峰.从"双师型"教师政策的演进看职业教育教师专业发展的定位 [J].教师教育研究，2014（5）：17-22.
② 孙翠香，卢双盈."双师型"教师政策变迁：过程、特点及未来态势 [J].职业技术教育，2013（28）：48-54.

益具体化。

包含"双师型"教师内涵的相关国家政策、文件见表5-3。

表5-3　　包含"双师型"教师内涵的相关国家政策、文件

时间	政策名称	主要内容
1995	《国家教委关于开展建设示范性职业大学工作的通知》	首次从政策层面提出"双师型"教师的概念
1998	《面向二十一世纪深化职业教育教学改革的原则意见》	"双能力"说，文化课教师了解专业知识，专业课教师掌握专业技能
2000	《教育部关于加强高职高专教育人才培养工作的意见》	"双身份"说，"双师型"教师既是教师，又是工程师、会计师等
2002	《教育部办公厅关于加强高职（高专）院校师资队伍建设的意见》	"双素质"说，"双师型"教师要既有工作实践经验，又有较扎实的理论基础，具有教师和某一专业领域的职业素养
2004	《教育部等七部门关于进一步加强职业教育工作的若干意见》	"双证书"说，专业教师具有教师资格证和职业资格证书
2004	《高职高专院校人才培养工作水平评估方案（试行）》	"双职称"说，"双师型"教师应该具有讲师（或以上）教师职称、中级（或以上）技术职称
2004	《教育部办公厅关于全面开展高职高专院校人才培养工作水平评估的通知》	近五年中有两年以上在企业第一线本专业实际工作经历，或参加教育部组织的教师专业技能培训获得合格证书，能全面指导学生的专业实践实训活动
2019	《国家职业教育改革实施方案》	"双师型"教师应同时具备理论教学能力和实践教学能力

梳理历年政策可知，国家对"双师型"教师的界定是不断扩充、不断完善的过程。"由最初强调个体教师的专业实践能力到持有显性特征（双证书等）的教师个体，再到融合了教育者和行业者的优秀特质与功能的"一体化"教师个体。

包含"双师型"教师队伍标准的相关国家政策、文件见表5-4。

表5-4 包含"双师型"教师队伍标准的相关国家政策、文件

政策出台时间	政策名称	主要内容
1995	《国家教委关于开展建设示范性职业大学工作的通知》	有一支专兼结合、结构合理、素质较高的师资队伍。专业课教师和实习指导教师具有一定的专业实践能力，其中有1/3以上的"双师型"教师
1997	《国家教委关于高等职业学校设置问题的几点建议》	每个专业至少配备副高级专业技术职务以上的专任教师2人、中级专业技术职务以上的本专业非教师职称系列或"双师型"专任教师2人
2004	《教育部办公厅关于全面开展高职高专院校人才培养工作水平评估的通知》	专任教师结构一项规定"双师型"教师比例50%达到C（合格），70%以上为A（优秀）
2016	《教育部关于深化高校教师考核评价制度改革的指导意见》	专业课教师每5年到企业定岗实践不低于6个月

1995年，在涉及职业教育发展的国家政策中，开始出现"双师型"教师这个具有中国特色的职教师资称谓。"双师型"教师队伍建设政策大体包括5个阶段，见表5-5。[①]

表5-5 "双师型"教师队伍建设的相关国家政策

发展阶段	政策出台时间	政策名称及主要内容	特征
第一阶段1995—1998年	1995	《国家教委关于开展建设示范性职业大学工作的通知》（教职〔1995〕15号）	本阶段以指向个体的专业实践能力要求为主要政策导向，未对"什么样的教师才是'双师型'教师"这个问题做出明确说明；对"双师型"教师的数量、培养途径等问题有所涉及
	1997	《国家教委关于高等职业学校设置问题的几点意见》（教计〔1997〕95号）	
	1998	《面向二十一世纪深化职业教育教学改革的原则意见》（教职〔1998〕1号）	

---

① 黄瀚玉，曾绍伦. 高素质"双师型"教师队伍建设路径与策略——基于政策文本及内容分析［J］. 教育与职业，2019（6）上：73-79.

发展阶段	政策出台时间	政策名称及主要内容	特征
第二阶段 1999— 2003年	1999	《中共中央国务院关于深化教育改革全面推进素质教育的决定》（中发［1999］9号）注意吸收企业优秀工程技术和管理人员到职业学校任教，加快建设兼有教师资格和其他专业技术职务的"双师型"教师队伍	本阶段仍重视"教师的专业实践能力"。为职教教师个体发展和职教教师队伍建设指明了方向。在群体意义上首次提出职教师资队伍结构构成的"双重性"，强调"双师型"教师的"双师"角色和身份"双重性"。首次从素质构成的视角对"双师型"教师的内涵做出了说明，更加强调专业实践能力，以突出教师的企业实践经历和科技研发能力为外在手段，目的是使"双师型"教师的内涵解读更具可操作性。在个体意义上强调教师的"双师素质"，以及在群体意义上强调"专兼职构成"的"双师型"教师队伍，为未来的"双师型"教师政策奠定了基调
	2000	《教育部关于加强高职高专教育人才培养工作的意见》（教高［2000］2号）	
	2000	《关于开展高职高专教育师资队伍专题调研工作的通知》（教发［2000］3号）工科类具有"双师"素质的专职教师应符合以下两个条件之一：具有两年以上工程实践经历，能指导本专业的各种实践性环节；主持（或主要参与）两项工程项目研究、开发工作，或主持（或主要参与）两项实验室改善项目，有两篇校级以上刊物发表的科技论文。其他科类参照此条件	
	2002	《教育部办公厅关于加强高职（高专）院校师资队伍建设的意见》（教高厅［2002］5号）	
第三阶段 2004— 2010年	2004	《2003—2007年教育振兴行动计划》（国发［2004］5号）	进一步从来源上为"双师型"教师队伍建设指明了方向
	2004	《教育部等七部门关于进一步加强职业教育工作的若干意见》（教职成［2004］12号）	本阶段政策以增加"双师型"教师数量、提高"双师型"教师质量为导向，带有"管理主义"特征，内容主要关涉"双师型"教师的认定、评聘、培养和培训。为了认定"双师型"教师，更好地去评估其数量和质量，对"双师型"教师内涵的界定更多地具有操作性定义的特征。注重"双师型"教师队伍中专兼职教师的比例结构。以"双师型"教师为重点，加强职业院校教师队伍建设
	2005	《国务院关于大力发展职业教育的决定》（国发［2005］35号）	
	2006	《关于全面提高高等职业教育教学质量的若干意见》（教高［2006］16号）	
	2006	《教育部 财政部关于实施国家示范性高等职业院校建设计划加快高等职业教育改革与发展的意见》教高［2006］14号	
	2010	《国家中长期教育改革和发展规划纲要（2010—2020年）》（以下简称《纲要》）	

发展阶段	政策出台时间	政策名称及主要内容	特征
第四阶段《纲要》颁布后至2018年)	2010	《教育部 财政部关于进一步推进"国家示范性高等职业院校建设计划"实施工作的通知》(教高〔2010〕8号)	高等职业教育逐步进入内涵发展阶段,以贯彻落实《纲要》精神和任务为主旨,以各种"双师型"教师素质提高项目为载体。校企合作,发挥行业企业在培养"双师型"教师中的作用,成为"双师型"教师政策的重要目标、内容和任务。要求完善"双师型"教师资格标准、专业标准和职称评定标准,健全职业院校教师管理制度,提高教师队伍数量和质量
	2010	《教育部 财政部关于确定"国家示范性高等职业院校建设计划"骨干高职院校立项建设单位的通知》(教高函〔2010〕27号)	
	2011	《教育部 财政部关于实施职业院校教师素质提高计划的意见》(教职成〔2011〕14号)	
	2012	《国务院关于加强教师队伍建设的意见》国发〔2012〕41号	
	2014	《国务院关于加快发展现代职业教育的决定》国发〔2014〕19号	
	2018	《中共中央 国务院关于全面深化新时代教师队伍建设改革的意见》(中华人民共和国成立以来第一次以党中央名义专门印发的加强教师队伍建设的文件)	
第五阶段2019年至今	2019	《国家职业教育改革实施方案》	新修订的《职业教育法》为职教教师的体系化建设提供了法律支撑。开展顶层设计,加强对职业教育教师的资格认定,强化对教师专业教学与实践技能的考查,为"双师型"教师培养培训提供了更加宽松的环境;全面部署,加强"双师型"教师队伍建设,既关注"双师型"教师的个体成长,又重视教学团队建设
	2019	《深化新时代职业教育"双师型"教师队伍建设改革实施方案》教师〔2019〕6号	
	2021	《教育部 财政部关于实施职业院校教师素质提高计划(2021—2025年)的通知》教师函〔2021〕6号	
	2021	《关于推动现代职业教育高质量发展的意见》	
	2022	《关于深化现代职业教育体系建设改革的意见》	
	2022	新修订的《职业教育法》	

综上，高等职业教育恢复发展时期，是"双师型"教师队伍建设的起始阶段，强调的是对个体教师专业实践能力的要求。第二阶段，"双师型"教师指向的是教师群体。除了继续培养一部分专任技能型教师外，还聘用企事业单位有实践经验的人作为兼职教师，逐步建立起学术（理论）型与技能型双结构并存的职业教师队伍。第三阶段，满足高职"双师型"教师队伍管理的需要。第四阶段，发挥行业企业的作用，增加"双师型"教师的数量，并提高其质量。[①]第五阶段，颁布法律、政策，顶层设计职教教师队伍建设工作。

（2）职教"双师型"教师政策变迁的特点

基于上述分析，通过调整政策目标、丰富政策内容、更新政策手段等方式，不断实现政策的变迁，各项政策日趋合理化。总体来看，"双师型"教师政策发展过程呈现出如下特点：

第一，其阶段性特征与具有节点意义的国家重大教育政策密切相关。《中共中央国务院关于深化教育改革全面推进素质教育的决定》，使"双师型"教师政策在以教师个体实践能力为主要导向的阶段有了群体上的内涵。《国家中长期教育改革和发展规划纲要（2010—2020年）》使之后几年内的"双师型"教师发展重点都围绕着纲要规划、设计的方向和重点进行。

第二，政策发文数量阶段性波动与增长趋势并存。2019年以前，"双师型"教师政策呈现出阶段性波动的特征，有时一年至少一部，有的年份没有出台相关文件。2019年，《国家职业教育改革实施方案》发布后，政策发文数量增加，直接反映出国家重视职业教育发展与职业院校师资队伍建设，且重视程度不断提高。

第三，政策目标日益明确和多元化，政策日趋成熟和完善。2010

---

① 李树峰. 从"双师型"教师政策的演进看职业教育教师专业发展的定位［J］. 教师教育研究，2014（5）：17-22.

年，《国家中长期教育改革和发展规划纲要（2010—2020年）》直接提出以"双师型"教师为重点，加强职业院校教师队伍建设，还提出"双师型"教师的培养培训力度、培养培训基地建设及企业实践制度和人事制度等具体目标；不同利益相关者的利益诉求在政策中的表达日益明确。在高职教师培养培训方面，由最初只提出为教师发展提供机会到开展国家级和省级教师培训活动、教师企业实践活动、建设师资培训基地和制定各种教师培养标准，政策目标日益明晰，政策手段日益具体和具有可操作。

第四，政策内容日益丰富。"双师型"教师政策内容主要包括五个方面：一是概念和标准的界定。相关政策界定了"双师型"教师、"双师型"教师认定标准、"双师型"教师队伍，在总体要求或主要目标中对"双师型"教师的比例提出了要求，但是"双师型"教师的内涵及教师队伍构成方面的内容少有提及。二是招聘录用。其主要包括新教师准入制度和聘用管理两方面。前者越来越重视教师的企业工作经历与实践能力，后者给予院校更多用人自主权以及依据实际需求自由配置教师资源的权力等。三是建设路径。其主要是从"双师型"教师队伍建设和促进教师专业发展两个方面提出具体措施：前者的目标是师德高尚、技艺精湛、专兼结合；后者的目标是成为"双师型"教师，涉及培训培养、企业实践等基地建设、兼职教师队伍建设（兼职教师聘用、兼职教师管理、双向兼职）和教学创新团队建设等，尤其是"职后培训"，篇幅内容较多。四是考核评价。其包括考核评价体系（评价标准、评价主体等）和评价内容等。五是保障制度。其主要包括教师专业发展（培训培养、企业实践、继续教育）、职称评审、分配管理与教师资格（教师资格标准、教师专业标准）等制度。

第五，政策工具使用全面性与不均衡性并存。首先，"双师型"

教师队伍建设的政策工具呈现出全面性特点，但是在使用方面存在明显的结构性差异。Mc Donnell 和 Elmore 提出，政策工具主要分为权威、激励、劝告、能力建设和系统变革五类。"双师型"教师队伍建设政策工具包括上述五类，其具有多元化和全面性的特点。同时，五类政策工具在使用上存在明显的结构性差异：①能力建设工具使用频次较高，表明政府重视在制度建设、设施建设等方面为队伍建设提供保障。②权威工具使用频次较高，表明政府偏好运用要求、命令等强制性手段来加强"双师型"教师队伍建设，这可能会导致政策执行者产生消极的态度，政策执行出现偏差。③劝告工具由于缺乏权威性，导致各级政府和高职院校重视程度不高，制度执行不力。④激励工具使用不足。教师队伍建设有赖于激励制度的完善，激励工具使用不足将会削弱高职院校建设"双师型"教师队伍的积极主动性；建议政府加大对激励工具的使用力度，在税收、资金、项目等方面出台优惠政策，或出台有利于产教融合、培养"双师型"教师的鼓励方案，调动高职院校和企业双方的积极性。⑤系统变革工具使用过少。"双师型"教师队伍建设过程中出现的深层次体制机制问题的解决需要系统变革工具发挥作用，建议政府今后在体制机制改革和权力分配等方面进行深入探索。[①]

其次，政策工具在"双师型"教师队伍建设各要素中的应用不够充分，使用分布具有类别化特征。"双师型"教师队伍建设的要素包括建设路径、保障制度、界定标准、招聘聘用、考核评价五个方面。其中，政策工具在建设路径方面使用最频繁，其次是保障制度。而在界定标准、招聘聘用和考核评价三个要素中使用得都比较少。即使是在同一要素中，政策工具使用的分布也有明显的差异，均以权威工具

---

① 王雨薇. 河北省高职院校"双师型"教师队伍建设研究 [D]. 石家庄：河北科技大学，2022（12）：1-68.

的使用为主体，能力建设工具、激励工具和系统变革工具的使用不够充分。具体表现为：①在界定标准上，政策工具使用相对较少，"双师型"教师的提法较为宏观，明确具体的"双师型"教师专业标准不足，导致各个高职院校的"双师型"教师认定标准质量参差不齐，全国被认定的"双师型"教师素质也参差不齐，一定程度上从源头上影响着"双师型"教师队伍的建设。建议今后在政策工具使用上适当向"双师型"教师界定标准方面倾斜，在使用好权威工具的基础上，利用好其他政策工具，发挥宏观统筹、指导、监督和服务等作用，推动省级政府落实统筹实施职能，市级部门发挥支持参与作用，各高职院校落实实施主体责任，加快推进"双师型"教师认定工作的开展，保证工作的实效性。②在招聘聘用要素上，政策工具使用较少，建议政府在今后出台政策时运用多种政策工具，加强招聘聘用政策的供给，更好地引导高职院校教师聘用工作兼顾企业工作经历与应届生就业。③考核评价工具使用频次少，且考核评价的相关内容占比较小，主要涉及重视"双师"素质的考核，加强包括行业企业等多元评价主体以及培训评价组织在内的评价体系建设，强调专业教学能力和技能水平等的考核，但是缺少能体现上述要求的具体要素，导致高职院校在执行过程中出现偏差，出现了考核评价体系不健全、对关键能力考核不足等问题。因此，在今后出台的政策文件中应增加对考核评价政策的供给，加大政策工具在考核评价要素中的使用力度。

（3）未来高职"双师型"教师政策的诉求

第一，健全"双师型"教师政策体系。结合新时代发展对教师在师德、能力和素质方面的要求，完善高素质"双师型"教师的内涵，尤其是要从微观层面对"双师型"教师不同发展阶段应达到的专业标准进行规定；深化高职教师管理体制改革，改革教师准入、招聘、培训等机制，深化教师编制和职称评审制度改革；加强学校、企业人员双向流动，推动高素质、专业化、创新型的"双师型"教师队伍建设。

第二，加强对"双师型"教师政策执行的监测和评估。一项政策的效果，关键取决于执行环节。加强对政策执行的监测与评估，可以保证政策的合法化，以及政策执行的质量，保证既定政策目标的实现、提高政策执行效率。当前，对政策执行情况的监测与评估的内容不够丰富，建议未来的"双师型"教师政策加强对政策执行情况的监测与评估，借助信息技术等科学的方法，系统、客观地监测执行情况，对政策的效益、效率及价值进行判断，以及时地调整相应政策。

第三，出台专门的与"双师型"教师相关的法规和政策。就当前而言，国家尚未出台专门针对"双师型"教师的法规和政策。建议国家出台一部专门的"双师型"教师法规，以法律形式明确规定"双师型"教师的标准、认定、专业发展、管理、评价、评聘等主要内容，从而确保"双师型"教师的管理制度规范、专业标准完备、配套措施到位且得到落实。①

5.高职教师队伍建设路径

现阶段，高职院校教师队伍主要由"双师型"教师、理论型教师和实践指导型教师这三类教师共同组成。当这三种类型的教师比例恰当，且"双师型"教师达到一定比例，专兼教师结构合理、整体素质较高、队伍相对稳定、具备完善的管理制度和健全的保障机制，就能从根本上为教育教学质量和育人质量的最优化提供保障。

（1）高职教师队伍建设的制度建构

第一，高职"双师型"教师的认定和准入制度。高职院校要根据各省制定的《职业教育"双师型"教师认定实施细则》《高职教育

---

① 孙翠香，卢双盈."双师型"教师政策变迁：过程、特点及未来态势［J］. 职业技术教育，2013（28）：48-54.

"双师型"教师认定标准》，建立起以教学为重心，以"双师"素质为核心，重视实践教学与技术研究的符合本校实际且科学合理、行之有效的"双师型"教师分级分类认定标准，主要涵盖身份认定、层级评定、认定期限等方面。身份认定包括思想素质、教学能力、专业技能、职业能力等；层级评定分为初级、中级、副高级、正高级；认定期限主要是对"双师型"教师实施动态管理，确定认定时间及一定的有效期限，从工作延续性和上升性来看，认定时间可以一年一次，有效期限以 4～5 年为宜，确保每位教师在其任职期限内履行相应职责。认定期满后，"双师型"教师需要按相应的规定重新申请。通过明确"双师型"教师认定标准，推动在职教师持续到企业实践进修、促进校企人员双向流动以及通过校企合作形式组建"双师型"教师的创新教学团队。在教师聘任、培养、管理和评价等制度建设方面体现弘扬工匠、合作、探索、学习和务实等精神这一导向。

第二，国家要尽快出台高职教育教师任职资格的指导性意见。新修订的《中华人民共和国职业教育法》已对职业教育教师任职资格做出了规定，"职业学校的专业课教师（含实习指导教师）应当具有一定年限的相应工作经历或者实践经验，达到相应的技术技能水平"。据此，要加快制定更具体的以"双师"素质为导向的高职教育教师任职资格标准，形成实施细则。

第三，建立健全职业教育教师资格考试制度。在教师资格考试中，强化专业教学和实践能力要求。同时，逐步扩大高职院校的人员聘用自主权，建立适应职业教育高质量发展需求的选人用人制度，对于高层次、高技能型人才，可以直接考察的方式进行公开选聘。

第四，制定高职教师权益保障、考核和激励制度。教育行政部门应成立"双师型"教师队伍建设领导小组，充分发挥其组织领导作用，加强师资队伍建设的统筹、管理与协调；每年都有专项预算，为高职"双师型"教师的培养培训、交流学习、竞赛活动提供资金保障，并为其提供良好的薪资待遇，让"双师型"教师成为高职教育领域教师队伍的亮点、品牌，激发"双师型"教师的工作热情，吸引更多的教师向"双师型"教师方向发展。

第五，健全教师评价机制。一是要将师德考核贯穿于日常教学中，以立德树人为根本，推动师德师风建设常态化与长效化，加强对师德的监督；把教师师德表现作为岗位晋升、业绩考核、职称评定的首要条件，实行一票否决。二是加强对专业教学能力和实践技能水平的考核。前者包括履行教学职责，教学工作量达标，指导学生参加技能大赛、创新创业和社会实践等活动；后者包括企业实践时长和业绩成果、技术成果转化，服务中小微企业，技术技能攻关等，注重经济价值、社会效应和影响力。

第六，建立"双师型"教师队伍激励机制。提高"双师型"教师的薪资水平，如给予一定的补贴或在课酬单价上适当上浮，体现"双师型"教师优待。在评优、评奖、评先上，将"'双师型'教师"作为加分项；在职称评定中，给予"双师型"教师一定的倾斜；在培养培训方面，优先考虑"双师型"教师。落实《国家职业教育改革实施方案》所提出的"教师外出参加培训所获得的学时（学分）按照规定核定工作量，并纳入绩效工资分配中"等要求。依据学校"双师型"教师认定标准，制定高职院校"双师型"教师考核评价体系，从高职教师工作的性质、内容、任务等方面，多角度、全方位地设计评价指标，综合全面地评价"双师型"教师的教学工作量、教学水平、科研能力，以及参与校企合作的业绩；采取定性与定量相结合、主观与客观相结合的方式，形成正向、有效的引导机制。

第七，制定高职"双师型"教师产教融合培养制度。《国家职业教育改革实施方案》提出，建立健全高校与地方政府、行业企业协同培养教师的新机制，推动校企全面深度合作，多措并举打造"双师型"教师队伍。政府要完善推进企业落实主体地位的政策体系，加快构建职业教育产教融合国家制度体系，优化产教融合的管理制度，完善职业教育产权保护制度，健全企业公共技能培训补偿制度。一是引企入校，搭建"双师型"教师培育平台。结合实际情况和专业建设情况，校企共建生产型实训车间或"校中厂"。二是围绕协作培养、共享发展，校企制定协同管理制度并签订协同培养合同，明确和规范校企双方应承担的责任和义务，真正让校企合作落到实处；与企业共建教师发展中心，校企共同制订"双师型"教师培养的实施方案，在课程开发、实践教学、技术成果转化、培训等方面与企业深度合作；建立校企人员双向流动、相互兼职的常态运行机制，企业定期接收教师挂职锻炼，定期或不定期地派出操作娴熟、经验丰富的专业技术人员到学校举办讲座、培训；企业参与"双师型"教师的考评，重点对教师的实践能力、技术水平、创新能力等进行评价。[①]

（2）推动利益主体参与，整合多方资源

一是明确政府、社会、企业和学校在促进职业教育现代化进程中应该承担的责任，理顺政府相关职能部门间的关系，共同为"双师型"教师队伍建设提供必要的保障与服务。二是鼓励社会各方加强与高职院校的合作，并从税赋、补贴、融资等方面出台配套的激励和扶持政策，有效调动企业参与高职教育的积极性。三是建立相对独立且能够代表企业利益的行业组织，依据法律规定赋予它们合法地位，发挥其维护企业利益和监督企业行为的作用，使其在为校企双方提供合作机会、推进产教融合等方面具有较强的引导力与执行力，真正在校企之间起到"桥梁"的作用；赋予其制定监督校企合作办学的细则、

---

① 黄海燕. 新时代背景下高职"双师型"教师的制度建构与培育策略 [J]. 教育与职业，2020（3）上：67-74.

统筹企业所需承担的职业教育培训费用、强化大中企业履行职业教育人才培养主体的职责等管理职权。企业等经济实体要抓住产教融合的发展契机，以项目研发、联合成立学院、设立"校中厂"或"厂中校"等模式，深化校企合作，建立有效的沟通体系。

（3）院校落实教师培养主体的地位

高职院校要结合学校的专业设置和教师实际情况做好"双师型"教师队伍建设规划工作，要建立相应的配套培训制度，建立健全"双师型"教师的培训体系，协同推进系统培训工程。开展内容丰富、形式多样的培训活动，具体包括师德师风、教学教法（指通过专题网络培训等方式，加强教师教学方法和技能的培养，促进教师专业成长，提高教学质量）、课程理论、专业建设、实践技能等培训；积极选送教师参加各级各类专题培训和企业实践活动；搭建平台，促进教师之间的相互交流，教师发展中心可以定期不定期地召开经验分享会、教学研讨会、校企交流访问会、校外学术交流会等，支持教师学习先进、开阔眼界、共享资源；组织教师参加各级各类竞赛，如说课说专业、职业技能大赛，辅导学生参加各类竞赛等，使教师发现自己的长处，找到不足，明确目标，不断提高专业和教学水平。

（4）拓展兼职教师队伍

第一，扩宽兼职教师聘用渠道。采取多种方式将专业人才、能工巧匠、管理专家等优秀人才充实到学校兼职教师队伍中，优化院校"双师型"教师队伍结构；严格招聘程序，使具备高职教师职业素养、学识水平、课堂教学能力、实践技能的人才进入高职院校，充实高职教师队伍，既有利于培养学生的实践动手能力，有助于学校专任教师提高"双师"素质，又能减少专任教师的部分教学工作量，使他们有时间、有精力深入行业企业一线顶岗实践或挂职锻炼，多角度提升高职院校的人才培养质量。第二，建立兼职教师信息库，包括年龄、学历水平、职称、各类资格证书、来源（所在企业等状况）、考核考评等；签订聘任协议，明晰其岗位职责及享有的权利和应尽的义务，强化考评和管理，使兼职教师真正成为"双师型"教师队伍的一部分。第三，重视兼职教师队伍建设，关心、关爱兼职教师，为他们创设良好的教学和工作环境，使他们融入教学团队，各施其才；支持兼职教师与专任教师在教学、教改、教研中彼此交流、互帮互助、优势互补。

（5）打通教师聘用渠道

针对教师队伍规模不足、执教能力整体有待提升的现实问题，高职院校要根据办学定位，结合自身实际情况，拟定教师引进和招聘的总体计划、具体措施和详尽标准。一方面，减少学历、职称限制，简化流程，从年龄、学历、学缘、职称、专业等方面入手，引进一批技术能手、企业一线骨干，调整、改善"双师型"教师队伍结构；返聘退休的优秀老教师，充分发挥其专业理论扎实、操作技能熟练、教学经验与指导学生经验丰富等特点，充实教师队伍，减少在职教师的工作量，发挥老教师"传、帮、带"的作用，帮助新教师提升教学能力。另一方面，多途径引进、多形式聘用实践经验丰富的技术管理人才，技术技能型人才，高学历、理论基础扎实的研究型人才，大国工匠等高层次人才；在用人管理模式上，采取合同制、劳务制、人事代理等多种聘任方式，确保人才引进的手续便捷、道路通畅。面向区域经济主导产业的人才需求现状，对于直接引进有难度的特殊人才，建立"绿色通道"，灵活采取兼职聘用、联合攻关、项目合作等方式，建立起柔性的人才引进机制，以实现人才跨体制流动。[①]

---

① 顾志祥. 产教融合背景下高职院校"双师型"教师队伍建设路径研究 [J]. 职教论坛，2019（2）：99-102.

（6）强化教师团队建设

组建科研创新团队，激发科技创新活力。第一，加大高层次人才引进力度。围绕区域产业发展战略需求和学校的科研工作计划，引进科研水平高、科技创新能力强的大师或工匠等高层次人才，提升学校的科研能力。第二，打造校企协同创新团队。立足校企深度合作，建立学校教师与企业专家双向融通、互聘机制。第三，激发科技创新活力。实行项目负责人制度，赋予负责人在人才选用、经费使用、技术路线制定等方面充分的话语权和自主权；实施"创新人才培育工程"，建立以业绩贡献和能力水平为导向、以目标管理和绩效考核为重点的科研激励机制，激发创新团队的动力与活力。

未来，高职教师队伍建设仍需在以下方面重点发力：一是加强师德师风建设。师德师风是评价教师队伍素质的第一标准，高职院校要培养职业道德高尚、职业情感浓厚、职业人格完善、职业技能高超、职业品质高贵的人才。在高职教育高质量发展视域下，更需要把以德立身、以德立学、以德施教、以德育德作为首要任务，加强思想政治教育，创新师德教育形式，广泛宣传师德典范，构建职教师德师风考评机制和联合惩戒机制。二是提升专业素质和能力。高素质教师队伍是由一个一个好老师组成的。为此，要从创新职教师资人才培养模式、加强教师培养培训基地建设、切实推进职业教师到企业实践制度和落实好职业院校素质提升计划等多方面发力，打造素质结构优良的高水平"双师型"教师队伍。三是深化体制机制改革。深化职教教师管理领域的综合改革，充分激发职教师资队伍的生机和活力，具体包括教师资格标准、师资培养、教师管理制度、招聘制度、培训机制、教师编制管理机制、职称评聘制度、绩效工资分配制度、教师考核评价制度等。四是提高地位待遇。要弘扬尊师重教的社会风尚，努力提高教师的政治地位、社会地位、职业地位。未来，要深化职教教师职称评审、职级晋升、绩效考核、薪酬分配制度改革，切实提高职教师资的地位待遇。

（二）高职教师专业发展

在高质量发展视域下，彰显职业教育类型特征，遵循高职教师专业成长规律，定位高职教师专业发展的新内涵，探索高职教师专业发展的正确方向，拓展和创新高职教师专业发展的路径，既是推进高职"双师型"教师队伍建设的重要途径，又是推进高职教育高质量发展的重要举措。

1.高质量发展对专业发展的新要求

（1）快速扩张对高职教师专业发展提出新的挑战。我国高职教育从 2000 年步入了规模扩张阶段，高职教师专业发展面临的困境和挑战直接影响到教学质量的提高。其具体表现为教师数量、质量难以满足高职教育迅速发展的要求；现任专业教师的教学理论、专业知识、专业技术能力、实践能力和企业工作经验欠缺，近年来高职院校的新进教师绝大部分来自普通高校，没有系统的师范教育经历，少部分来自师范类院校的新教师在专业课程教学设计、课程开发等方面的核心能力普遍不足。

（2）整体性发展倒逼执教能力提升。2005 年，第六次全国职业教育工作会议召开，我国高职教育拉开了国家示范性高职院校建设的序幕。经过近 20 年的不断探索和实践，高职教育由外延式发展到内涵式发展再到高质量发展。但"双师型"教师队伍建设仍滞后于高职教育发展，高职教师的教育教学能力不能完全适应生源结构多样化的要求；理实一体化教学、工作过程系统化课程开发、活页式教材开发、参与专业建设、开展职业培训等能力与高职教育核心理念的要求存在差距。

（3）国家政策提出明确要求。《关于加强教师队伍建设的意见》

（国发〔2012〕41号）提出，到2020年形成一支师德高尚、业务精湛、结构合理、充满活力的高素质专业化教师队伍。2012年，教育部师范教育司更名为教育部教师工作司，专门负责教师专业化发展的相关工作，同时将人事司、职成司有关教师工作的职责划归教师工作司。我国高职教师管理进入政府统筹主导的管理归口层面，教师队伍的专业化建设进入政策层面和组织层面有序推进的新阶段。《教育部财政部关于实施职业院校教师素质提高计划的意见》（教职成〔2011〕14号）提出，尽快建立和完善满足高职教师专业化要求的培养培训体系；《教育部财政部关于实施职业院校教师素质提高计划（2017—2020年）的意见》（教师〔2016〕10号）从培训、协同合作等层面入手，提出高素质专业化的"双师型"教师队伍建设的长远目标。2019年，《国家职业教育改革实施方案》（"职教20条"）发布，要求职业院校教师必须承担起专业教学、企业实践和社会培训三项职责。2021年，《关于推动现代职业教育高质量发展的意见》发布，明确提出完善职业教育教师资格认定制度、在国家教师资格证考试中强化专业教学和实践要求的规定。这些文件的出台为高职教师队伍专业化建设明晰了时间表和路线图，为高职教师专业发展指明了方向。

2.教师专业发展研究的视角

教师专业发展研究成果涵盖了哲学、心理学、社会学、教育学、文化学、生态学、复杂系统科学和管理学的多学科角度。

（1）哲学角度。近年来，从哲学的角度研究教师专业发展成为一种普遍范式。其主要包括六部分内容：一是教师主体性的结构，包括独立自主性、自觉能动性、创造超越性和独特性四个方面，以及发展的主体意识、主体能力、主体人格和主体价值四个层次。二是关于主体需要，教师专业发展的目的是对真、善、美的追求，原动力是自身超越的需要。三是哲学的知识论中的实践性知识、默会知识、反思、教学智慧等成为相关重要命题。四是生命哲学关注教师生命，涉及教师自身的生命，课堂教学质量对教师个体生命质量的意义；涉及学生生命，教师专业发展是自在和自为的统一。五是关怀伦理成为教师专业发展中的人文素质的新要求。六是哈贝马斯的批判理论，提出教师专业发展要从"技术兴趣"走向"解放兴趣"，要突出教师的主体意识，以反思性实践为基本模式。

（2）心理学角度。其主要包括四个方面：一是教育心理学中教师教学能力的发展以及专业成长经历；二是教师焦虑；三是压力和心理健康的关系，社会支持系统成为重要的因素；四是教师个性心理在其专业发展中有特殊作用。

（3）社会学角度。社会学对教师专业发展的研究更多的是以"教师社会化"为命题。符号互动理论强调教师专业化过程中"重要他人"的作用，教师在所处环境中应与他人不断互动，调整其专业角色表现。在功能主义视角下，教师社会化是一种被动的社会化模式。冲突论认为教师社会化是一个主动的过程，在冲突的社会环境中，教师主动调适冲突，接受利益团体的专业价值规范。西方社会学者对教师社会化的研究可划分为三类：其一，功能主义研究范式，它受社会实证主义传统的影响，主张教师在科层制的组织结构中通过学习完成社会化过程；其二，解释主义研究范式，它源于德国的理想主义传统，倡导教师社会化过程中个体的能动性发挥以及情境调适；其三，批判理论研究范式，它明显受到马克思主义的影响，倡导公正、平等、自由和人格尊严。

（4）教育学角度。研究重点集中在课程与教师的关系上。一种是教师外在于课程说，认为教师是课程的执行者和实施者。一种是教师与课程良性互动说，强调教师要参与到课程改革中，成为课改的主体。基于此，课程与教师专业发展的关系基本上也形成两种思路：适应式发展论，即为适应课程改革的要求而发展；互动式发展论，即课程改革促进教师专业发展，教师专业发展支撑课程改革。

（5）文化学角度。教师文化是研究的逻辑起点。理想的教师专业发展是一个文化建设的过程，教学文化的意义在于为教师工作提供支援和身份认同，从综合的角度提升教师的专业发展水平。其核心问题包括弘扬教师文化，以协作、民主、关怀促进教师的专业发展和学生学业成绩的提高。教师身份的建构要从心理向度、行动向度等对教师赋权；基于合作的教师文化促进教师专业发展，形成以 A.哈格里夫斯（A.Hargreaves）为代表的生态取向的教师专业发展理论。

（6）生态学角度。教师的专业发展是以促进教师专业、学术、人格的发展为目的的生态进化过程，发展环境是由自然、社会、规范和生理及心理环境构成的复合生态环境；依据花盆效应、耐受定律、整体效应、生态位分化、限制因子定律等基本的生态学规律探讨教师专业发展的有效运行机制。

（7）复杂系统科学角度。复杂系统科学的理论和方法也被学者尝试用来研究教师专业发展，尤其是对名师成功经验的多维解读。有学者认为，教师成长过程体现出明显的复杂系统的不确定性、非线性、协同性、非平衡性等特性。

（8）管理学理论。一是学习型组织理论，应用彼得·圣吉的五项修炼理论，从自我超越、改善心智模式、建立共同愿景、团队学习和系统思考五个方面揭示影响教师专业发展的原因，并提出策略。Lya Kremer-Hayon 称专业发展变化为心智，其阐述和解释了教师内在的质的变化。二是知识管理理论。它将教师所拥有的知识当作组织的资本加以管理，通过鉴别、获取、利用、共享、创新、组织、存储的循环过程使知识在组织中获得增值和精练。

研究方法论和方法方面，包括理性思辨方法论、实证主义方法论、人文或解释主义方法论、批判主义方法论。哲学、教育学、管理学等学科对教师专业发展的研究都是以理性思辨的范式进行的；心理学的研究基于实证主义范式，以自然科学为标准模式，采用定量的研究方法，强调对研究对象做实证和经验的考察，注重研究结果的真实性和可靠性。人文或解释主义方法论采用的主要方法是质的研究，如教师叙事研究、教师生活史研究等，教师角色从被研究者转变为研究者。批判主义方法论范式下并没有特别的研究方法。行动研究并不是一种具体的研究方法，更像是一种研究取向，还需用诸如定量、定性、质的研究方法。①

3.高职教师专业发展的内涵

（1）核心概念界定

其一，教师专业发展。首先是"教师专业"的发展，主要是从制度、体制、标准等方面为教师专业发展立法并奠定教师专业的地位；其次是教师的"专业发展"，即教师作为一个专业人员从不成熟到相对成熟的发展历程，具体内容包括建立专业理想、拓展专业知识、提升专业能力和形成专业自我。因此，教师专业发展是一个由非专业化到专业化再到去专业化（自为自觉）的动态过程，是个体在工作实践以及外部提供的机会（培训等）中不断地学习、反思、探究和拓宽其专业内涵，提高专业水平，增强专业成熟性的自主发展过程。它贯穿于教师的整个职业生涯，不仅包括传道、授业、解惑等，而且蕴含着积极情感、健全人格以及美好愿景。②这两个方面协调、均衡发展，构成一个有机统一体，教师个体的专业发展是根本，教师专业的发展是条件、是保障、是指挥棒。

其二，高职院校。高职院校的全称是高等职业院校。它是高等教

---

① 朱旭东，周钧.教师专业发展研究述评［J］.中国教育学刊，2007（1）：68-73.
② 崔友兴，李森.论教师专业发展动力生成机制及其实践表征［J］.当代教育科学，2015（1）：19-26.

育学校的重要类型，是我国高等教育的重要组成部分。高职院校以人才培养为根本，还肩负着科学研究、社会服务、文化传承创新等重要职能。现阶段，其包括本科和专科两个层次的学历教育，本科为4年制，专科3年制（或2年制或5年制）。完成本科学业可获得学士学位，专科没有学位。在招生对象上，高职院校主要招收普通高中以及高中同等学力的毕业生，还包括退役军人、下岗失业人员、农民工和新型职业农民等群体。高职院校的人才培养目标定位是高素质技术技能型人才，重视对学生技术应用能力和实践操作能力的教学。

其三，高职"双师型"教师。这一概念的界定包括外显和内在两个层次。前者是指具备"双证书"——教师职业资格证书和职业技能等级证书/职业资格证书，同时胜任理论教学和实践教学；后者指教师个体形成了融合职业道德、专业理论、实践技能与教育教学等素质的专业能力结构。职业道德素质包括两个方面：一是师德，包括坚定的政治方向、爱国守法、公平诚信、传播优秀文化、潜心教书育人、关心爱护学生、坚持言行雅正、遵守学术规范和坚持廉洁自律等教师职业特有的素质；二是职业道德风范，是指职业普遍要求的工匠精神、爱岗敬业、诚实守信、办事公道、服务群众和奉献社会等素养。专业理论素质是指教师具备专业所必需的扎实理论知识，且能够将自己储备的专业理论知识、行业和职业知识融入教育教学过程中。它体现在两个层面：一是掌握与专业相关的教育性知识，包括任教专业的学科理论知识、专业实践知识、促使理论知识与实践知识不断更新和优化的发展性知识。具备这种发展性知识的教师善于接收新信息、新知识、新观念，分析新情况、新现象，解决新问题，不断更新自身的知识体系和能力结构，适应外界环境的变化和主体发展的需求。二是掌握丰富的职业性知识，包括：职业理论知识，支撑职业工作顺利进行；职业规范性知识，如所处职业领域的标准、规范与制度等；职业实践知识，如工作流程、工具使用、工艺流程优化等；职业发展性知识，如工作场所学习、工作实践反思、跨界协作等方面的知识。[①]实践技能素质是指完成相关岗位群的工作任务所需的专业核心能力及职业素养，包括专业新技术、新工艺、新方法、管理标准、专业关键技能、职业精神等。其具体体现在：能够熟练地为学生进行技能示范，指导学生进行职业技能操作；能够有效地指导学生参加实习实训、技能大赛和技能考证；能开展相关职业培训、社会服务，实现技术技能研发、拓展，技术的再生成和技能再转化。教育教学素质是指教师树立现代职业教育理念，掌握全面的教育教学知识，具备高超的教育教学能力。教育教学知识包括：一般性教育理论与一般教学法；高职教育理论与高职教育教学法；能够促进教育知识不断更新的发展性知识，如反思性知识。教育教学能力包括五个方面：一是基础性能力，如课程的开发、设计、实施和评价等能力，服务复合型生源结构的教学设计能力，课堂教学组织和实施能力等；二是思想政治能力，如能够将思政知识自然融入课堂教学的能力，以所学内容对学生发展的影响为切入点，帮助学生树立正确的价值观、人生观，科学指导学生职业发展规划的能力等；三是创新能力，满足创新型人才培养的需要，服务教育教学理念升级和更新、教学组织实施和资源转化、专业技术实践的运用和研发等；四是团队协作能力，通过与同行、行业企业技术骨干、科研院所的学者和专家等合作，完成市场调查、市场分析、行业分析、职业及职业岗位群分析，专业开发和改造、教材开发、课件制作、教学资源库建设，利用现代信息技术创建智慧课堂、开展虚拟仿真实训等活动[②]，发挥团队优势；五是心智决策能力，能进行合

---

① 张君华，左显兰. 高职教师专业发展的内涵及发展途径探讨 [J]. 职教论坛，2008（11）：15-18；53.

② 何聚厚，党怀兴. 基于教师专业发展的高校教师教学发展探索与实践 [J]. 中国大学教学，2017（9）：85-90.

理化的教学设计，开展精细化专业实践，参与效益化团队协作。①

其四，高职教师专业发展。高职"双师型"教师专业发展是指一名新手教师逐渐成长为具有专业精神和工匠精神、熟练的专业知识和技能及较高综合素养的高职院校教师，同时获得相应的职称和待遇，在职业生涯中收获快乐、成长与成就的可持续发展的过程。其主要包括两个阶段：一是逐步形成完备的包括师德素养、教学素养、人文素养和专业素养等在内的专业素质结构，同时胜任理论教学和实践教学工作，成为合格的"双师型"教师；二是聚焦"双高"目标和"世界一流"建设目标，具备融合理论教学与实践教育教学、科研与教研、社会服务与实践、文化传承与创新等能力，人格特质持续演进和完善，②成为专家型"双师型"教师。

（2）高职教师专业发展的新定位

公共课教师专业发展要服务人文素养提升和专业能力优化。一是服务学生人文素养提升，发挥引导和教育学生的优势。其要求教师具备良好的沟通表达能力、正确且积极正向的思维方式，以高尚的人格魅力和良好的个人修养发挥榜样示范作用；能将教学内容与现实生活中的经验紧密结合，引导和帮助学生形成正确的价值观、人生观、未来的职业意识和职业观，具有良好的个人品德、公共道德和职业道德，帮助学生获得知识和提升品位，形成逻辑架构，突出思想熏陶，开阔视野，修炼品格，形成健全的人格。二是优化学生的专业能力。将教材内容转化为适合相应专业学生学习的教学内容，帮助学生开阔专业视野；抓住时机，采用学生易于接受的教学方式和教学方法，从学生熟悉的知识领域入手，引导和调动学生学习专业的积极性，助力

---

① 刘源，门保全. 核心能力视角下高职院校"双师型"教师培养路径研究——基于"圆锥式六位一体"能力模型 [J]. 职教论坛，2021（7）：95-101.
② 刘婧玥，李亚军. "双高计划"背景下高职"双师型"教师胜任力框架构建——基于706位教师的实证研究 [J]. 职教论坛，2021（12）：86-94.

学生增强专业竞争力。

专业课教师专业发展的定位是能将自身的专业理论转化为专业实践和教学实践，并将实践上升为专业理论，培养学生的理论素养、职业行动能力（专业能力、方法能力和社会能力），指导学生在实践中学习和检验理论，以理论指导实践，从实践中发展理论。一是培养学生的理论素养。教师要熟悉本专业涉及的基础理论，并能将这些基础理论与学生的学习经验和学习能力相结合，与相关本专业的地方产业发展状况和人才需求信息相结合，与本专业的前沿资讯相结合，最终内化为学生能够理解、接受、掌握和应用的基本理论；在教学中采用灵活的教学方法，激发学生的好奇心和学习兴趣，使学生习得基本原理和知识点，在实践过程中有章可循、有的放矢地应用。二是培养学生的实践能力。专业课教师还要扮演教练的角色，依据教学目标和已内化的基本原理，科学设计和组织教学内容，并将其分解为易于领会的知识，以由易到难的任务为载体，突出原理解说和动作示范，使学生在"做中教"和"做中学"中掌握要领，通过多次重复内化为动作记忆，在从实践到认识再到实践的过程中，提升动手和解决问题等的能力。三是培养学生的职业习惯，增强学生的职场能力。专业课教师要了解学生的学习基础和学习特点，以敬业的态度和高度的责任心、适当的教育方法潜移默化地影响学生；创设真实的工作情景，以扎实的知识功底、专业理论与技术素养，准确熟练地以身示范，培养和强化学生临场解决问题的能力，指导学生习得和养成职业意识、职业习惯，增强职场能力，胜任岗位要求。①

4.高职教师专业发展理论基础

高职教师专业发展的理论研究包括两个方面：一是如何提高教师

---

① 李树峰. 从"双师型"教师政策的演进看职业教育教师专业发展的定位［J］. 教师教育研究，2014（5）：17-22.

职业的专业化，二是关注教师作为职业者从不成熟发展到相对成熟过程中内在质的变化。不同的研究思路构建起两种不同的理论框架。前者包括哈贝马斯关于知识与兴趣的论述，后者包括教师发展阶段理论、实践逻辑理论、计划行为理论等。

（1）哈贝马斯关于知识与兴趣的论述

哈贝马斯关于知识与兴趣的论述为教师专业发展提供了认识论基础，即教师专业发展具有学习形态的整体性、学习方式的缄默性、学习内容的情境性等特征。[①]

哈贝马斯关于知识与兴趣的论述包括三方面内容：人类知识根据三种认知兴趣而建构，即技术认知兴趣（Technical Cognitive Interest）发展出实证-分析科学（Empirical-Analytical Sciences），实践认知兴趣（Practical Interest）发展出历史-诠释科学（Historical-Hermeneutic Sciences），解放认知兴趣（Emancipatory Cognitive Interest）发展出批判社会科学（Critical Social Science）。上述三种视角互相补充，各自展现出不同认知下思考问题的方式。

技术认知兴趣是人们用工具改造自然界时形成的。它指导人们用工具和技术规范的知识去处理和认识自然。其涉及的对象领域是关于事物和事件的现象领域，并引导出实证-分析的科学。在实证-分析的视角下，借助数学等工具，教学与教师发展是可观察、可分析的，与具体情境毫不相关，可以被简化为独立测量的一系列变量。在实证-分析的视角下，英美教学改革采取了"标准导向"的策略，为教师发展确立目标，其假设是教学的改进来自既定期望和制定标准性的政策。因此，专业发展需要对教学和教师教育产生更强的外部控制。在该策略下，教师的培养培训模式、发展方式强调对教师灌输理性知

---

① 陈向明，张玉荣. 教师专业发展和学习为何要走向"校本"[J]. 清华大学教育研究，2014（2）：36-43.

识、权威知识和标准化知识，这往往与教师专业发展的实践相脱节。其倡导和开展的专家讲座式培训，由于没有从教师需要的角度出发，成为一种外在要求下的被动的专业发展方式。

实践认知兴趣指导人们认识自身的交往活动。它以语言为媒介，涉及人及其表现，关心人与人之间可能的理解，认为人们在相互理解中获得经验意义、情境性知识，引导出历史-诠释科学。在历史-诠释视角下看教师专业发展，其提倡创建学习社群，形成共同的愿景和价值观，教师之间或与其他教育相关者之间协作式发展，认为分享、伙伴协作等有利于教师建构专业知识，开放的氛围、交往沟通中的规范与信任感、平等对话对专业知识和技能有增进作用。

解放认知兴趣以自我解放为目的，引导出批判社会科学。这种批判的视角旨在让个体通过反思认识自己及身处的情境，其功能在于理解价值、兴趣和行动之间的关系，并借此改变世界。它提倡教师通过介入课程设计或学习改进活动、互助式教学研讨、行动研究、自我评价等主动发展。教师发展活动不仅涉及教学的知识与能力，还需要更深入地理解教育的意义与目的，关心教学过程中的种族、社会和政治脉络性；需要通过引导教师自觉发展其专业知识和技能，培养其批判意识以及健全的教育观，提倡教师参与专业事务和社会变革。[1]专业发展是教师主动将个人意志、情感、实践和理论相结合，建构体现自身职业价值的理论和实践学说，成长为身心一体的"完整人"的过程。[2]

（2）教师发展阶段理论

波亚兹和科伯以教师的职业追求、动机为研究对象，提出了教师

---

[1] 卢乃桂，钟亚妮. 教师专业发展理论基础的探讨 [J]. 教育研究，2007（3）：17-22.
[2] 朱旭东，周钧. 教师专业发展研究述评 [J]. 中国教育学刊，2007（1）：68-73.

生涯成长理论。他们指出了教师生涯成长由低到高的三个模式：完成任务模式、学习模式和发展模式，分别对应完成工作、掌握新的知识和技能、努力达到自己设定的最高目标。美国学者弗兰西斯·富勒提出了在成为教师过程中教师关注的四阶段发展模式，即关注自身、关注教学任务、关注学生的学习、关注自身对学生的影响。美国学者卡茨把教师的发展分为求生存时期、巩固时期、更新时期和成熟时期四个阶段。以伯顿为首的美国学者们提出了教师生涯循环发展理论，教师发展经历了求生存阶段、调整阶段、成熟阶段。其以数据的大量收集、处理与分析为基础，在方法论上较之前前进了一大步，不足之处在于未能对教师的未来发展加以研究。费斯勒结合成人发展和人类生命发展阶段等研究提出了整体、动态的教师生涯循环论，教师的发展分为职前教育、引导、能力培养、热心和成长、生涯挫折、稳定和停滞、生涯低落、生涯退出八个阶段。斯德菲提出了教师生涯的人文发展模式，他将教师的发展划分为预备、专家、退缩、更新和退出五个生涯阶段，在更新生涯阶段，可采取积极应对措施度过低潮期，转而继续追求专业成长。该理论更完整、真实地描述了教师发展的历程，超越了费斯勒理论。

教师发展阶段理论既为教育管理人员和教师培训人员选择培训内容、安排培训程序提供了理论指导，又可以帮助教师了解其所处的发展阶段，反思自己的经历，比较过去和当前的态度与行为。同时，教师还可以观察经验丰富的同行的专业发展，比较、确定自己的发展方向，实现个人的职业理想。

（3）实践逻辑理论

法国著名社会学家皮埃尔·布尔迪厄（Pierre Bourdieu）最先提出了"实践逻辑"。实践逻辑由实践意图、习性、时间和场域等因素构成，是一些经由文化的长期积淀而形成的实践图式，主要支配的是身体，包括思想、话语、动作、行为等。其中，在特定场域，由于各种利益冲突、关系失调等因素打破了原有的平衡，主体会产生一系列的焦虑、紧迫感等危机，进而需要通过相应的活动才能够干预危机，消解失衡，实现新的平衡。实践意图是主体在特定场域中发起某个行为的直接原因，它具有情境性、复杂性和变化性，推动着主体产生各种行为。习性是深刻地存在于性情倾向系统中的，作为一种技艺存在的生成性能力，是完全从实践操作的意义上来讲的。在时空环境方面，个体的时间感是推动个体发展的重要因素，物理空间和心理空间都以特定方式作用于主体。

基于布尔迪厄的实践逻辑理论，可以揭示出教师专业发展动力生成的实践逻辑的四要素，因此可以说该理论为教师专业发展的动力生成提供了理论指导。在学校，教育教学改革是"实践意图"要素，它持续对教师专业发展提出更高要求，推动教师确定合理的专业发展目标，以及制定自身的职业发展规划。同时，教育教学实践、教育教学改革中存在的诸多矛盾，为教师专业发展的动力生成提供了坚实的载体。反思是"习性"要素，它能促进教师专业发展动力的生成，是教师专业发展动力生成的深层原因之一。反思建立在实践基础上，只有在实践中产生的反思才有意义。学校变革性文化是"场域"因素，它强调学校文化的变革性、活跃性、创造性，能够让组织保持学习、开放、反省的优良作风和氛围，使学校获得可持续发展的生命力。这种文化氛围为教师专业发展的动力生成提供了活跃性因素，对教师起着潜移默化的作用。在这样的文化氛围中，教师保持着开放的态度，乐于接受新事物，愿意以饱满的热情投入教育教学中，尝试各种新的教学方法，同事之间经常进行研讨、相互观摩学习等。这一过程就是教师专业发展动力形成的过程。而作为学校变革性文化形成的主体，教师教学观、学生观、评价观的更新以及教学方式的转变等又促进了学校变革性文化的发展。同时，教师的很大一部分时间是在学校中度过的，因此，学校要为教师提供舒适、放松、处处可学的工作环境，提供重要的保障性条件、自由而充足的时间，为教师专业发展的动力生成提供支持。[①]

（4）计划行为理论

计划行为理论（Theory of Planned Behavior，TPB）是美国学者阿杰恩（Ajzen）提出的关于个体行为生成的重要理论之一。它不仅可以解释个人理性思考做出的行为，还可以预测新行为的产生，是一种衡量人类行为导向的预期模型。TPB指出，个体的行为表现主要受到主观规范、知觉行为控制和个人态度三个要素的综合影响。其中，主观规范是指个人对是否采取该项行为所感受到的社会压力；知觉行为控制是指个体对实施某一具体行为难易程度的感知，是能够支配所需技能和资源来实施具体行为的程度，代表了个体预先感知到的行为发生时的可控性；态度是指个人对实施某项特定行为所抱持的情感和认知评价，受行为信念和成果评价的共同作用，是一种先入为主考量行为结果的观点。这三个因素在概念上既相互独立又彼此关联，共同决定人的行为模式。TPB提出后，大量调查数据和研究结果都证明了这一理论的有效性。

计划行为理论为组织采取积极策略促进高职教师专业发展提供了理论指导。在教师专业发展过程中，主观规范是指教师依据各级政策等，对专业发展行为结果的信念和主观估计。知觉行为控制是指教师对自身条件（专业能力、发展能力等）、可获得资源等的感知程度。态度是指教师对持续专业发展赞成或不赞成的程度，是对专业发展行为的总体感知和评价，包括认知和情感两个维度。组织性行为会影响

---

① 崔友兴，李森. 论教师专业发展动力生成机制及其实践表征 [J]. 当代教育科学，2015（1）：19-26.

这三个要素，进而促使教师主动进行专业发展。其具体表现为：当教师行为与专业发展制度要求一致时，教师就会产生专业发展的动力；反之，教师就会感受到一种来自制度及政策的规范性压力，或难以感受到专业发展带来的成就感。教师的专业素质结构越能满足岗位工作要求，获得的培训等资源越充足，教师越愿意主动持续地践行专业发展；反之，教师的自我效能感就会降低，对持续专业发展会产生畏难情绪。当教师认同自己的职业，获得学校和同伴的支持，感受到合作、被尊重的文化氛围时，就会对专业发展持积极态度；反之，当教师的内源控制能力较弱时，对专业发展的态度也会变得消极。[①]

5.高职教师专业发展的路径建设

高职教育高质量发展，要求从专业发展制度、高职教师培训资源和专业发展环境方面同时发力，发挥教育的协同效应和整体效应，有效推进高职"双师型"教师专业发展。

（1）健全企业实践机制，完善在职培训体系

首先，健全企业实践保障机制。依托《中华人民共和国职业教育法》，中央政府部门加快顶层设计，从教育、经济和劳动三个领域整体健全产教融合现有法律，新增专门的产教融合法律，在强调企业履行职业教育责任和义务的同时，明确规定企业参与职业教育的利益。优化管理体制，成立能够协调校企跨部门管理的组织机构，从源头上解决职业教育管理体制分割的难题。在此基础上，地方政府充分发挥推进校企合作的主体作用，制定配套政策，加大制度执行的支持力度；要根据地方实际，委托专门主管部门，确定专项经费，对接受教师实践的企业给予经费支持及荣誉奖励，保证企业实实在在享受到政策红利，同时完善专项的监督考核机制，对学校、企业关于教师实践

---

① 阳先荣，李红浪. 高职教师专业发展意愿的实证研究——基于计划行为理论视角 [J]. 职教论坛，2016（14）：5-9.

工作的履责情况进行监督;为企业、学校协同培养"双师型"教师提供平台和载体,在政府、学校和企业之间建立起畅通的信息沟通渠道,创新沟通方式,积极回应校企在合作过程中遇到的现实问题。[①]企业要增强社会责任意识,积极利用政策红利,制定校企合作制度,落实企业培训的主体地位,将教师的企业实践工作纳入年度工作计划中,与学校共享资源、设备、人才;支持教师了解生产组织过程、职业能力要求、工艺与技术等,与学校配合,对教师的实践工作进行考核;打造校企人员双向交流协作共同体,深度参与"双师型"教师培训。高职院校要主动作为,结合"1+X"证书工作,制定和落实支持教师与定点企业长期合作的政策与制度,激励教师个体与企业签订长期的定点实践与服务协议,适当延长教师每次在企业实践的时长,保障教师企业实践的强度与深度;教师发展中心要履行支持教师职业发展规划的职能,根据学校师资的实际情况,细化教师年度企业实践个性化安排,制定教师定期到企业实践的安排表,从年度考核、职称评审、评优评先、津贴发放等方面,制定差异化、具体化和可操作性强的教师企业实践管理考核制度。高职教师要充分认识到企业实践对专业发展和专业实践能力提升的重要性,基于职业生涯发展的高度,从满足高职教育育人目标和规格要求的角度出发,积极主动地完成企业实践任务。

其次,优化在职培训体系。教育行政部门要做好统筹规划,健全贯穿教师职业全生命周期的"双师型"技能培训制度,积极引导高职院校在教师专业发展中发挥主体作用,健全校本培训体系;打造长期的精品培训项目,顶层设计满足教师个人需求的"菜单式"项目,以及促进教师团队合作、提升"产学研"能力的校内外培训项目;统筹

① 郝永贞."双师型"教师政策执行困境与突破——基于政策网络理论视角[J].职教论坛,2022(2):83-89.

规划实训基地的建设，支持各地建设职业教育师资培养基地或教师企业实践基地，聘请行业专家指导教学及培训工作，运用现代化的操作设备，加强对实训基地培训过程和培训效果的监督及反馈，构建起以初级"双师型"教师为培养基础、校内中高级"双师型"教师为目标、省内"双师型"名师为榜样、国家"双师型"名师为标杆的"双师型"培训体系。

再次，各级实践基地要提高培训效益。做好高职院校和参训教师的需求调研工作，了解受训教师的培训诉求及教师所在院校对教师能力提升的要求；在培训设计方面，要针对不同专业发展阶段的培训对象的实际需求制订培训计划，设计培训活动和内容。在培训形式方面，采取灵活多样的差异化培训方式。如对于期望提升实践操作能力、积累实践经验的教师，深入推进校企合作，邀请行业企业专家参与到培训中，增加教师走进企业学习、实践的项目；对于希望提升理论知识水平和科研能力的教师，可邀请专业领域内的权威专家、学者参与授课或提供出国研修的机会；对于需要提升教育教学水平的教师，可组织教学经验丰富的名师指导培训，通过小组合作、课堂观摩、教学研讨、实战演练等方式强化其教学技能。在培训时间安排上，根据时间合理安排任务量，避免任务过于集中，难以理解、消化和运用；要适当延长培训周期，促进培训成果的巩固和迁移。在培训成果评估设计上，建立起以参训教师为中心、科学合理、可操作性强的高职教师在职培训评估体系，要进行培训结束后的问卷调查，还要针对培训成果应用情况进行深度调研。

最后，高职院校应基于学校整体发展战略和教师实际需求，顶层设计教师培训的目标、组织架构、培训模式以及评价体系。在做好不同类型、不同专业的教师培训需求调研工作的基础上，基于教师专业发展中的共性问题，对国家培训、省级培训进行较为系统的梳理，构建起与外部培训有机衔接的校本培训项目体系；建立常态化的培训机制，充分利用校内外资源，定制培训项目，做好新教师岗位适应培训、教学能力发展培训和技术应用能力培训工作。[①]尊重人才成长规律，针对不同职业生涯发展阶段的教师的工作和生活实际，协调好教学与培训工作，加强教师参训的过程监督，确保经费投入，健全激励机制；建立完善的校企联动机制，实现课堂、实训与岗位联通，与企业联合制订教师企业实践方案，明确学校、企业和教师三方的职责和任务，为教师提供参与技术研发、技术创新等机会；[②]指导"双师型"教师制订开放、多样、自主、能动的个性化职业生涯发展方案，并提供建议和咨询服务等；在培养培训与教学实践的选择、组织和评价上，给予教师更多的专业自主权和话语权。[③]

（2）营造良好的发展环境，培养积极的专业发展态度

首先，创新体制机制，提升专业发展的自主性。以立德树人为根本，铸牢"以人为本"的理念基底，将教师的成长、发展与潜力挖掘作为学校管理的使命，建立人性化的、规范的管理模式和文化，推动教师基于价值理性，坚守教育初心，以使命和价值观为指导，自觉践行社会主义核心价值观，理性育人和传授知识，严格遵守道德行为规范，自觉将科学精神内化到教学过程中；基于工具理性，追求科学知识和科技创新，提升专业表现力，服务技能型社会建设；[④]构建符合"双师型"教师群体行为特征的教学管理机制，创生[⑤]教学管理制度

[①] 韩冰，吕玫. 我国高职"双师型"教师队伍建设对政策工具的要求——基于政策文本和政策环境的分析 [J]. 职业技术教育，2019（24）：29-32.
[②] 阳泽，杨润勇. 自组织：教师专业发展的重要机制 [J]. 教育研究，2013（10）：95-102.
[③] 黎琼锋，潘婧璇. 高职院校"双师型"教师专业发展路径探析——基于人的全面发展理论视域 [J]. 职教论坛，2018（3）：89-93.
[④] 刘彦军，郭建如. 教师转型：组织承诺与组织支持的共同作用 [J]. 高等工程教育研究，2021（1）：115-121.
[⑤] "创生"在教育领域通常指的是在教育实践中，教师根据学生的具体情况、需求和背景，创造性地设计和开展教学活动，以促进学生全面发展的过程。在教学管理制度中，创生教学管理制度的弹性意味着制度设计要能够适应不同学生的需求，提供多样化的学习路径和进行灵活的学习安排。

的弹性和开放性，满足多元化需求，赋予高职教师自主决定参加专业发展活动的权利；关注教育教学过程中教师的胜任力和教学情感、教学与企业实践的投入程度；设法减轻高职教师的教学工作量，在保证规范的前提下给予教师更大的发展空间和更多自主支配的时间，使他们能够投入教研、科研等专业发展活动中，支持教师从教学和企业实践出发，通过反思来规划、实践和评价自己的专业发展；提高专业教学和研究水平，在课堂教学之外，体现高职教师作为学者和专业人士的声誉和信誉。[①]

其次，提升职业认同感。一是提升高职教育吸引力。政府应集中优质资源，多措并举，支持高职教育优化类型特色，培养高素质创新人才和技术技能人才，提高高职教育的职业声望；改革招生考试制度，提高高职教育的生源质量；健全技术技能人才的全面激励体系，让技术技能人才得到更多参与人才选拔的机会，提高高职教育的社会认可度；加大高职教育的宣传力度，让社会公众了解高职教育的办学优势。[②]二是给予高职院校符合高职教育规律的激励。在优秀教科团队、品牌特色专业等各类人才项目、教育改革项目评选中，增加落实产教融合、增强院校教师专业发展实效性的评审指标；在综合性项目中，将高职院校教师专业发展的举措和成效作为重要的评审指标，对教师发展工作卓有成效的单位给予单项表彰和奖励。三是要建立常态化的治理机制，营造稳定、可预期的制度环境，减少竞争性项目数量并适当延长评价周期，使高职院校关注长远利益和办学积淀，将教师专业发展工作放在战略高度；与第三方评价机构保持足够的距离，并对第三方评价机构的评价工作进行引

[①] 李玉萍. 影响高职教师专业发展活动的内外部动因研究 [J]. 职教论坛，2017（12）：17-22.
[②] 高振发. 高职教师职业认同与专业发展的相关性分析 [J]. 教育与职业，2018（10）：87-93.

导和规范，真正提高第三方评价机构评价活动的科学性、客观性和公正性，发挥对高职院校深化内涵建设、服务经济社会高质量发展的引导和促进作用。[1]四是高职院校要提出明确的办学定位、目标和理念等，通过各种渠道让教师感知学校的办学定位、目标和理念的变化及内涵；通过制定学校章程、组织学习、舆论宣传等途径让办学理念人人皆知。通过多种措施使教师接受、认同学校的办学定位和理念，为实现办学目标树立信心，不断提升教师的组织承诺水平（是指教师对其任教学校组织的一种态度，这种态度包括对学校组织目标、组织文化及办学理念等方面的认同和忠诚程度）；重视学校的文化基因，注重企业的文化价值挖掘，形成"和而不同"的文化价值理念，让每位教师感受到相同的舞台、差异化的发展；推进教师与学校文化间深层次的交互，使精神修养回归到师德教育的核心地位，加强高职教师崇高精神与教育情怀等层面的浸入式培训，帮助高职教师充分认识和理解类型教育的特征，树立职业理想，增强职业兴趣和持续更新知识及实践经验的动力。[2]培养和选拔"想干事、能干事、干成事"的人担任中层干部，构建教师专业发展的机制，营造公平公正、创新创业、关心教职工的组织氛围。

最后，打造教师发展共同体，夯实教师合作平台。高职院校要基于顶层设计，构建自下而上的反馈调节机制，形成支持教师专业发展的文化生态圈。[3]要面向整个专业群推进教学团队建设，构建思政课+课程思政、终身教育、产教融合、1+X证书等项目组，把公共基础课、专业基础课、专业核心课、企业兼职教师吸纳到团队建设中，

---

① 韩冰，吕玫. 我国高职"双师型"教师队伍建设对政策工具的要求——基于政策文本和政策环境的分析 [J]. 职业技术教育，2019（24）：29-32.
② 向丽. 高质量发展视域下高职教师专业发展的新内涵与路径选择 [J]. 职业技术教育，2022（10）：53-58.
③ 罗英，徐文彬. 教师专业发展的学校个案研究 [J]. 教育理论与实践，2023（5）：35-39.

采取"结对子"、做项目等方式，促进团队教师专业理论与实践经验的共享与提升、职业身份认同与强化以及专业发展的情感支撑等，实现群智汇聚；依托教师发展中心组建工作坊，建设校企利益共同体，在企业设置教师企业实践流动站；把大师工作室、教科研创新中心等建在专业实习实训基地和实训中心里，选聘企业工程技术人员、高技能人才、能工巧匠等担任兼职教师，建立校企人员双向流动机制；打造现代学徒制人才培养、中小企业产品研发、订单招生等多层次的专业发展活动平台；积极推进课堂革命，支持教师团队探索跨专业、跨课程、对接理论与实践的"联席教学"，校企、线上线下等混合式教学，夯实理性对话，碰撞思维，分析问题根源，探索解决方案的载体，发挥专业带头人、骨干教师的引领作用，促进专兼教师的合作研讨，营造合作共赢的教师文化，提升教师群体的协作互助能力，带动青年教师发展，使教师在团队支持下发挥优势特长，对职业使命产生共鸣。[①]

三、以增强社会适应性为重点的学生发展

学生发展是一个多维度的概念，涉及学生在不同方面的成长和变化，包括政治素质、道德修养的提升，知识水平、心智能力的增强，精神素质和身体素质的改善，个性的发展和实现等，表现为社会适应性、就业质量等。

（一）立德树人、德技并修

立德树人是教育的根本任务，强调在教育过程中要重视学生的品德教育，培养学生的社会主义核心价值观，使其成为有理想、有道德、有文化、有纪律的社会主义建设者和接班人。德技并修强调在职

---

① 和震，刘若涵. 职业院校教师教学创新团队的组织形式研究［J］. 中国职业技术教育，2021（6）：5-11.

业教育中，不仅要注重学生技能的培养，也要注重学生道德的修养。技术技能的培养是职业教育的特色，而道德教育则是职业教育的灵魂。新时代，坚持立德树人是高职教育高质量发展的根本遵循，健全"德技并修"是高职院校人才培养模式的基本特征和具体要求。新修订的《职业教育法》明确了立德树人的目标要求，将"职业道德"放在人才培养的首位，强调德行为先、能力为重、德技并修。其中，"立德"强调"德"，即思想品德和价值观念的塑造；"树人"是指培养有德行的技术技能人才，培养中国特色社会主义德行之人。"立德"是"树人"的前提，"树人"是"立德"的目标，两者内嵌于高职教育育人的根本任务之中，共同服务于高质量发展。"德技并修"的根本内涵是以德为本、以德驭技。"德"是学生健全发展和增强职业教育适应性的基石，是高职教育高质量发展的根本之道；"技"是学生发展可观察的明显标志，是工匠赖以生存的基本能力或综合技能，也是新时代学生养成职业道德素养的基本途径。从其关系来看，"德"与"技"相辅相成，德技并修不仅是新时代高职教育高质量发展的重要一环，更是落实立德树人根本任务的主要路径。未来，应系统构建"立德树人、德技并修"的育人体系，实现价值塑造、知识传授、能力培养的统一。

（二）优质就业、可持续发展

1.形成就业联动机制

首先，形成就业联动机制。一是贯彻落实党中央、国务院的决策部署，把毕业学生优质就业作为民生的重要部分系统推进。开展"高校书记校长访企拓岗促就业"专项行动，精准发力，以毕业生优质就业为抓手，优化人才培养过程，提高人才培养质量，增强学生岗位适应能力和职业发展潜能。二是学校领导带队，教务、招生就业、创业学院等相关职能部门负责人，二级学院党政负责人、专业带头人大范围深入行业企业调研，对接就业市场需求。三是立足教育链、人才链，积极与产业链、创新链有机衔接，根据劳动力市场的实际需求优化专业结构，调整人才培养方案，建立起以市场为导向的专业动态调整机制，实现专业引导就业、教学面向就业。四是学校各职能部门深度参与促进就业的具体工作，形成全方位、多角度、深层次合力提升优质就业工作的服务体系。

其次，政、校、企协同育才。一是推动高职院校向社会领域延伸，跨越企业与学校、工作与学习的界域，实现人才培养全过程与经济转型升级各环节的匹配。二是在实践中探索集团化办学，共建产业学院，实行订单培养等，联合行业或职业教育集团争取政府的政策支持，通过共建工匠养成基地、共育行业英才、共享专业师资及智库和信息咨询平台、共融品牌文化等积极有效的措施，吸引企业深度参与育人过程。三是探索与行业主管部门、行业组织、群团组织的协作，发挥其参与制定职业教育专业目录、教育标准及人才需求预测等方面的重要作用，助推高职毕业生实现顺利、对口、优质就业。

2.提升就业硬实力

职业技能等级证书作为毕业生完成学历教育以外增强就业创业本领的拓展内容，是获得职业技能的凭证，反映了职业活动和个人职业生涯发展所需要的专业能力。有效实施1+X证书制度是高职院校提升就业质量的重要路径。高职院校要在建立 1+X 证书制度的基础上，深化"三教"改革，开展课程建设、教师队伍建设、课堂创新等；合理布局证书对应的专业，开发职业技能等级证书课程，在人才培养方案中融入职业技能等级标准，采取职业技能等级证书课程学分置换制，有效地促进书证融通，提高学生的职业适应力和岗位迁移能力，增强个体职业发展的潜能。

3.提升就业软实力

一是通过开展系列素质教育活动，帮助学生树立正确的就业观，将明法理、明德理、明事理、明学理、明情理的教育理念循序渐进地滋养进每一位学生心中。结合各专业毕业生拟就业的职业特点和岗位特点，开设职业生涯规划指导、心理健康教育、诚信文化教育等课程；同时，加大素质教育内容的职教化、本土化和校本化力度，利用本土化典型人物和故事，引入职业教育及学校师生、校友的典型案例；充分利用校友资源，邀请校友做报告，现身说法，更多汲取中华文化、时代精神、职业特色和行业特色的养分。二是推进课程思政建设，精准把握课程思政的内涵，让各类课程与思想政治理论课同向同行。专业课程是课程思政建设的重要载体，应结合不同课程的特点，梳理专业课教学内容，将专业课的发展史、大师成长道路、教师个人经历等有机融入课程教学中，完成对学生的"价值感塑造"；专业实践课程要注重学思结合、知行统一，培养学生勇于探索的精神、善于解决问题的实践能力；创新创业教育课程要注重让学生"敢闯会创"，在亲身参与中增强创新精神、创造意识和创业能力；社会实践类课程要注重教育和引导学生弘扬劳动精神，把"读万卷书"与"行万里路"相结合，扎根中国大地了解国情民情，在实践中增长智慧才干；同时，通过失败的教训、警示性问题，反思分析，提高学生的辨识能力和责任意识，充分发挥课程思政的隐性教育效果，使其成为与学生的学习、生活、工作能力相融合的隐性能力。

4.做实就业教育举措

构建多主体深度参与的工作机制，采取理论与实践并重的就业教育举措。学校应通过系统设计就业教育载体，增强学生的就业能力和求职技巧，高水平服务毕业生就业。注重产教融合、校企合作，以企业实践让学生与用人单位"零距离"接触，利用大数据开展岗位与个体分析，实现人职匹配，减少学生因对岗位的认识和自我了解不足而导致的频繁离职，助力毕业生优质就业。

一是指明就业方向。学校应定期开展以讲座、咨询为主的分类就业指导。聚合优秀校友、企业导师、HR 互助社群等资源，线上线下相结合，为毕业生提供个性化就业指导、讲座与咨询辅导等服务，帮助学生梳理现有的就业资源；邀请用人单位的人力资源管理专员，为毕业生开展精准就业指导，帮助学生充分了解就业环境和劳动力市场，对自己的职业能力进行准确定位，确保职业决策科学有效。二是培养职业行为，提供求职服务。指导学生修改简历，帮助学生完善求职材料，使其对自身有较为清晰的认识；通过模拟面试活动还原企业真实面试场景，帮助学生积累面试经验，直观感受面试环节，增强其自信心；举办求职礼仪培训活动，邀请行业专家讲解求职礼仪知识和规范，帮助毕业生顺利开启用人单位的大门，建立和谐融洽的人际关系。三是加强企业实践。通过组织顶岗实习、岗位认知实习、职场体验行等系列活动，带领学生走进企业，了解企业的工作环境与人才需求，体验职场生活，提升其适应能力和综合素养；提高就业服务工作的科学化水平，全面有效地调解毕业生就业的结构性矛盾，实现产业需求侧和人才供给侧的精准对接及双边匹配的良性循环。四是推进订单培养。订单培养作为高职院校与行业企业联合开展人才培养的方式，是毕业生提前优质就业的重要保障。通过订单培养，实现行业企业人才招聘过程的前置，学生提前掌握岗位内容、接受企业文化，毕业即就业、入职即上岗，实现学习世界与职业世界的零过渡。①

---

① 胡烨丹，王玉龙，江南. 高质量发展背景下高职院校学生优质就业路径探析 [J]. 中国职业技术教育，2022（31）：88-92.

四、以区域经济发展为目标的服务发展

服务区域经济发展是高职院校发展的重要任务，也是其发展的内在动力。它以高职院校的科研能力建设为基础，以增强社会服务能力为重点，以提升国际化水平为关键。

（一）高职科研能力建设

在高职教育高质量发展背景下，高职院校科研创新能力的提升路径包括两方面：宏观层面，优化内部治理机制，如转变科研创新理念、改革科研考核评价激励机制、优化科研服务、打造高水平科研创新团队；微观层面，教师提升自身的科研素养、明确科研定位，实现自我价值。

1.院校层面

（1）培育科研创新意识。在高职教育高质量发展背景下，高职院校要把科研创新工作提到"提升学校核心竞争力"的高度，逐渐形成"科研兴校""服务强校"的理念，采取多种途径和形式提升学校管理者的科研创新意识，做好示范引领工作，营造浓厚的科研创新氛围，创造优渥的科研创新环境。以教师自我价值实现为目标导向，以岗位晋级和职称晋升为目标激励手段，设计能够激发教师潜在科研意识的机制，积极强化教师的科研创新意识。

（2）改革科研考核评价激励机制。一是完善科研管理制度。恰当、合理的科研管理制度是调动高职院校教师参与科研创新活动积极性的关键。高职院校在制定科研管理制度时，要充分考虑到如何才能引导教师学会做科研、主动做科研，让教师在实践中找到科研创新的"乐趣"，真正将科研所取得的成果运用到社会服务中去。二是建立科学的、适合高职院校专业特色的科研创新评价体系。高职院校在科研考核机制上应该与高职特色相适应，通过良好的制度

设计为教师提供优越的科研发展环境，使教师能够积极主动地投身科研工作。相关绩效考核，不仅要以科研的级别和数量作为评价标准，更要站在客观、公正、公平、公开的角度对科研成果的应用性、实践性、推广性和贡献度等进行科学评价和鉴定，严把科研成果的质量关，确保科研成果的质量"高"，与教育行政部门倡导的"代表作"制度相契合。三是营造良好的科研氛围。健全科学的科研激励机制、持续修订与完善科研业绩考核与奖惩办法等相关制度是基础，人性化的激励机制是关键。在科研创新激励机制制定方面，要采取多元化的激励手段，对热衷科研、积极参与科研创新的教师除给予一定的科研经费支持等物质奖励外，还要给予精神奖励，如每年开展"科研先进个人"等项目评选活动，对入选者给予表彰奖励，并在职称评审、对外学术交流、培训等方面优先考虑，为教师营造宽松、和谐的科研氛围，变"让我研"为"我要研"，以此提升教师参与科研创新活动的积极性，营造浓厚的科研氛围。

（3）提升教师科研获得感。加大力度提升学校对教师投身科研活动的服务水平，在建设好开展科研所需的基础设施的同时，为教师开展科研创新活动拓展外部资源，优化科研创新环境，助力教师快出、多出、出好成果。搭建科研创新平台，为教师提升科研能力提供广阔的空间，并通过"引进来"和"走出去"相结合的双向畅通机制，举办提升教师科研能力的讲座和专题研讨会，针对科研申请、科研方法、科研内容、科研实践、科研社会服务等进行全方位、全过程指导和服务，帮助教师提升科研创新能力。鼓励教师走出去，进行科研学术交流，形成良性循环，帮助教师从满足物质层面的"被动型"科研需求向满足精神层面的"主动型"科研需求跨越。同时，科研管理部门需要做好科研项目资金资助、预算编制、报销等全流程、全方位的服务工作，积极落实《国务院关于优化科研管理提升科研绩效若干措施的通知》以及教育部关于"赋予科研人员更大预算调剂自主权，切实解决'报销繁'问题"的要求，优化科研活动预算编制、经费报销流程，便于教师开展科研创新活动，激发教师的创新活力，提升学校的整体科研创新水平。

2.教师层面

（1）强化科研意识。教学是高职院校教师的"生存之道"，科研则是高职院校教师的"发展之道"。从事科研工作既是教学与科研良性互促的基础、岗位晋级和职称晋升的辅助方式，又是教师成长和自我价值实现的重要手段。

（2）提升科研素养。高职院校教师要坚定科研意识，通过各种途径积极努力地学习本学科最新的科研方法，掌握最新的科研动态；通过"访问学者"或"访问工程师"的形式，主动走出去，参加各类科研学术交流活动，深入行业企业开展社会实践。

（3）找准自身的科研定位，明确方向。教师要根据自身的特点，明确自身的目标定位，找准科研创新方向。应以"落地研究""应用性研究"为主要方向，根据自身情况兼顾基础性研究；遵循"应用性"原则，兼顾创新性和基础性研究，通过深入企业生产一线，或者参加各种相应的学术会议，拓宽视野，启发思维方式；将科研创新与社会服务工作植根于地方经济的发展需要，通过调研主动了解地方政府及行业企业发展所需，有针对性地开展科研创新与社会服务工作，并努力将该项工作的着眼点定位于地方政府、行业企业生产一线项目。①高职院校要从行业企业和地方经济发展全局所需层面制订和调整高职院校教师的科研创新与社会服务发展计划，有目的、有计划、有步骤、循序渐进地介入企业急需解决的技术问题，并为地方政府部

---

① 潘锡泉，郭福春．"双高"建设背景下高职院校科研创新能力不足的原因分析及提升策略［J］．教育与职业，2022（9）下：51-56.

门的决策、行业企业的发展提供咨询服务。

（二）高职院校社会服务

1.高职院校社会服务的逻辑理路

内容设计：营造良好的环境。政府顶层设计高职院校社会服务的政策体系，如强化高职院校评价中的质性与量化相结合的评价理念，优化调整区域教师职称评定中教师参与社会服务的权重等，既调动其积极性，又纠正高职院校社会服务工作的功利性倾向。高职院校应针对关于社会服务的重要价值、概念内涵以及社会新兴发展理念、方向定位等异化的现状，组织教职员工定期开展相关专题培训会、专家座谈会，系统全面地学习高职院校社会服务工作的内容、"双高计划"发展战略、最新方针政策等，深刻理解其科学内涵和精髓要义，增强院校内部有效开展社会服务工作的责任感、使命感和认同感。

行动执行：强化体制机制建设。制度是相互交往的规则，它抑制着可能出现的机会主义等，使行为更可预见。应从制度层面出发，针对高职院校的社会服务运行与保障纠偏，在组织架构、体制机制等方面着力优化服务体系。一是建立内外协同的动力机制。依据社会心理学家勒温的"场动力"理论，所有主体行为的产生均是外部环境和主体内部动力共同作用的结果。基于此，地方政府应加强对高职院校社会服务涵盖的内容、人群等的政策支持与引导，鼓励多元主体参与高职院校社会服务情况的考评，并通过重大课题招标等形式促进对高职院校社会服务模式的探索。二是建立人员职责明晰、院校联动互促的运行制度。高职院校应根据自身的人员配置、在区域经济发展中承担的主要角色等实际情况，适时考虑组建专门的社会服务部门或工作小组，以制度的形式确立人员的工作内容与具体职能；还应在保持院校特色与独立性的基础上，与地方其他高职院校建立社会服务联盟，制定联盟运行的相关制度、实现目标的具体方案，优势互补，进一步服务区域经济发展。三是建立涵盖社会服务能力建设的教师专业发展机制。高职院校要从认识上将社会服务能力作为教师专业标准的构成要素，阐明教师社会服务能力的预期目标，将与高职院校社会服务的相关内容添加到教师的职前、职后培训之中并加以监督。

成效反馈：促进区域服务能力协调发展。针对不同地区高职院校社会服务工作存在显著差异的现状，政府与院校应结合所在区域实际和具体目标导向，找准服务对接点，充分发挥人才、学科和地缘优势，实施错位竞争战略。一是职教主管部门应进一步加强东西部高职院校社会服务工作的建设经验交流，在全国范围内推广具有可复制性的优秀建设成果、运营模式和服务形式，打造可推广、借鉴的高职院校社会服务体系，促进东西部地区高职院校社会服务建设的协同发展。二是考虑以合资等方式鼓励社会力量加入社会服务表现态势相对较弱地区的高职院校建设中，对东部沿海地区的市场、文化资源进行合理配置，实现我国职业教育空间优势服务资源的流动。三是基于马克思所提出的"资源是可供满足人们物质生活和精神生活需要的自然要素和社会要素的总和"，明确高职院校所拥有的资源是面向社会广泛主体供给服务内容的重要载体。因此，针对当前部分区域高职院校资源共享服务供给不足的问题，相关院校一方面应当转变观念，充分意识到经济社会转型背景下社会服务的实现形式、涵盖领域等向多元化方向延展的必要性，强化资源内生机制以丰富现有资源；另一方面对内在资源结构进行整合，考虑打造"政府资助＋产业资本"一体化资源支持体系，调动社会广泛主体参与形成多元资源结构，以促进院校资源的深度整合。四是构建专门针对高职院校社会服务的评价指标体系。在体系构建的过程中，应以"全民性"与"多元化"、"一体化"与"动态化"以及高质量态势为原则，筛选与确立评价指标、评价标准，并采取定量评价与定性评价相结合的方式，注重绩效评价与效能评价的双重作用。同时，制定与之配套的切实可行的评价指导意见与管理办法。[①]

2.高职院校社会服务能力提升的实践路径

首先，形成主体均衡互利共生新生态。主体的多元化一定程度上能够提高系统内的主体活跃性，提升高职院校的社会服务水平，而多元化主体也是保证系统稳定性的难点之一，保障多元化主体间的有效协同是提升高职院校社会服务水平的首要条件。其一，赋予相关主体"参与"的主导权。在传统认知模式下，高职院校往往处于社会服务系统的中心地位，其他主体更多地扮演高职院校社会服务工作的参与者、协助者、引导者的角色。这种主体间的角色关系往往会导致实际社会服务过程中其他参与主体的积极性不高等问题。在开展社会服务工作的过程中，高职院校应及时关注市场的需求，给予企业、社会机构乃至个人等熟悉市场变化规律的主体更多的主导权，发挥企业、社会机构等主体的积极性。其二，探索多元主体参与途径。高职院校应积极开发学校资源，牵头成立职业院校社会服务联盟，组建职业院校社会服务专家委员会，引导地方中小型企业、行业协会、研究机构等同类型的主体参与学校的社会服务活动，通过定期开展交流研讨、社会服务工作指导、行业企业考察等活动，实现学校与社会的良性互动；统筹布局服务平台，依托产业学院和产教融合联盟、职业教育集团，联合行业企业、科研院所等，整合产教融合实训基地、产业科技园等校企科技资源，共建应用技术研发中心、技能大师工作室等，吸引高层次人才和推动创新团队建设；打造契合区域产业发展需要的服务平台，优化科研平台功能，将技术服务、人才培养、创新团队建设等融于一体，积极推进技术研发、工艺革新、产品开发、创新人才培

---

① 刘晓，李甘菊.中国式现代化进程中的高职院校社会服务：愿景、实践错位与形塑路径［J］.河北师范大学学报，2023（4）：24-31.

育等功能的集成化，促进高水平科研成果产出，构筑区域有影响力、引领力的科技创新高地。其三，建立高效管理机制。高职院校社会服务是学校系统与外界市场的交流，高职院校要优化组织建设，建立高效柔性的管理机制，调动二级学院等社会服务承担主体的积极性；将社会服务指标融入职称评审、岗位晋升等制度体系中，完善教师激励机制，进一步激发学校专业教师、管理者、学生主动参与社会服务的热情，主动开展社会服务工作，增强共生系统的活跃性。

其次，创新社会服务共生机制。一是创新社会服务形式，促进社会服务模式向"多元化"转变。高职院校提供社会服务的形式多样，且根据区域发展及专业特色，高职院校提供的社会服务类型也存在差异，单一的社会服务模式无法适应多样化的社会服务需求。对于不同的社会服务类型、不同服务对象、不同的合作主体，共生模式应多样化。在服务形式上，针对院校实际情况，不仅要有以解决企业具体问题为导向的"交付式""短期性"服务项目，还应在机构设置、人力资源等方面与企业、社会机构融合，深度参与企业关键技术的研发与转化，实现多主体的共赢。二是探索分类化社会服务项目管理体制。高职院校应设立专门的社会服务管理部门，统筹计划、分类管理全校的社会服务项目。由于社会服务项目依靠内部相关职能部门、不同专业和院系等来实施，社会服务项目的类型、实施模式和形式有所差异，因此，应根据项目类型，探索分类化的项目管理体制，促进各院系社会服务工作特色化开展，保持高职院校的活力。同时，管理部门应加强项目的质量监控，规范经费管理、场地管理、人员管理等，进而促进社会服务工作的高质量开展。三是完善利益分配机制，建立社会服务共同体。明确各主体的权责，积极引导和促进高职院校和其他主体在平等互利的基础上达成合作。高职院校应因地制宜、因时制宜地构建比例分成、资金返还等利益分配机制，推动组建社会服务利益共同体，从而激发不同主体参与社会服务的主动性、积极性和创造性。

最后，培育资源共享平台。一是凝聚校内优质资源，打造开放资源平台。依托高职院校优质专业群和课程资源，推动主体间联动开发面向社会的信息化、网络化项目和课程资源，鼓励专任教师积极与企业合作开发市场需要的短期和长期非学历教育项目等；打造公益性的职业培训网络平台，促进数字资源、教师资源等的共享和开放；打造跨越空间、时间的终身学习平台，助力全民终身学习和学习型社会建设。同时，加强多渠道宣传，探索短视频平台、自媒体平台等新媒体宣传渠道，提升平台曝光度，进一步扩大现有非学历教育规模。二是融入数字技术，搭建信息共享平台。开放的共生环境需要通过消除信息差，实现主体间高效的资源整合。受信息不对称、响应不及时的影响，高职院校与政府、企业之间的沟通存在障碍。对此，高职院校应借助大数据、云计算等新兴技术，搭建校-政-企三方信息共享平台，规范信息发布、合作机制、机构标准、项目验收等全流程，主动对学校需求、成果信息、政策文件等进行信息披露，提升共生系统内的信息传递效率，扩大合作主体的选择规模，增加共生密度。三是随着社会服务系统的演化和发展，多元主体的参与以及共生模式的多样性必然对主体间利益的再分配提出更高的要求，政府应通过政策的积极引导和利好措施的出台等，让多类型主体从利益驱使的被动参与转为主动参与；发挥监督作用，在企业资质、合作模式规范性、利益分配机制等方面进行严格审查，避免不科学、不合规、不合法的行为，营造健康的系统生态，构建严格且灵活开放的共生环境。①

---

① 李波，刘笑天. 共生理论视域下高职院校社会服务的行动逻辑及实践路径 [J]. 教育与职业，2023（4）下：60-65.

案例：广西水利电力职业技术学院内部质量保证体系诊断与改进机制探索——基于全面质量管理的视角

一、学校内部质量保证体系诊断与改进机制实践

（一）构建"1543"内部质量保证体系诊断与改进机制

1是指一体化顶层设计实施方案，立足本校，以第一轮诊改复核的问题为导向，在学校、专业、课程、教师、学生层面开展多元诊改，行业、企业、社会第三方多方参与，在决策、质量、资源、支持、监督等层面明确质量的主体责任和进行自我保证。5是指学校层面目标体系和标准体系、专业层面目标体系和标准体系、课程层面目标体系和标准体系、学生层面目标体系和标准体系、教师激励与考核体系。4是指以问题为导向，实施一方案、一抓手、一平台、一考核的四项举措，明确以每年更新修订的《内部质量保证体系运行实施方案》为依据，以"一页纸"项目管理作为抓手，依托信息化管理平台实现智慧化管理，践行"55821"诊改理念和具体诊改实施方案；同时，在平台设置质控点、计分点和计算公式，实现实时监控和自动化的绩效考核。3指的是"全员、全过程、全方位"覆盖。它遵循的思想基础和方法依据是PDCA循环。PDCA循环包括四个阶段，四个阶段又可细化为八个步骤，即P（分析现状、找出原因、找出主要原因、制订计划与措施）、D（实施计划与措施）、C（实施结果与目标对比）、A（对实施结果总结分析、未解决的问题转入下一循环）。

（二）健全诊断与改进工作运行方案

2017年，学校启动教学诊改。经过5年建设，顺利通过教育厅诊改复核，逐步形成了日趋完善、独具特色的内部质量保证体系。在全

面推行"一页纸"项目管理的基础上，学院持续完善内部质量保证体系教学诊断与改进机制和运行体制。在实践过程中，以全面质量管理为理念，以问题为导向，构建起"目标化、特色化、信息化、常态化"的具有院校特色的诊改模式和运行实施方案。

一是目标化，指的是学校、专业、课程、教师、学生横向五个层面的发展目标精准，紧密对接国家和区域重点产业发展，加快专业与新兴产业的对接，促进专业集群发展，做精做强专业群，课程、教师、学生等要素发展与专业群建设同步。二是特色化，指的是特色化的方案，在符合"需求导向、自我保证、多元诊断、重在改进"16字方针和"五纵五横一平台"5581的要求下，实行"一校一策"方案。三是信息化，是指为解决院校治理的数据整合和统一问题而开发信息化管理平台，实现智能化管理，提高管理效率。四是常态化，教学诊断与改进是学校持续推进的工作，全年通过具体的时间节点和诊改举措，实现诊改常态化推进。

（三）打造层层传导的两链体系

（1）通过统筹学校事业发展规划，明确目标链的顶层设计。学校构建了"事业发展规划总目标—行政部门的专项规划目标—二级院（部）子规划目标—重点工作任务年度分解表"目标链。通过年度重点工作"一页纸"—行政部门年度目标"一页纸"—二级院（部）年度目标"一页纸"—教学团队年度目标"一页纸"四个层面发展目标的层层传导，实现各部门年度目标与学校发展规划总目标的衔接。层层传导压实责任，行政部门、二级院（部）包括专业、课程、教师、学生四个层面全面推行"一页纸"工作计划报表，覆盖率达100%，保障学校发展规划总目标的达成。

（2）实施"国家级—区域级—校级—专业、课程"标准链。学院围绕四个层面构建多维度指标体系，即岗位、专业、课程、教师、学生。不断健全管理制度、工作流程及建设标准，明确工作标准、专业课程标准、师生发展标准，夯实质量管理的规范化、精细化基础；结合高水平专业建设、精品在线开放课程建设、专业教学资源库建设及师资队伍建设"十四五"发展目标，编制相关标准 22 项，打造了国家级—区域级—校级—具体专业课程标准的"四级"标准链，与目标链上下关联、相互呼应。同时，通过质量管理平台、教师发展中心、学生发展中心等平台部署相关运行指标质控点 212 个，实现了任务达成与标准关联分析和量化监控，解决了质量标准无法支撑质量目标的问题。

（四）构建信息化质量管理综合平台

一是搭建一个诊改核心平台，实现诊改常态化运行，落实诊改运行实施方案，为决策指挥、质量生成、支持服务、监控评价等系统提供信息数据支撑；覆盖学校、专业、课程、教师、学生五主体，实现目标可测、标准可达、运行可预警、绩效可考核，为教学诊断与改进工作提供事实和数据支撑。二是建设校本数据中心和综合服务平台。校本数据中心提供数据标准化管理和人才培养状态数据核心指标的监控。综合平台实现了诊改工作的智能化、常态化运行。其基于"设立质控点—反馈进度—达到预警值—启动 8 字质量螺旋诊改"程序，强化重点任务的动态管理，构建动态监测与定期预警诊断机制，以实现质量螺旋式提升，解决质量管理与内部评价脱节的问题。

（五）建立"质量考核+KPI"的考核体系

关键绩效指标与学校发展战略挂钩，关键成果指标关系到学校未来战略目标的实现。而质量评价包括三方面：一是过程性考核，检验质量行为的养成和制度的贯彻落实；二是质量目标考核，检验目标任务达成度、运行监控点的达成度和实效性；三是校内复核，检验课堂教学的三方评价监管是否有力，行政岗位职责的履行是否到位，校内诊断与改进复核工作是否有效推进。学院以质量和贡献为导向，对承接重点工作任务多、获得成果多、完成预算好、质量高的部门给予奖励；对未按时按质完成相关工作的部门进行诊改，分析原因、找出问题，并予以取消评优资格等处理；充分发挥质量考核在自我诊断、自我诊改和螺旋提升方面的导向和助推作用。

二、结论与思考

（一）结论

虽然内部质量保证体系的诊断与改进工作在学校中的认可度很高，信息化管理平台建设也得到了一定的重视，但建设过程中也暴露出了一些问题。如质量主体意识和自治意识有待提升，等待上级教育部门推动的现象仍普遍存在；诊断与改进工作的内部监督机制没有配套建设；标准体系更新不够及时。各高职院校要对标国家"双高计划"对专业、课程、教师、学生的要求，不断更新管理平台的运行质控点和标准维度，保持与五个主体发展同频共振。

（二）完善内部质量保证体系的思考

高职院校内部质量保证体系根植于人才培养质量提升这一基础，具有基础性、先导性的作用。其建设既要满足当代需求，更要考虑未来的需要，适应新时代职业教育发展的新形势。

从理念层面来看，在高质量发展已经成为职业教育发展主旋律的新时代，内部质量保证体系在下一步的建设中要更加注重高水平、特色化和强标志。从规模到质量的提升，体现高水平发展。高水平发展是指更加注重学校、专业、课程、教师、学生的高目标和高标准，不能仅限于满足当前的发展，要紧密联系"十四五"规划及2035年远景发展目标，制定更契合学校长远发展的战略。特色化是指体现各学校的差异化发展，从现代治理角度形成学校独有的有效发展路径，从模仿到差异,是特色化发展的体现。在构建内部质量保证体系的理论和做法上,各校可以根据基本理念,形成有学校自身特色的治理路径,在目标体系、诊改机制、运行机制和平台建设等方面体现特色化。强标志是指从完成任务向突出标志性成果的转变。强标志体现内部质量保证体系运行的成效,是学校不断提升人才培养质量的动力。可以结合国家"双高计划"、提质培优等项目的推进来突出标志性成果的取得,以此推动学校整体办学水平的提升。

从操作层面来看,信息化要与质量管理进一步融合,开启以数据的深度挖掘和融合应用为特征的新阶段。在信息化平台的建设中,要更加注重将信息化深度融入教育教学全过程中,通过数据分析,强化数据结果的应用,以此推动课程改革、课堂革命、教师水平的提升;强化"8字质量螺旋诊改"的平台支撑,实现目标可测可量;对标对表国家相关政策,制定相应的数据标准,形成更详细的运行观测点和绩效考核办法,并根据发展需要不断更新和完善,为学校高质量发展提供数据支撑和决策依据。

第六章

高职教育高质量发展模式构建

政府主导学校本位发展模式导致新时代高职教育发展面临转型的困境。本章在分析国际视野下高职教育发展新趋向的基础上，提出我国高职教育高质量发展的模式构建。

第一节　高职教育发展模式概述

本章在厘清高职教育发展模式的理论认识、明确模式变迁理论支撑的基础上，提出高职教育发展模式变迁的分析框架。

一、高职教育发展模式的理论认识

（一）高职教育发展模式的概念

《现代汉语词典（第五版）》中关于模式的注释是：某种事物的标准形式或使人可以照着做的标准样式。对模式进行研究，有助于把握事物发展规律；把认识或研究的结果概括为某种模式，有利于人们认识和验证它。

发展模式即一个国家、一个地区在自己特有的历史、经济、文化等背景下所形成的发展方向、理念、体制、结构和行为方式，以及在发展进程中的战略选择等。如杨启光认为，"模式是发展进程中的模式，即在发展进程中体现出某种模式，进程中看模式，模式中有进程"。

高职教育发展模式是指高职人才培养的形式、结构、途径。它探讨的是高职教育过程中诸因素的最佳结合和构成，同时是对高职教育发展现实特征进行的深入分析和极端化处理，提炼出清晰、纯粹的特征。由于人们在实践中认识事物的过程是不断摸索、曲折上升的，因此体现事物规律的模式也是不断发展、多样化的，高职教育发展模式依附于特定的历史背景，并且处在动态的、发展的过程中。它可从以下三个方面理解：

第一，高职教育发展模式是符合高职教育本性的发展规律和逻辑。考察职业教育发展模式就是要研究职业教育的本性，在考察高职教育实践进程中对其发展动因、方向、运行特点及发展过程进行综合概括，把现代职业教育的发展规律和运行机制以一定的模式表达出来，以使我们更好地理解和把握职业教育的发展。研究高职教育发展模式就是要勾勒出高职教育的历史轨迹，预测出高职教育未来的发展方向。第二，高职教育发展模式就是对不同时期或阶段的高职教育实践特征的理性概括。研究高职教育的不同模式，必须将其放置在经济、文化和教育的整体现代化进程中进行考察，以此来分析不同发展阶段高职教育不同模式的演化与推进逻辑，以及在这一进程中不同模式的变革更替。第三，不同国家高职教育在基于本国国情和社会需要的基础上，服务社会并与经济发展互动，积极推进国家高职教育实践进程并形成典型模式。不同国家的高职教育发展模式，是在高职教育发展规律作用下，服务于本国高职教育实践的结果，与高职教育整体发展模式是特殊与一般的关系。

（二）高等职业教育发展模式的关键要素

根据教育的内外部关系规律，区别各种高职教育发展模式特征的关键要素包括以下三个维度：政府、市场（企业）、院校机构三个参与主体之间的关系；高职教育体系在一国教育体系中的定位，及其与学术型高等教育之间的关系；高职教育人才培养要素之间的关系。

1.运行机制：政府、市场（企业）、院校机构之间的关系

在现代市场经济条件下，高等教育已呈现出政府控制、市场调节和高校自治三大基本特征。基于此，伯顿·克拉克（1983）在系统研究高等教育自身的制度形态和大学制度变迁的内在逻辑时，曾提出的由国家权力、学术权力和市场三要素构成的三角形已成为解释现代高

等教育系统运作，特别是进行多国高等教育体制比较时所使用的经典模式，即"协调三角形"。三角形的每个角代表一种势力的极端和其他两种势力的最低限度，三角形内部的位置代表三个因素不同程度的结合。在"协调三角形"中，政府、市场（企业）、院校机构各自拥有不同程度的自由，它们对高职教育的参与程度成为评价一国高职教育发展模式的重要元素。对于高等职业教育发展而言，政府、市场（企业）、院校机构构成三角的参与主体。其中，基于高职教育对一国经济发展的战略地位，国家（政府）通过政策制定、财政投入、计划和协调高等教育系统来推动高职教育发展；基于其职业性，通过劳动力市场需求和教育供给来调节资源配置，使市场调节作用在不同程度上得以发挥；院校是高职教育实践的主体，是推动高职教育发展与变革的重要力量，其定位、功能及运行是构成高职教育发展模式的重要方面，从而确定了国家高职教育的管理模式和方向。政府、市场（企业）、院校机构这三种力量相互作用，其影响力度、方式乃至结果是可变的，由此形成了不同国家、不同时期的各不相同的高等职业教育发展形态。

2.教育体系：高等职业教育与学术型高等教育之间的关系

在高等职业教育与学术型高等教育两种教育的关系方面，选择差异化发展还是"趋同模式"，决定了各国高职教育的发展模式。在发达国家实现高等教育大众化与普及化的进程中，针对学术型与职业型的取舍，出现了两种高职教育发展模式：一种是倾向于消除两种教育之间差异的制度类型——一体化模式；另一种是倾向于二者差异化发展的制度类型——双轨制模式。一体化模式是指按照年龄阶段划分的多级学校层次连接起来的单轨型学校制度，各类高等学校完全综合在一起形成多功能的新型机构，尽可能增加不同课程之间的转移与衔接，目的是加强大学的研究功能与非大学机构职业功能之间的联系；

双轨型则是指学术型高校与职业型高校彼此保留各自的独立性成为并行的双轨，分类发展的目的是充分发挥两类学校的特长，提高办学效率。

3.培养模式：高职教育人才培养要素之间的关系

高职教育人才培养的模式是高职教育发展模式的重要内涵，主要包括培养目标、专业设置、课程模式、实践教学、师资队伍等构成要素及组合关系。任何教育的实施都是为了实现某种目的、达到某种目标及规格，培养目标和质量规格是高职教育人才培养的核心因素。在不同时期和不同国家，培养目标定位具有一定的差异，实现培养目标的路径有多条，人才培养过程中的诸多构成要素间的组合关系具有多样性，从而形成了不同的高职教育发展模式。

二、高职教育发展模式变迁的分析框架

（一）高职教育发展模式变迁的理论支撑

1.教育现代化理论

教育现代化理论揭示了教育发展的两次转折，从传统与现代的对抗中理解高职教育发展进程。第一个转折是教育从最早的传授生产生存技能的和谐教育，到教育机构出现后异化为传授古籍经典或成为为统治阶级服务的工具；教育发展历史的第二个转折是产业革命从根本上转变了人类的生产方式，科技成为生产发展的动力，重视教育发展、培养科技人才就成为新教育改革的方向，促使教育从为特定阶层服务的堡垒中走出来，为社会发展服务。

教育现代化代表了从传统教育向现代教育的转变运动，这一运动最根本的特征或发展规律表现为：推动教育从为特定阶层服务，转变为与生产劳动相结合，为经济社会发展服务。因此，教育现代化的启动和演进力量正是与生产劳动结合紧密、以服务社会经济发展为宗旨

的科技教育，这种教育就是职业技术教育。一切离开发展职业教育的教育现代化都是不可能实现的。因此，高职教育发展的指向在于服务社会，与生产劳动紧密结合，适应与推动社会经济发展，离开了这一宗旨就是偏离了职业教育的本性。在教育现代化进程中，职业教育作为与社会生产结合最为紧密的教育类型，其作用逐渐得到彰显，从旁落于民间的学徒制走向学校教坛，逐步形成从中等到高等的职业教育体系。从民间学徒制、工厂学徒制的业余性教育到现代学校制度中职业学校的创立，再到工业教育的兴起和高职教育的产生，是教育从传统走向现代的革命性转变。因为，现代教育发展的本质就是使教育与生产和社会发展结合得更为紧密，更好地契合人类社会发展。从某种意义上来说，高职教育本身就是一种现代教育类型，它的产生和发展就是教育现代性的增长。

教育现代化理论表明，教育现代化发展或是教育现代性的增长，意味着一种与旧教育不同的现代教育的产生，必将受到传统教育的激烈反抗。大工业生产的本性就决定了现代教育必然挑战培养少数有闲阶层的古典教育，为现代生产服务，培养工业化需要的有技术的生产者和科学家，提出改革旧教育、创办新教育、建立新式学校的任务。尽管由于早期工业生产水平低，需要的仅是初级教育水平的技术工人和少量的科学家，职业教育形式简单，教育机构也不多，但它却是一种最基本的现代教育要素，它的出现是教育发展史上的重大事件，引发了新旧教育之间的对抗。这种对抗影响和左右着一个国家的教育发展道路选择。一方面，现代化的发展急速地摧毁文化传统的固有体系，把不适应现代社会的元素剥离出去；另一方面，文化传统的某些内容（特别是观念层面的内容）又决定了现代化进程中的问题根源与改革路径。"造成两者对立的原因，是它们总体上代表着不同的时代。"应在教育传统与现代的对抗中理解高职教育发展进程和考察高职教育的模式演变。教育现代化揭示了人类社会发展是一个具有方向性的从传统到现代的发展历程，而教育与社会生产相结合，是推动社会经济发展的利器，现代高职教育产生和发展的根本动力是服务于社会生产。它为研究打开了新的视野。

2.新制度主义理论

新制度主义理论并非源自特定学科，而是一个跨学科的思潮，它为在社会文化背景中解释不同国家高职发展路径提供了理论支撑。20世纪90年代以来，新制度主义理论已经变成超越单一学科，遍及政治、经济、社会学乃至整个社会科学的分析范式。新制度主义理论对制度的理解是多维的。该理论认为制度由规制、规范和文化认知构成，由这些要素所构成的规制（法规）性制度、规范性制度和认知的制度都可能共存于组织的环境中。新制度主义理论更关注塑造特定认知图式的整个文化意义系统，特定认知解释过程在本质上是由外部的文化意义系统所塑造的。制度不仅包括正式制度，也包括由习惯习俗等组成的非正式制度。二者的相互作用关系体现为：正式制度占主导地位，具有强制力；非正式制度虽然不具有强制力，但作为一种文化、观念或传统，在深层次上制约着正式制度。得到社会认可的正式制度能够比较顺利地推行，而与社会文化背景相冲突的正式制度则难以推行。

新制度主义理论把文化与价值观念等因素引入了研究范畴，并赋予其制度含义，这种界定打破了制度与文化概念之间的界限。文化被作为在社会发展与教育制度的关系中沟通理解的桥梁。在新制度主义理论视野下，不同国家高等职业教育制度及其发展模式具有不同的文化基础，并且对社会文化、观念、规范等历史形成的规则存在"路径依赖"。

文化传统作为一个民族独特的认识和把握世界的方式，具有自己固定的行为规范和思维方式，一个国家的历史沿革、文化传统对高职教育发展道路与发展模式的选择具有决定性的作用。每个国家都在各自的社会文化背景中寻求高职教育发展的最佳路径，以期能够优化国家的整体教育结构、最大限度地促进经济社会的发展。不同的高职教育制度与发展模式就是在这一过程中形成的。新制度主义理论指出，非正式制度（如社会文化等因素）对一国高职教育制度与发展模式的形成具有至关重要的作用。历史起点、民族文化、社会观念成为理解不同国家高职教育发展模式的关键背景，也成为解释不同国家高职教育发展模式形成的关键因素。

3.人力资本理论

人力资本理论为在经济发展进程中分析高职教育发展问题提供了理论支撑。人力资本理论提出，在基础教育和职业技术培训等方面的人力资源的投资，是发展中国家个人财富和财产分配的主要决定因素，与个人经济成功之间存在着紧密而有规律的联系。发展中国家要实现工业化和经济快速发展，关键因素不在于物质资本的形成，而在于人的生产技能的提高，在于对教育的投资以及人的质量的提高。

正是基于人力资本理论，人们普遍认为劳动者的保健、教育和技能的改善可以显著地提高劳动生产率；高职教育发展与劳动就业、产业发展等问题关系密切，与各国经济发展相适应是各国职业教育模式运行的目标，高职教育具有的经济功能是各国政府热衷于投资此种教育的重要驱动力。人力资本理论揭示了高等职业教育作为一种人力资本投资，在与国家发展、区域发展和个人发展的适应与互动中实现其价值。以人力资本理论为依据，高职教育与社会经济的互动发展，是各国发展高职教育的驱动力，在不同经济发展阶段，国家针对职业教育发展的侧重点不同。

（二）高职教育发展模式变迁框架分析

基于以上三大理论的解释，我们可以对高职教育发展模式进行框架性描述：高职教育是在服务社会的核心动力统领下，以本国实际和具体国情为适应对象来组织教育，同经济发展水平相适应，并有效地推动经济社会发展。

1.在服务社会中发生模式演变

服务社会是高职教育模式演变的内在动力。涂尔干在《教育思想的演进》中提出教育的"内在发展逻辑"这一概念，用来表达教育制度中具有一种自发的机制，不受人的限制。他认为，无论在什么时代，教育都密切联系着社会中的制度、习俗和信仰，以及重大的思想运动。正是基于这种内在发展逻辑的选择，教育才具有了发展的内在力量，能够趋向特定的方向相对自主地演进。作为高等教育重要类型的高等职业教育，其发展是在外部系统和内部系统的共同作用下朝向一定的方向和具有一定目的的演进。德国学者格奥格（W.Georg）认为，职业教育的发展是一个复杂的历史过程，有着独特的"发展逻辑"。探寻高职教育的"发展逻辑"，是理解各国职业教育系统的一把钥匙。高职教育的"发展逻辑"，实际上就是高职教育服务社会的本性。服务社会，满足社会需求、促进社会发展，不仅是高职教育产生与发展的根本动力，也是其根本目的。高职教育本身就是社会整体在发展进程中的一部分，深深根植于社会发展之中。

就"服务社会"的具体内容而言，这是一个历史性的概念，在每一个不同的历史时期，有着不同的内容。那么，在社会发展的不同阶段具有什么样的社会需求？高等职业教育如何通过模式演变更好地满足这些社会需求？这是高等职业教育在服务社会命题之下的基本问题。高等职业教育自诞生以来就以服务社会为根本，并深深地渗透于经济社会的各个领域。高职教育通过承担人才培养、科学研究、社会服务、文化传承四大职能，为社会培养或训练所需要的技术技能人才来满足社会需求，并通过产学研合作开展应用性科技研发直接服务于经济发展。高职教育发展的历史进程充分体现了服务社会的精神：随着人类生产力和生产技术的发展，职业教育从民间的学徒制走向正规学校教育，从传授生存技能的低等、中等教育走向传授现代科技应用技术的高职教育，职业教育从原先纯粹的技艺传授变为教学、技术推广与应用性研发的综合体。

2.在适应本国实际中形成模式特色

高职教育本身发展遵循上述脉络，但具体到不同国家的实践，又存在发展先后、发展水平、发展路径、实践模式上的巨大差异，如何解释这种差异性？这种差异性如何形成？为何职教模式的移植和借鉴难以实现？克拉克·克尔在其《高等教育不能回避历史：21世纪的问题》一书中曾说过，"高等教育的历史，很多是由内部逻辑和外部压力的对抗谱写成的"。因此，在分析一个国家高等职业教育发展进程时，不可只就教育谈教育，而是应将教育发展置于整个社会背景下去考察，否则很难解释在有些国家教育现代化走向成功，而在另一些国家未能成功。

任何一个国家或地区职业教育模式的形成，都与其独特的发展环境有着极为复杂和密切的联系。英国比较教育学家萨德勒于1900年发表的《我们从对别国教育制度研究中究竟能学到什么有实际价值的东西？》一文认为，必须重视教育的文化背景，只有充分理解教育发展的各种因素，才能真正借鉴有意义的、对本国有用的东西。通过运用因素分析方法，对各国高职教育制度间的差异进行比较和因素分析，可以找到一种决定教育发展的内在力量。首先，高职教育根植于各国民族文化之中。比较教育学家坎德尔认为，探究一国民族特性与教育的关系乃了解本国教育制度的意义的唯一法门，民族性是作为一个国家所享有的教育类型的决定因素，其最核心的因素就是民族文化传统。其次，一国的教育基础，如基础教育的普及程度、教育体系结构、教育体制等也影响着高职教育发展的重点和路径，影响着高职教育在整个教育体系中的地位、作用，以及与其他类型和层次教育的关系。

3.在与社会经济互动中寻求模式变革

高职教育是现代大工业生产的产物，其发展与社会经济发展之间是一种互动演进的发展关系。社会和经济发展在不断演进，高等职业教育发展模式也在不断变革，以最佳的形式作用于社会发展。具体体现为：一是高职教育是社会发展的基础，只有作用于社会发展之中，才能与社会一起得到发展，同时社会也应大力发展教育才能发挥教育的积极作用；二是高职教育不是自然而然对社会发生作用的，它是现代教育意识提高的过程，是本民族在艰苦探索过程中对现代教育发展规律的把握和对教育作用形式的认识；三是高职教育与社会发展的作用形式是与时俱进的过程，新的时代要求高职教育转变发展模式来适应并推动社会的发展。

高职教育发展是经济社会现代化的必然结果，其发展程度与现代化水平密切相关，政治、经济、文化和社会等环境相互作用形成了不同的社会模式，并需要不同的职业教育模式与之相适应。对这些指标的筛选，国内学者作了有价值的探讨，如石伟平提出的三维模型分析框架，即以产业结构（制造业、第三产业、高新产业），经济发展模式（计划模式、市场模式），劳动力制度（福利水平高低、工资水平高低、就业率高低）三个维度来判断各国高职教育发展的外部环境，进而理解高职教育发展的时空差异。

当运用这一框架解释当代高职教育发展模式变迁时，可以看到，无论是服务社会的形式、与文化的适应，还是与经济发展的互动都已经超越了国家和特定地域的局限，国际化趋势日益明显，出现了日益明显的趋同模式。如何在国际化的立体背景下，综合考虑、深入分析不同要素影响高职教育发展的途径、机制和结果，是挑战高职教育研究者智慧与能力的新课题。

第二节　不同国家高职教育发展模式比较与成功经验

美国、德国、澳大利亚三国高等职业教育代表了世界上较为典型的高职发展模式。这三种模式的形成与特征，反映着三国社会经济、教育等方面发展的不同国情与需求。

一、不同国家高职教育发展模式及其共同特征

（一）不同国家高职教育发展模式

1.美国

美国高职教育诞生于20世纪初，实施机构主要为社区学院。美国社区学院在将近一个世纪的发展过程中，逐步形成了多功能一体化的特点，它集转学教育、补偿教育、职业技术教育、继续教育、终身教育等多种中学后教育的职能于一身，完成了传统高等教育机构不可能完成的任务，使美国高等教育发生深刻变化。

运行机制。美国依据自由发展和自由竞争的原则，建立起一个由市场主导、政府辅助相结合的教育体系，即便是政府辅助的功能也是通过市场竞争来实现的。表现为：一是建立了经费竞争体制，国家投放经费通过院校间的市场竞争获得；二是社区学院通过提高办学效益等寻求资金来源，私营企业是中学后教育的重要资金来源；三是社区学院的内部管理运行也通过市场竞争的方式；四是社区学院办学不搞国家统一标准，根据社区和市场需求自主发展。在市场主导、政府辅

助的运行机制下，美国社区学院以市场化的力量促进了学院与本地企业的合作。

教育体系。作为单轨制的典型代表，美国高职教育没有单列的一贯到底的体系，基本停留在短期高等教育层次，社区学院为人们提供了多样化的接受高等教育的机会。但职业教育的教育理念和教学内容，已经渗透到各种层次和类型的学校教育中。社区学院的发展完善了美国现代高等教育体系，其通过各种类型、不同职能的课程，构建了教育立交桥。

培养模式。美国高职教育努力向学生提供对于任何职业而言都有用的教育，而不是仅仅教给他们有用的职业技能，融合职业与学术教育成为美国高职教育改革的方向。社区学院提供转学课程、职业课程、补习课程、社区课程等各种类型、不同职能的课程，能满足学生准备就业、继续升学的需要，满足在职人员和成人学习的需要，使学术、职业、技术教育在同一个教育机构中得到融合。

2.德国

德国是世界上高等职业教育体系最发达的国家之一，实施高职教育的机构有两种：高等专科学校和校企合作的"双元制"职业学院，这两种学院与学术型大学一起构成了高等教育体系。高等专科学校学制4年，培养目标是以学生未来就业的岗位需要为导向，以毕业生更加接近顾客为原则，培养大中型企业的技术骨干或小企业的管理者及技术骨干。高等专科学校学生在完成学位论文获得职业硕士学位后，可再攻读博士学位，有些高等专科学校与综合类大学联合培养博士，学位由综合类大学授予。近年来，德国的高等专科学校纷纷改名为应用科技大学（University of Applied Sciences），在对外交流中和FH（Fachhochschule）并列使用。职业学院诞生于20世纪70年代中期，是学校和企业合作办学的产物，实施学校和企业两个主体共同参与的

"双元制"教学模式。

运行机制。在德国，政府与市场的关系表现出一种极具德国特色的特殊方式：合作主义。这种合作主义体现为，在行会企业参与办学的强大传统惯性下，政府履行监督职责，提高了利益相关者参与职业教育的积极性。行会对职业教育所拥有的权力的内容包括：确定职业教育目标；成立职业教育的机构；自主决定职业教育机构的经费来源等。

通过职业教育行会主导和行会自治，各个利益群体都得到了不同程度的兼顾，而政府则监督行会在行使权力的过程中，不得触犯法律。政府通过行政手段对企业施加影响，使其积极参与高职教育。德国所有的企业都必须向国家缴纳一定数量的职业教育基金，然后国家把这些资金分配给培训企业，非培训企业则不能获取培训基金；企业接收学生实习，可免交部分税款。

教育体系。德国是双轨制的典型代表。德国高等职业教育体系层次完善，上下衔接，且与综合大学等学术型教育机构形成双轨平行的结构。其在横向上与普通教育体系双轨并行，纵向上包含初等、中等和高职教育层次。大学教育（University Institution）和非大学教育（Non-university Institution）双轨并行，相互补充、相互竞争，这两种高校类型在入学条件、学制、培养方向及学生的资格水平、教师的教学和科研任务比例等诸方面都存有差别。

培养模式。德国高职教育人才培养是基于学校和企业紧密合作的"双元制"模式：学校负责按照各州总体教学计划实施理论课程教学；企业则负责按照联邦培训规章在企业中实施实践课程的培训。"双元制"模式通过职业学校和培训企业的两个学习地点、两种教学内容、两类教师实现了专业理论与职业实践的密切结合，符合技能型人才成长规律。

3.澳大利亚

澳大利亚高职教育机构经历了发展与变迁，19世纪60年代承担高职教育功能的是高等教育学院（Advanced College of Education），这是一种与大学（University）并存的高教机构，此类机构以教授应用型课程为主，课程设置反映了当时的社会需要。自70年代开始，澳大利亚着力将技术和继续教育融入教育系统中，并建立一种新型的职业教育类型——技术与继续教育（Technical and Further Education，TAFE）来满足社会对技术的需求，TAFE学院实行以就业为导向的培训，将技术教育与继续教育、学历教育、岗位培训相结合，成为职业教育与培训的重要机构。

运行机制。在新自由主义思想的引导下，澳大利亚致力于建立一个"大市场与小而能的国家"，由此市场领域中的许多概念和做法被引入高等教育领域。联邦政府鼓励大学更多满足社会需求，引入竞争机制，关注"效率"、"效益"和"成本"。在此背景下，澳大利亚TAFE学院面向生源市场设置专业，采取"用户选择"教学方式吸引生源，利用市场化机制多渠道筹措职业教育资金；TAFE学院通过提供社会需要的培训增加收入，并把教育当作产业来经营，甚至将职业培训延伸至海外，把向海外的教育拓展作为经费融资的重要渠道。自20世纪末开始，职业教育面临高等教育大众化和办学经费紧张的局面，政府拨款在职业教育经费中所占的比例逐年减少，政府不再大包大揽，而是退守于其监管职能。政府通过利用竞争性拨款代替一揽子拨款、设立高等教育贡献计划、加强质量评估和绩效考核体系等形式，实现最终的控制和统筹，从宏观上牢牢把握了高职教育发展的大方向。

教育体系。澳大利亚教育体系属于介于一体化和双轨制之间的融合模式。其具有从初级文凭、高级文凭直到研究生文凭的高等职业教育体系，和普通高等教育形成并行的双轨。其教育体系从形式上来讲属于双轨制，通过不同等级的国家职业资格框架将高职教育与普通高等教育贯通。

人才培养模式。澳大利亚目前广泛采用的高职教育人才培养模式是TAFE模式，其培养方式与途径是十分灵活的。首先是生源与学习方式的多样化，无论学习者年龄大小、有无工作，无论是高中毕业生还是社会在职人员，都可以根据自身的实际情况来选择学习方式：全日制、半日制或函授，只要学习者能获得规定的学分，学校就会为其颁发相应的证书。面对学生需求的多样化，澳大利亚高职教育系统具有非常大的弹性和多样性，人才培养综合考虑课程设置、学生需求、教职工构成、产业变化、劳动力市场以及国际发展趋势。

（二）高职教育典型发展模式的共同特征

高职教育实施机构绝大多数诞生于经济高速发展时期，是经济高速发展的产物，且服务于经济发展。初期的高职教育学习年限普遍比较短，大多数为2～3年（专科层次）；随着技术技能层次的提高，高职教育机构普遍发展为提供更高层次、更长年限的教育机构。

1.服务社会目标多元化

以上三个国家高职教育不同模式纵向发展的轨迹显示，美国社区学院、德国高等专科学校和职业学院、澳大利亚高等教育学院均在第二次世界大战后蓬勃兴起，这些职教机构在这些国家的出现反映了社会经济与教育发展的共同需要。在不同国家，高职教育都被赋予三个主要目标：经济目标——为促进本地区经济发展服务；社会目标——为社会稳定和其他需求服务；教育目标——为提高国民教育层次和实现教育公平等需求服务。但是在不同的年代，高职教育在服务不同社会的需求中发生了变革与演进，不同时期的高职教育在实现三个目标方面是有所侧重的。

如从第二次世界大战后到20世纪五六十年代，当时世界刚刚走出战争阴影，战后经济的恢复工作已经完成，进入了经济高速发展期，人们渴望生活的安定。这一时期高职的发展主要源于社会稳定和世界和平的需要，收纳更多的社会闲散人员或退役的士兵，使其具有一技之长并找到工作，实现安居乐业的社会目标。70年代，世界主要发达国家都经历了一场经济危机，经济低迷和失业人口增加，使得人们对高职教育寄托了带动经济发展的期望，这一时期可以说更偏向于实现其经济目标。进入80年代，伴随着科技发展、信息技术推广，经济获得再度增长，行业、企业对劳动力需求产生变化，对劳动者的素质要求逐渐提高，人们对高等教育大众化的需求越来越强烈，这一时期高职教育蓬勃发展，主要以满足人们对教育本身的需求为目标。90年代以来，社会向信息化、网络化、学习化的方向转变，高职教育服务社会的目标更加综合化，经济、社会和教育都对高职教育提出了发展与变革的需求，高职教育必须兼顾经济、社会和教育所赋予其的三重需求和三大目标。虽然在不同时期、不同国家和地区，高职教育服务社会的侧重点有所不同，但面向未来，高职教育服务社会的目标会更加多元化。

2.具有阶段性

各国高职教育都经历了初创和发展初期，即规模扩张阶段，这一阶段社会经济快速发展，传统制造业迅速扩张，需要大量技能型人才，人民对高等教育的需求非常迫切。但高等教育资源和社会经济基础又不足以支撑庞大的高等教育体系。为此，这个阶段的高职教育宜定位为高中后职业教育，突出社会价值，以便为社会不利群体提供高中后教育机会，并弥补职业教育总量不足的矛盾，扩大技术技能型人才培养的规模；强调通过行政力量的强力推动，迅速扩大规模；强调与传统大学的差异，以便提高教育的效能。

在高职教育发展的中期，即内涵深化阶段，经济增长方式、产业结构面临转型升级，第二产业升级优化，第三产业的比重不断增加，经济发展方式逐步由劳动密集型向技术密集型转变，对劳动力的素质提出了更高要求。这一阶段的高职教育定位为职高层次的职业教育，突出高端技能型人才和技术型人才的培养；强调经济价值，要求高职教育为社会经济增长方式转型服务，为产业结构调整和优化升级服务；市场力量在高职教育发展中的作用越来越突出，但行政力量依然起主导作用，以确保高职教育的职业特色，并坚持与传统大学错位发展。

在高职教育发展的后期，即成熟发展阶段，经济增长方式已完成转型，经济发展主要依赖于知识创新与技术进步，同时，社会相对富裕并能支撑更加庞大的高等教育体系。为此，高职教育的功能使命再次发生变化，不仅要培养技术技能型人才，更要积极参与知识创新，促进技术进步；在办学方面，高职教育与传统大学教育的差异化不应是政策的重点，学校的特色与性质不必由行政主导，而是由市场决定，各种教育形式自由、良性竞争；高职教育的社会价值更加突出，不再满足于促进高等教育机会公平，更要实现高等教育质量公平，为个体提供公平的发展机会。由此，高职教育的层次和水平将会进一步提升，其与传统大学教育的边界越来越模糊，并最终走向融合。

3.高职教育与学术教育的融合性

高职教育自产生之日起就面临着与传统教育的对立与对抗，两种力量的较量形成了职业教育与普通教育分离的倾向。高职教育专门传授应用生产和职业技术，学术教育则从事知识传授和学术研究，职业教育与普通教育分离、双轨并行，这是大部分国家实行"双轨制"的基本逻辑。高等职业教育与学术型高等教育因具有不同的功能使命和目标定位而遵循不同的实践逻辑，而两种教育的矛盾冲突根植于科学与人文的对抗或紧张关系。自12世纪现代意义上的大学诞生开始，一直由人文学科统治教坛，18世纪工业革命后科学进入大学，遭到人文学科的激烈对抗，这种对抗或紧张从未停止或完全消除，它引发了现代大学人文–科学、教学–研究、学术–应用、精英–大众的四大对抗或紧张。英国比较教育家埃德蒙·金（Edmund J.King）形象地用两条互相隔离的直柱来代表这种学校制度。一条是代表大多数人的"初等"的（低级的）教育柱子，另一条是代表少数选拔出来的人的"中等"的（高级的）教育柱子。

在19世纪初德国洪堡所进行的教育改革中，将进行职业技术训练的国民学校从正规教育体系中分离出来，形成了双轨制教育，这种模式被各国普遍效仿并发展，形成了目前高职教育与普通高等教育之大格局。高职教育凸显为高等教育的一个类型，成为不同于普通学术教育的高等教育类型，同时与普通学术教育长期存在着对抗与融合。从19世纪到20世纪30年代，以德国为代表的欧洲国家的学校教育制度都以双轨制为特征。双轨制模式虽广受诟病，但也不可否认，在双轨制下，受教育者依据各自的不同需求，选择不同的学习途径和不同类型的课程，形成了分流，在某种意义上反映了教育的客观规律，促进了职业教育的发展。

20世纪90年代以来，美国传统职业主义那种狭隘且过早专业化的单纯职业训练和准备教育备受批评。社会经济发展和现代科技进步所引发的职业世界的深刻变化，使一辈子只从事一种职业变得越来越不可能，职业变更已成为非常普遍的事情，这就要求劳动者具有深厚的职业知识、职业转换的能力以及接受继续教育和自我学习的能力。而在现有的体系中，普通教育和职业训练存在鸿沟，学校学习和岗位工作存在脱离，中等教育与高等教育缺乏衔接等问题都凸显出来。

不论是"一体化"模式的美国、"双轨制"模式的德国，还是中间道路的澳大利亚，高等职业教育发展较为成熟之后，其与学术型高等教育之间出现了明显的融合趋势。高职教育与传统大学教育差异化发展的政策始终备受争议，尤其是20世纪90年代末博罗尼亚进程的实施，围绕两类高等教育差异化与去差异化的争议更加突出。在实践中，一方面，传统大学迫于市场压力逐渐走出"象牙塔"模式，突出应用性，更加强调与产业界合作加强实践能力培养、为专门的职业或职业资格做准备；另一方面，高职教育为改变其在高等教育体系中的不利地位，更加重视应用型科学研究、引进高水平师资、提高学术层次等，与传统大学的边界越来越模糊。①

二、各国高职教育发展模式的影响因素

（一）经济基础

各国高职教育发展模式的经济基础是高职教育与经济发展的适应与互动。高等职业教育的发展与社会经济发展是一种互为条件、互相促进、互相依赖的关系：一方面，高等职业教育为区域经济发展提供了智力和技术支持；另一方面，地区经济也为高等职业教育的发展提供了必要条件和广阔的发展空间。因此，只有高等职业教育与社会经济发展相协调，其本身才能获得持续健康的发展，服务社会的功能才能充分发挥。

经济的发展对高等教育发展的规模和速度、对人才培养的目标提出了要求，教育的类型必须随着人才需求的类型与结构不断地发展演变。第一次世界大战后，生产方式和技术日趋复杂，于是出现了对技术型人才的需求。这一时期，职业教育蓬勃发展就是教育对社会需求做出的回应。第二次世界大战后，科学技术在社会生产中广泛应用，

---

① 朱雪梅. 高职教育发展模式变迁的理论视角与解释框架［J］. 教育学术月刊，2016（2）：51-55.

生产体系与产业结构发生变革，职业岗位也随之变动。这对战后职业教育体系提出了新的要求。但是，传统的高等教育对这种社会人才结构的变化缺乏准备，原有大学培养的人才类型、规格与现代生产要求不相协调的矛盾，成了许多国家和地区必须解决的重大教育问题。世界各国和地区多种多样的高职院校，就是为解决这个问题应运而生的，各国发展的重点是在普及中等职业教育的基础上大力发展高等职业教育。

职业教育的社会效应和经济功能是职业教育受到政府重视的根本原因，视职业教育为培养掌握技术的劳动者的最佳途径，从而有效地推进科学技术进步和社会经济的发展，这是政府倾力推动职业技术教育的动力所在。高职教育是工业化大生产的产物，在工业革命后的工业发展、国家竞争中其功能骤然凸显出来，各国政府开始重视实科教育（又称实用主义教育）的发展，并由此开始重视学习他国教育经验，探讨建立新型的教育体制，以便促进国家经济的发展，使国家在竞争中立于不败之地。由此，国家开始干预高职教育，并通过立法，把高职教育纳入国民教育系统，使它成为正规教育制度的有机组成部分，许多新兴的高职院校建立并得到快速发展。

（二）政治基础

高职教育的发展有赖于政府推动。自工业革命以来，社会发展的逻辑已经从机械发展→经济发展→国家发展→科技发展→人的发展（教育发展），转变为从人的发展（教育发展）→科技发展→经济发展→国家发展的新发展逻辑。由此，国家（政府）具有充足的理由对高职教育全面介入。高职教育的发展一方面来自国家政治稳定的需要，另一方面来自政府对于国内和国际需要的高技能人才培养的投资热情。

政府的重视和参与对高职教育发展起着关键作用。正是在政府的重视和参与下，自19世纪中叶开始，各国都积极开展高职教育，并把这一教育类型纳入国家的正规学制，形成职业教育体系。例如，美国第二次世界大战后通过的《职业和应用技术法案》从法律上确立了社区学院的地位，进而有力地促进了社区学院的发展；德国先后在1976年和1985年由联邦议会通过了《德国高等教育法》，阐明了高等教育专科教育是联邦德国高等教育的一种类型，明确了其在高等教育中的地位；澳大利亚政府相继颁布并实施了"国家资格框架""质量认证框架""培训包"等一系列全国统一的认证系统，并通过《培训保障法》加强政府干预。20世纪六七十年代，各国高等职业教育获得了较普通大学教育更快的发展，这都是政府干预的结果。与此同时，各国还建立和完善了国家资格证书制度与资格鉴定制度，促进本国职业教育发展；设立与普通教育相应的资格证书等值文凭，使学术资格和职业资格对接，让青年人接受最适合他们的教育。

（三）文化基础

与社会文化相互适应是高职教育发展的文化基础。基于高职教育服务社会的本性，高职教育应按照本国的实际需要、具体国情和民族文化来组织教育，具体体现为高职教育要与社会文化相互适应。高等职业教育模式的形成是社会特有的思想观念、多元文化、政治经济、教育制度等多种因素综合作用的结果，是一国社会发展的必然产物。各国之间由于文化的差异导致了教育体系上的差异，形成了迥异的高等职业教育发展模式。

美国高等教育根植于英国重自由教育、排斥专业教育的传统，但却冲破了模式的束缚，通过"赠地学院"大力发展了服务于工农业的专业技术教育。美国高等学校向德国学习、建设研究型大学，但却催生了社区学院。社区学院的产生与发展，充分体现了美国重视科学技术、重视实际生活、重视社会服务的实用主义文化特点。可以说实用主义的文化精神正是社区学院教育的思想根源。美国在多元文化背景下，进行了多种教育改革和尝试，形成了不同的教育思潮。社区学院注重生存技能培养，实行的是开门办学、来去自由的模式，教学内容形式多样，符合文化传统，易被大众接受。

德国历史上就有重视手工艺和技艺、重视技术和实践的文化传统，起源于中世纪的"师傅制"在德国手工业领域广泛推广。这种"重商崇技"的观念和不鄙视"技能"的文化传统是职业教育在德国得到普遍认同的思想基础，深深地影响着后来德国的职业教育，"认真学习一门技能并在社会上立足"的氛围甚为浓厚。从德国职业教育的发展历程、职业教育的教学内容和组织过程中，都可看出文化传统的深层影响。德国人尊崇一种"在秩序中的自由"，整体观念较强，反映在职业教育与培训上就表现为公民和社会合伙人的积极参与、政府在法律和制度上的保障，形成了备受赞誉和纷纷仿效的"双元制"培训模式。[①]

三、各国高职教育发展模式的成功经验

美、德、澳都是高职教育发达的国家，也是世界经济发达国家，它们的高职教育发展模式的成功经验是研究高职教育发展模式的重要内容。

（一）促进国家强盛

美、德、澳三国高职教育发展模式分析显示，社会经济文化的强大与高职教育体系的强大具有比较紧密的时间和空间上的同步性，高职教育是促进国家技术腾飞和经济强盛的关键性因素。19世纪50年代，美国经济实力还无法与欧洲匹敌，然而第二次世界大战后，美国

---

① 朱雪梅. 当代高等职业教育典型发展模式比较——一个新的分析框架［J］. 教育学术月刊，2015（3）：24-31.

以社区学院为载体培养技术技能人才的实用型高职教育模式，对美国成为第三次科技革命发源地起到了奠基作用。德国历史上长期四分五裂，由于建立起庞大多样的学校和培训体系，在18、19世纪之交一跃成为欧洲强国；第二次世界大战后作为战败国，在经济领域仅用短短的十几年时间就得以复苏，创造经济奇迹，也得益于20世纪中期"双元制"职业培训制度的确立和完善，德国2/3的专业人才经历了技术工人、技师或工匠级别的"双元制"职业教育。"双元制"职业培训制度是支撑高质量工业产品的"德国制造"的关键因素，是德国经济发展的重要支柱和秘密武器。澳大利亚政府充分认识到高技能劳动力的总量直接决定国家经济发展水平和国际竞争力，颁布了《技能武装澳大利亚劳动力2005年法案》，目的是通过联邦政府的资金支持，促进TAFE学院在终身职业教育与培训中发挥更大作用；发布《面向所有人的技能》的改革计划，旨在在全国范围内进行职业教育与培训改革，提高国民技能水平，发展更有活力和竞争力的经济。

20世纪初，在发达国家的国内生产总值中，科技进步因素所占比重仅为5%～10%；五六十年代，其比重上升为50%左右；到80年代后期，则高达60%～80%。技术进步在经济发展中的作用越来越显著，在生产力中的作用已经上升到首位。发展高职教育成为科研成果迅速转化为生产力的重要条件。总之，基于对技术及其功能的认识，第二次世界大战后，各国都把发展高职教育作为振兴经济的重要战略，形成符合本国发展实际的高职教育发展模式。

（二）密切服务经济社会发展

教育的发展是社会经济发展的必然要求和产物，其核心便是与经济、社会发展的互动性。这一点在职业教育上体现得比其他类型教育都突出。从对美、德、澳三国高职教育发展过程的研究中可见，能否高效服务产业、服务社会、服务本土，是衡量一个国家高职教育成败的关键。紧密服务社会经济发展，高职教育才有得以发展的根基，这也是衡量高职教育发展水平的关键；只有推行与社会发展互动的高职教育发展模式，高职教育才能成为现代经济发展的重要动力。

美国在19世纪60年代做出"联邦政府在每州至少资助一所从事农业和机械工艺教育的学院"的举措，随后建立了69所以培养技术技能型人才为办学定位的"赠地学院"，出现了以威斯康星大学为代表的一批应用型大学，大大满足了美国工业化进程中对技术技能型人才的需要。这些社区学院以为社区经济和社会发展服务为办学宗旨，与社区是互动和共同发展的关系。第二次世界大战结束前夕，美国有成千上万的退伍军人、归国人员和世界各国移民，1944年，美国出台《退伍军人安置法》，通过社区学院的培训把这些没有接受过良好文化教育和职业技能培训的过剩人口变成抢手的人力资源。

德国职业教育与工业经济发展同步。随着德国产业结构从高度化发展走向多层次发展，19世纪初，德国在各地零星的实科学校基础上建立起系统的工业教育体系，培养高水平的技术技能人才，使德国从落后的农业国走向发达的工业国。20世纪60年代初，德国进入经济高速发展时期，需要大量一线的高级技术人员。德国通过建立三年制专科学校培养此类人才，于70年代实施"高等学校区域化"发展计划，在一些中小城市建立高等专科学校，与区域内企业合作开展"双元制"培训模式，培养区域发展所需人才，为地方经济发展服务。

澳大利亚职业教育与培训所提供的知识和技术是社会经济增长的内生变量，通过职业教育与培训提高社会劳动力的平均教育水平、专业技术能力与综合素质，进而提高劳动生产率、促进经济增长。职业教育与培训系统为社会经济增长带来充分的劳动力供给，进而提高生产率并激发创新力，推动经济增长。在澳大利亚劳动力市场中，职业教育与培训机构是劳动者的有效供给方，其培养的大量人才不断充实国内劳动力市场，支撑市场经济快速发展。2023年3月，澳大利亚就业与技能局（Jobs and Skills Australia，JSA）提交的关于对职业教育与培训的看法以及现状调查材料显示，澳大利亚约36%的就业增长发生在以大学毕业生为主要来源的职业中，而高于60%的就业增长发生在以获取职业教育与培训资格人员为主要来源的职业中。2016年以来，澳大利亚职业教育与培训完成率稳步增长，持有至少一个职业教育与培训资格证书的现象在劳动力中变得更加普遍，完成职业教育与培训并获得资格证书的学习者中，流向劳动力市场的技术人员和行业工人的就业率为64%，流向社区和个人服务业人员的就业率为46%，多数行业中超过一半的劳动者来自职业教育与培训系统。在劳动力极为短缺的护理、数字和数据等行业，职业教育与培训途径，以及跨职业教育与培训和高等教育的双重途径也发挥了重要作用。再如，据《2021年学校职业教育与培训》等报告可知，澳大利亚职业教育与培训系统通过灵活多变、迅速反应的课程和培训体系填补了劳动力市场的职位空缺。获得这些高级资格证书的劳动者在一定周期内流入劳动力市场，填补职位短缺，提高技能短缺填补比率，进而促进经济增长，实现市场指导职业教育发展，职业教育反哺市场的良性循环。

（三）积极推动产业结构转型升级

产业结构升级是指产业结构由低技术水平、低附加价值状态向高新技术、高附加值状态提升的动态过程。产业结构升级在不同国家、地区，不同阶段、时期有着千差万别的表现形式，如产业结构高度化、加工程度高度化、价值链高度化等形式。它是每个国家经济发展的必经历程。在美、德、澳三国的工业化进程中，都出现了产业结构转型升级，而职业教育面对这一趋势都迅速做出反应。第二次世界大战后，世界各国涌现出大量高职院校，培养产业发展需要的高级复合型人才。20世纪中叶，发达国家进入以计算机、原子能、空间技术应用为标志的第三次科技革命时代，导致生产体系与经济结构的变化。第三产业的蓬勃发展，产生了一系列以综合技能及其应用为知识基础的职业岗位，与原有岗位产生了既分化又复合的现象。岗位技术的提升和劳动内涵的丰富，对劳动者素质提出更高要求，职业教育由中等教育层次向高等教育领域延伸，如从20世纪末开始，德国的高等专科学校纷纷更名为应用科技大学，以满足产业发展对人才层次提升的需求。①

同时，高职教育专业设置也紧随产业结构变动趋势，满足职业技术岗位变动的要求。澳大利亚职业教育与培训以行业为导向、以客户为中心，提供灵活且迅速响应劳动力市场的教育与培训，力图实现"专业结构对接地方产业结构""专业设置对接企业岗位需求""课程标准对接职业标准"的"三对接"目标，将教育资源与社会资源有机联结，实现职业教育促进经济增长效率最大化。澳大利亚联邦政府成立国家统计局和国家职业教育研究中心，共同服务社会产业发展和职业教育专业建设、统筹全国各州的具体情况。联邦政府公布权威的人才需求预测报告，地方政府发布战略规划和经济产业规划等，并根据市场变化及时调整专业建设方向，有效提高职业教育服务经济的功能。②

第三节　我国高职教育高质量发展的模式建构

双轨并行不互通、政府主导自上而下、学校本位企业缺位等因素，是导致新时代我国高职教育发展转型困境的根本原因。本书通

---

①　朱雪梅. 高等职业教育发展模式研究［M］. 广州：中山大学出版社，2016.
②　祁占勇，鄂晓倩. 澳大利亚职业教育效能认同的理论框架与实施路径［J］. 中国职业技术教育，2023（36）：85-95.

过国际视野下的比较分析，提出从院校发展、制度体系建设、人才培养体系建设、效能优化等方面开展我国高职教育高质量发展的模式建构。

一、我国高职教育发展历程与转型困境

（一）我国高职教育主要经历了五个发展阶段：

1.教育兴国

1949年之前，是实业教育初兴阶段，是中国教育由传统走向现代的探索与发展阶段，是对传统教育不断变革的过程，也是职业教育走向现代化的启蒙过程。它寄托了中国一代仁人志士图强兴国、洗耻革辱之梦想，中国教育现代化迈开第一步。

2.政治至上

在中华人民共和国成立初期，高职教育经历了曲折的探索阶段。此阶段主要以高等专科教育为主，在1949—1978年间经历了大起大落，这一时期专科学校难以静心办学（杨金土，2017），过分强调和盲目发展半工半读的教育形式，职业教育被推向极端的劳动教育。这导致在改革开放之初，高等专科教育在类型定位、结构体系和办学投入等方面存在不少问题。

3.服务社会

自1978年至20世纪末，职业教育经历了职业大学的建立及其分化过程。1980年中华人民共和国第一所高职院校——金陵职业大学在江苏创立，之后各省市纷纷创办地方大学和短期职业大学，虽然办学条件较差，但目标和性质明确：为当地经济发展服务，培养职业型高级专门人才。自1994年开始，由于中国市场经济和工业化发展对职业人才的巨大需求，发展高等职业教育成为扩大高等教育的重点。在改革开放之后的20年间，我国高职教育逐步形成体系，确立正式

法律地位，并不断调整优化结构，获得了崭新的发展空间。

4.推动经济

20世纪末21世纪初，发展高职教育成为我国教育工作的重点任务。随着高等教育扩招，高职教育进入快速发展时期，到2011年，数量基本上达到高等教育学校数量的1/2。中国高职教育实现规模扩张。自党的十八大以来，我国高职教育规模在10年间得到快速提升，深化改革和提高质量成为国家发展高职教育的重要方向。此阶段我国职业教育政策瞄准经济社会发展需求，重视顶层设计、项目引领和标准建设，致力于构建现代职业教育体系（苏敏，2020）。一系列重大项目，如《高等职业教育创新发展行动计划（2015—2018年）》和"双高计划"陆续出台，职业本科教育试点稳步推进。

5.增值赋能

教育部2022年发布的《中国职业教育发展白皮书》指出，我国职业教育已进入"提质培优、增值赋能新阶段"。这也明确了职业教育的发展进程。

回顾我国高职教育发展历程可以发现，改革开放之前我国高职教育在发展水平上与西方发达国家差距较大。改革开放以后，在国家统筹推动下，我国高职教育抓住经济高速发展和产业结构转型升级的"机会窗口"，开启了加速追赶进程。党的十八大以来我国高职教育发展进一步提速，逐步建成了具有中国特色的高职教育体系，正从高职教育大国迈向高职教育强国。

（二）我国高职教育的制度建设

改革开放以来职业教育成为国家教育发展的战略重点（第四战略专题调研组等，2010），一系列具有重大意义的法律政策相继颁布，为我国高职教育发展提供了良好的制度环境，推动我国高职教育持续追赶。

1985年出台的《中共中央关于教育体制改革的决定》明确提出要"积极发展高等职业技术院校"，这有力地推动了我国高职教育的追赶进程。1994年"三改一补"高职教育发展方针的提出，使我国高职教育办学形式更加多元化，规模迅速扩张。1996年《中华人民共和国职业教育法》的颁布使得我国高职教育发展获得了法律保障。2005年《国务院关于大力发展职业教育的决定》提出，到2010年高等职业教育招生规模要占高等教育招生规模的一半以上，要重点建设100所示范性高等职业院校。2006年《关于全面提高高等职业教育教学质量的若干意见》中首次明确高职教育是一种教育类型，详细规定内涵建设的重点和难点。2019年国务院印发的《国家职业教育改革实施方案》中强调要更加突出职业教育的重要性。2022年新修订的《中华人民共和国职业教育法》中明确"职业教育是与普通教育具有同等重要地位的教育类型"，职业教育地位和类型属性首次获得法律明确。回顾自改革开放以来我国职业教育的发展历程，可以发现我国持续通过完善法律制度的方式推动职业教育深化改革，这种强有力的制度支撑使得我国高职教育缩小了与世界职业教育先行国家的差距。

（三）新时代高职教育发展的转型困境及其原因分析

1.新时代高职教育发展的转型困境

内省责任失落与内生动力不足。受现代社会多元价值取向和功利化价值观念的影响，高职教育系统内组织探索新教育模式的热情渐趋弱化。究其原因，在个体层面，在充满利益诱惑诸多异化的社会目标影响下，学术场域之外的元素被带入学校，导致部分教师以实现自我利益最大化为旨归，责任意识不足和内生动力缺乏，探索和创新精神匮乏；在院校层面，高职教育系统在平稳完成教育目标的同时，系统内诸多组织的内省责任和内生自觉受到不同程度的阻滞。正如德里克·博克（Derek Bok）所说："只要大学在设备、经费等支持方面保持竞争力，就算没有进行探新求索，仍然可以高枕无忧维持现状。"

规模持续扩张与质量提升速度缓慢冲突。目前，我国高职教育的主要矛盾在于规模的持续扩张与质量提升速度缓慢之间存在显著的鸿沟。规模扩张是由于面向市场经济和大众的需求呈现涨幅大且增速快的趋势，而质量考察一般基于人才毕业后发展的情况而定，其提升速度缓慢且短时间内难以发现显著效果。质量与数量本质属性的差异是造成高等教育高质量发展与规模扩张不匹配的主要原因之一。一些预期目标数据是国家根据我国历年教育事业的发展做出的相对预测，但实际数字呈动态变化，甚至有可能会超出预期。多重因素影响下的高等教育规模持续动态扩张与高等教育质量之间的不平衡发展是影响我国现阶段乃至未来时期高职教育发展转型的难题。

信息技术普及与创新改革延滞的摩擦。目前信息技术快速普及，为高职教育课堂教学带来极大的资源和信息便利。但课堂教学对于辅助工具的过度依赖又会弱化教师主动创造的能动性。创新发展离不开积极反思与创新实践，在课堂教学创新改革方面我国目前的举措显然跟不上技术革新的速度。

工具理性制约与价值理性消隐的潜在危机。在工具理性的"养润"之下，关于大学教育的存在价值和一些教育主体的教育观念逐渐扭曲，教育中的理智情感、生命对话和文化呼应都被这种器物化的冰冷符号和数字所覆盖，人们可能会丧失自主性和创造性，从而失去了追求卓越、探索优质的原始动力。教师惰于开创新的方法和理念，学生亦逃避创新思维和批判能力的开发。学术探究的氛围变得秩序化、标准化，师生共同体的思想争鸣与心灵交往的期待被弱化。[1]

---

① 陈亮，杨娟. 新时代高等教育高质量发展的逻辑构架与实践路径 [J]. 中国电化教育，2021（9）：9-17.

2.导致困境的主要原因

中国的高职教育可概括为"政府主导、学校本位"的发展模式，即由政府主导高职教育的办学方向、层次、结构、类型、专业调控、经费投入等，以高职教育学历教育框架为基础，以专科层次的高职院校为办学主体，通过校企合作、顶岗实习等途径在教学过程中融入产业、行业、企业、职业和实践等要素，呈现出双轨并行不互通、政府主导自上而下、学校本位企业缺位等特征。这也是导致我国高职教育发展困境的根本原因。一是行政推动，院校自主性不足。一些高职院校将主要精力放在完成上级要求上，上至各级教育管理部门、学校校长，下至教师都在迎接各种上级评估。一些高职院校为争取资源，关注自身的排名超过关注社会和市场，超过关注自身人才培养水平和教学质量。许多探索和争鸣有始无终，院校办学特色和内涵发展被忽视。二是学校本位企业缺位。我国企业在高职教育发展之初就是缺位的，企业内职业教育、职后职业教育未能得到彰显。现阶段形成的校企合作形式有企业配合、校企联合培养等模式，其共同点都是学校承担培养责任，企业将自身定位于教育体系之外，二者之间难以形成博弈，企业缺乏动力和热情。

二、国际视野下高职教育发展模式新趋向

（一）与各层次教育间有效转换互通

伴随着信息社会的到来，教育的作用不仅表现为使被教育者熟悉和把握各种劳动分工岗位，而且要在接受完整、系统教育的基础上，使每个人在知识和智力水平方面获得尽可能全面的提高。美国学者查尔斯·霍顿·库利认为，在信息时代，知识的专业化必须立足于普遍的整体的知识体系之上，借助普遍的知识体系使得个人在现代生产过程中保持自我并且有所作为。他指出，美国工人在相对较高程度上具备普遍的文化特征，这使他们在高度专业化生产上超过其他国家的工人。[①]因此，未来教育必将进一步扩大教育规模、健全教育体系、拓宽教育渠道、增加教育类型、完善教育方式。澳大利亚技能署在2011年发布《为了繁荣的技能——澳大利亚职业教育与培训路线图》报告，对过去20年澳大利亚职业教育体系发展进行综合评估，提出职教改革八大方向，其中之一就是在不同教育部门之间形成更有效的转换路径。

（二）政府、社会、企业多元参与

20世纪末21世纪初，在新型工业化背景下，澳大利亚在职业教育方面连续出台《迈向技能型澳大利亚》（Towards a Skilled Australia）、《通向未来的桥梁》（A Bridge to the Future）、《塑造我们的未来》（Shaping Our Future）等国家战略，明确了职业教育的发展方向，加强了教育部门与行业企业的合作，创建了适应学习者与就业者终身技能培训需求的职教系统，实现了职业教育与培训的变革转型。同时，澳大利亚相关部门有机协同，建立了比较健全的职业教育和培训管理机构，包括澳大利亚技术与继续教育委员会，国家TAFE研究中心，就业、教育和培训部，就业和培训顾问委员会，澳大利亚国家培训局，教育计划与开发部，训练服务部，招生与学生服务部，人力资源部，学习通道与机会平等处，教育服务处，资金与设备计划处，财务部以及院一级的董事会等。

（三）高职教育功能综合化

随着教育大众化和个性化浪潮的冲击，20世纪80年代以来，各国都拓展了高职院校的功能。美国社区学院承担的功能包括升学教育、转学教育、职业准备教育、技术准备教育、社区服务、补习教

---

① 库利. 人类本性与社会秩序 [M]. 包凡一，王源，译. 北京：华夏出版社，1999：106-107.

育、再就业培训、职后提高教育、订单培训、职业资格证书培训、作为第二语言的英语教育等。德国的职业学院（BA），其毕业生可获得工程师等学位，也可直接攻读硕士学位。澳大利亚的 TAFE 学院，为学生提供了既可就业又可升学的途径。如澳大利亚国家职业教育研究中心发布的《雇主对职业教育系统的使用和看法》（Employers' Use and Views of the VET System 2021）报告显示，56.6% 的雇主使用职业教育系统来满足他们的培训需求，其中 27.4% 的雇主有学徒和培训生。联邦政府基于澳大利亚统计局 2021 年人口普查中的就业情况以及其他相关数据预测新的就业趋势，发布概述各行业、职业、州和地区未来就业趋势的预测报告——《截至 2026 年 11 月的就业展望报告》，为未来 5 年就业市场的可能发展方向提供即时的指导。澳大利亚职业教育与培训具有一系列灵活的培训提供模式，如基于课堂、工作场所，或通过在线课程、其他通信工具提供，或上述这些方式的组合，使越来越多的"边缘人"（在区域、农村及偏远地区（Regional, Rural and Remote，RRR）生活工作的人和相对处于低社会经济地位 Low-SES（Socio-economic Status，SES）的居民）通过私立 RTO 得到职业教育与培训，帮助他们获得技术、提高就业能力，并将这些教育成果转化为经济成果，提升生活质量。

（四）融入终身教育体系

随着现代科技和现代社会经济的发展，青少年时期接受的教育不能再受用终身，一次性的学校教育不可能满足人一生需要。现代终身教育思想出现于 20 世纪 60 年代，一经提出就得到广泛的认同。其首倡者保罗·朗格朗在他的《终身教育引论》一书中认为："教育和训练的过程并不随着学习的结束而结束，应该贯穿于生命的全过程。"在终身教育背景下，高职教育的职能在时空上得到新的拓展，成为通向终身教育的桥梁。联合国教科文组织召开的第二届国际技术与职业教育大会的主题是"终身学习与培训——通向未来的桥梁"。大会通过的决议强调,职业教育是终身教育体系的内在组成部分。

（五）促进人的全面发展

马克思人类社会发展的三形态理论揭示了人类社会的发展规律。基于人类社会的发展形态演变,高职教育发展也经历了三个阶段:一是在对血缘和权力的人身依附关系形态下,教育的等级性、阶级性明显,学徒制的非正式教育形态是重要的模式。二是在以商品经济为基础的机器生产时代,生产发展越来越依赖工人所掌握的科学文化知识和技术,职业技术教育发展模式强调标准化教育,重视对技术技能的强化。三是在以时间经济为基础的社会形态中,个体得到充分且全面的发展,消除了物化社会中异化劳动带来的种种弊端,个人真正获得了自由。这一阶段施行的是一种个性化全面发展的教育,教育的重要意义在于使每个人通晓整个生产系统,能够根据社会需要和自己的爱好,轮流从一个生产部门转到另一个生产部门,摆脱原有分工造成的片面性,促进人全面、和谐、自由、充分和可持续发展。

三、我国高职教育高质量发展模式构建

通过对不同历史时期高职教育模式的演变和对各国高职教育发展模式特征与形成机理的梳理,其规律和成果显示,从观念、制度、体系、区域高职教育发展、区域高职产教融合、高职院校教育教学等方面开展模式构建,有助于中国高职教育高质量发展,实现从模式移植到本土化探索,再到模式的重构;从教育形态和教育内容的革新,迈向以人的全面发展和终身发展为内容的整体性变革。

（一）以多层次适应性新理念为逻辑起点

增强适应性是新时代我国高职教育高质量发展的关键思路。要将满足国家、社会、产业、个人以及院校多层次发展需求作为逻辑起

点。一是从教育现代化及技能型社会建设的全局高度出发破解制约高职教育高质量发展的体制机制问题，构建具有世界领先水平且符合中国国情的现代化高职教育体系，满足国家发展需求。二是从"类型教育"转向具有更重要意义的从满足"人民对美好生活的向往"的视角认识高职教育，满足社会发展需求。三是立足区域产业发展所需，深化产教融合，加快推动高水平专业群建设，满足产业发展需求。四是为学生提供更多的技能升级、素养提升及向上流动的机会，满足受教育者个体获得优质高等教育服务及对美好职业生活的向往等需求。五是通过改革高职教育管理体制、评价方式、投入保障及重点项目建设等，充分调动高职院校争创一流的积极性，创造前途广阔的发展空间，满足高职院校自身发展需求。

（二）以建设高职教育国家制度体系为保障

从协调层、结构层、需求层、内容层、实施层及评价层等维度完善职业教育国家基本制度，支撑技术技能型人才发展，推动高职教育现代化。在"管理端"理顺国家职业教育改革协调制度，形成推动高职教育高质量发展的高效机制；在"入口端"改革升学制度，提供更公平、更多选择的上升机会；在"路径端"打通层次与类型障碍，推动国家资历框架制度建设，为各类型各层次教育融通提供基础性框架，建立"职教高考—省域学业水平评价—学校内部评价"的职业教育评价体系，打通高职教育和普通高等教育的学生流动通道，推动应用型高校与高职院校实现融合互通及优势互补，双方通过共建产教融合实训基地，共同开发课程和共享教学资源，促进双方课程互通和学分互认；在"就业端"消除学历歧视，优化技能型人才的评级、晋升和激励机制，提高其工资收入和政治待遇，提升劳动者的职业认同感和尊荣感；在"保障端"完善产教融合促进制度及校企合作激励制度等。

（三）以塑造认知共识与坚守质量底线为基础

高职教育高质量发展本身是一个解放思想、塑造共识的过程，是社会全体成员共建共享共治的过程。要构建具有阐明教育事理①、引领价值理念、推动问题解决、预测未来趋势、提升创新能力以及表达中国话语等功能的高职教育理论体系，为高质量发展提供有效知识指引。要坚持马克思主义的唯物辩证法，推进高职教育评价改革，做好增值评价的类型化设计、过程评价的系统化建构、综合评价的科学化实施、结果评价的高质量改进，重点研究和探索技能评价的内容与方式，职业道德与职业素养评价的有效实施，关注教育过程中的"价值贡献"。要更为公平地评估高职教育质量，评估是为"改进"高职教育质量而非"证明"高职教育质量差距。要激励高职院校创新创业、加强累积性发展。实施德技并修的职业教育评价改革，全面整合人文与科学、科研与教学、学术与应用的内在联系，培养职业技能突出、人格健全、品德高尚、有人文素养和创新精神的时代新人。要落实好立德树人的根本任务，有效防范各种发展风险，自觉增强标准意识、短板意识，守护和提高高职教育的质量底线，培育质量文化，唤起高职教育主体的质量意识、质量责任、质量态度和质量道德。

（四）以促进人才培养规范化和体系化为重点

推进核心要素改革。合理有序建设高职院校高水平特色专业群，加强高职院校"双师型"教师队伍建设，推动高职教育课程模式本土化创新；推动新时代我国高职院校中的场景教学变革，通过制度激励、技术支持和文化倡导的方式促进校企有效合作，以促进学生主动学习作为推动高职教育改革落地的关键，做强"产教融合"，增强

---

① 教育事理通常指的是教育活动中所遵循的基本规律、原则和逻辑。在高职教育领域，教育事理涉及教育目标的设定、教育内容的选择、教育方法的应用以及教育评价的实施等方面。它强调的是根据教育的本质和目的，以及学生的成长和发展需求，来设计和实施教育活动。

"产学研用"创新汇聚能力；提升技术知识生产能力和复合型技术技能人才培养质量，促进教育链、人才链与产业链、创新链的融通。

完善院校内部教学治理体系。高职院校要以"三教"改革为核心，将人才培养模式改革真正下沉到基层组织、基础环节。一是重视教师队伍的优化，打造高水平的"双师"队伍；二是大力推进教材编写与使用改革，确保教材的更新率和高效使用；三是全面推进教法改革，以人才培养目标为核心进行教法定位。根据各专业、各岗位的不同特点和要求，加强同专业、同课程的集体备课，根据需要选择模块化、任务化、理实一体化等教学方法，大力推进教学过程、教学内容、教学模式的创新与改革；注重团队合作的教学组织新方式和行为导向的教学新模式，将知识、技能以最有效率、最有质量的方式传授给学生；以学生为本，将关注点放在学生学习质量和学习收获上，积极应对信息技术发展的新形势，有效地应用信息手段、各类在线课程、教学App等强化学生的全天候和全时段的学习效率。

（五）以效能优化推动高效率发展为关键

高职院校要深入研究国家、各部委、省厅局等所出台的一系列有关高职教育发展的政策文件与措施，明确高职教育发展的最新方向和最新要求，对照各类条件、制度、标准、规程、要求等梳理自我发展的优势与短板，有针对性地强化发展的顶层设计与规划。高职院校要强化质量与效率的统一，在发展过程中要有一定的集中度和核心发展指标，投入与产出要形成正相关关系；寻求多元发展动力，充分利用好政府、企业、行业、社会力量等资源，与行业企业高度融合，提高人才培养质量，争取更多的社会力量支持；常态化进行评估调整，综合运用校内力量、第三方评价机构等，常态化、滚动式地对其发展质量进行评估，及时发现薄弱点并进行调整，以确保发展质量始终保持在一定的水准。

参考文献

[1]　王亚鹏，王生. 高职教育高质量发展：内涵要义、价值意蕴与实践路径
　　　[J]. 职教论坛，2022（12）：38-46.

[2]　王建华. 什么是高等教育高质量发展[J]. 中国高教研究，2021（6）：
　　　15-22.

[3]　曹叔亮. 职业教育高质量发展：时代意蕴、核心要义与现实表征[J].
　　　职业技术教育，2023（9）：7-12.

[4]　金生鈜. 教育哲学怎样关涉美好生活？[J]. 华东师范大学学报（教育科
　　　学版），2002（2）：17-21；48.

[5]　阿木古楞，董芩. 高等职业教育高质量发展：本质要义、价值诠释及实
　　　践进路[J]. 教育理论与实践，2023（33）：16-21.

[6]　任雪园. 普及化阶段高职教育高质量发展：时代内涵、行动逻辑与实践
　　　路径[J]. 职业技术教育，2020（34）：41-46.

[7]　刘振天. 教育高质量发展的理论基础及其方向引领[J]. 中国高教研究，
　　　2022（5）：8-13，33.

[8]　眭依凡，王改改. 大学治理体系与治理能力现代化：高质量高等教育体
　　　系建设的必然选择[J]. 中国高教研究，2021（10）.

[9]　周振华. 现代化是一个历史的世界性的概念[J]. 经济研究，1979（8）.

［10］ 罗荣渠. 现代化新论［M］. 北京：北京大学出版社，1993：16-17.

［11］ 郭德宏. 什么是现代化？［J］. 新视野，2000（2）.

［12］ 何传启. 现代化概念的三维定义［J］. 管理评论，2003（3）.

［13］ 罗荣渠. 现代化理论与历史研究［J］. 历史研究，1986（3）.

［14］ 张华，黄修卓. 英格尔斯人的现代化理论论略［J］. 湖南人文科技学院学报，2008（5）.

［15］ 丰子义. 社会现代化与社会形态的演进［J］. 学术界，1997（4）.

［16］ 闫衍. 经济增长结构解析［J］. 财经问题研究，1997（11）.

［17］ 蔡昉. "中等收入陷阱"的理论、经验与针对性［J］. 经济学动态，2011（12）.

［18］ 王雅林. 全球化与中国现代化的社会转型［J］. 中国青年政治学院学报，2003（2）.

［19］ 朱佳木. 深刻把握中国式现代化的本质特征［N］. 经济日报，2022-11-30.

［20］ 刘晖，熊明. 我国教育现代化研究述评［J］. 教育导刊，2006（6）.

［21］ 季诚钧，莫晓兰，朱亦翾，等. 中国式教育现代化：内涵、问题与路径［J］. 浙江社会科学，2023（6）：90-97，159.

［22］ 邬志辉. 教育现代化的实质及其启动点的选择［J］. 教育评论，1998（3）.

［23］ 新华网. 人民日报评论员：全力培养社会主义建设者和接班人 ——论学习贯彻习近平总书记全国教育大会重要讲话［EB/OL］.［2018-09-14］. http：//www.xinhuanet.com//politics/2018-09/14/c_129953732.html.

［24］ 朱德全，熊晴. 职业教育现代化发展的逻辑理路：价值与路向［J］. 云南师范大学学报（哲学社会科学版），2021，53（5）：103-112.

［25］ 朱德全，吴虑. 动因与理念：现代化语境下职业教育学习空间的变革［J］. 社会科学战线，2020（3）：235-242.

［26］ 牛桂红. 人的现代化视域下我国职业教育高质量发展研究［J］. 教育理论与实践，2023（18）：8-12.

［27］ 中共中央马克思恩格斯列宁斯大林著作编译局. 马克思恩格斯选集（第1卷）［M］. 北京：人民出版社，1995：56.

［28］ 黎琼锋，潘婧璇. 高职院校"双师型"教师专业发展路径探析——基于人的全面发展理论视域［J］. 职教论坛，2018（3）：89-93.

［29］ 万宗瓒. 人类社会三次大分工与诉讼制度的起源——以《家庭、私有制和国家的起源》为中心［J］. 社科纵横，2008（10）.

［30］ 马克思. 资本论（第1卷）［M］. 北京：人民出版社，1975：534.

［31］ 简新华. 发展观的演进与新发展理念［J］. 当代经济研究，2017（9）.

［32］ 库利. 人类本性与社会秩序［M］. 包凡一，王源. 译. 北京：华夏出版社，1999：106-107.

［33］ 京华时报.中央经济工作会议首次提出"经济新常态"九大特征［EB/OL］.［2014-12-12］.http：//politics.people.com.cn/n/2014/1212/c70731-26193637.html.

［34］ 曾天山. "一体两翼"全面推动职业教育高质量发展［J］. 中国职业技术教育，2023（13）：5-7.

［35］ 王文彬，聂劲松. 面向2035区域职业教育现代化：逻辑、挑战及策略［J］. 教育学术月刊，2021（10）：13-20.

［36］ 丰子义. 面向新时代的发展哲学［J］. 北京大学学报（哲学社会科学版），2019，56（5）：5-13.

［37］ 董宁然. 区域中高职一体化人才培养有机衔接模式的内涵、生成逻辑与建构路向［J］. 中国职业技术教育，2023（28）：28-34，41.

［38］ 张小军，刘慧敏. "一带一路"倡议下高职院校国际交流合作面临的困境与出路［J］. 教育与职业，2020（3）上：51-55.

［39］ 王牧华，方晨阳. 中国式现代化进程中的区域教育高质量发展：理论内涵、战略构想和实践路径［J］. 教育与职业，2020（3）上：51-55.

［40］ 杨善江. 产教融合：产业深度转型下现代职业教育发展的必由之路［J］. 教育与职业，2014（11）下：8-10.

［41］ 王泳涛. 我国省级政府深化产教融合的政策分析与局限突破——基于24

省市实施意见的文本分析 [J]. 职教论坛，2020（1）：42-49.

[42] 胡烨丹，王玉龙，江南. 高质量发展背景下高职院校学生优质就业路径探析 [J]. 中国职业技术教育，2022（31）：88-92.

[43] 李政. 谋高质量发展 为现代化奠基——我国职业教育"十三五"回顾与"十四五"展望 [J]. 中国职业技术教育，2021（10）：5-10.

[44] 张志军，张蕴启，范豫鲁. 高等职业教育高质量发展的生成逻辑与实践进路 [J]. 职业技术教育，2019（22）：11-16.

[45] 教育部：一体、两翼、五重点 深化职业教育改革迎来重大举措 [EB/OL].（2022-12-27）[2024-02-10]. http：//www.moe.gov.cn/fbh/live/2022/55031/mtbd/202212/t20221227_1036605.html.

[46] 王丹. 中国式现代化视域下高等职业教育国际化：价值逻辑、现实表征及推进策略 [J]. 职业技术教育，2023（7）：18-25.

[47] 唐玉溪，何伟光. 后发跨越式赶超：智能时代中国高职教育变革路向研究 [J]. 中国远程教育，2023（12）：68-75.

[48] 王新波，聂伟，宗诚，等. 2023职业教育改革与发展报告 [N]. 中国教育报，2023-12-26（5）.

[49] 曹晔，孟庆国. 推动职业教育产教融合与高质量"双师型"职教师资队伍建设 [J]. 中国职业技术教育，2023（5）上：19-24.

[50] 左彦鹏. 高职院校"双师型"教师专业素质研究 [D]. 大连：辽宁师范大学，2016.

[51] 李天航，王屹. 警惕"双高计划"项目的潜在风险：表征与规避 [J]. 成人教育，2021（8）：43-48.

[52] 王向东. 大学教师评聘制度过度功利导向的负面影响及其控制——基于社会学制度主义的视角 [J]. 现代大学教育，2015（2）：88-93.

[53] 邢顺峰. 建设高质量职业教育体系 增强职业教育适应性 [J]. 中国职业技术教育，2021（3）：12-18.

[54] 袁广林. 职业本科教育的本质内涵与实践逻辑 [J]. 现代教育管理，2024（1）：119-128.

[55]　郭广军，蒋晓明. 高质量现代职教体系的发展逻辑、主要特征与实践路径 [J]. 教育与职业，2023（10）上：30-36.

[56]　逯长春，王珏. 中高职一体化衔接的关键点、挑战与应对策略 [J]. 成人教育，2022（12）：60.

[57]　杨雪，陈瑜. 高等职业教育高质量发展的动力逻辑——基于"双高计划"院校的模糊集定性比较分析 [J]. 职业技术教育，2024（1）：33-39.

[58]　白玲，安立魁. "一带一路"倡议下我国高职教育国际化实践样态与推进策略——基于全国1344所高职院校质量年度报告的分析路径 [J]. 职业技术教育，2020（22）：20-25.

[59]　毕树沙. 打造特色：区域职业教育高质量发展的生命力——以湖南省为例 [J]. 职业技术教育，2020（30）：47-52.

[60]　2023辽宁省高等职业教育年报.

[61]　张晓津. "岗课赛证"融通背景下高职院校专业课程建设探析 [J]. 职业技术教育，2023（2）：58-62.

[62]　李增军，张露颖，于志宏. 基于"四个融合"的地方高职院校融入区域经济社会发展研究 [J]. 教育与职业，2024（1）上：103-107.

[63]　翟步祥. 学习者为中心理念下高职公共基础"金课"建设探究 [J]. 教育与职业，2021（9）下：97-101.

[64]　刘晓，童小晨. 高质量发展背景下高职院校治理现代化的内涵、现状与优化策略——基于56所"双高计划"高水平学校中期绩效自评报告的文本分析 [J]. 现代教育管理，2023（5）：110-119.

[65]　刘凤存. 论高职院校内部质量保障体系的理论基础 [J]. 教育评论，2016（4）：60-63.

[66]　王芳亮. 高职院校教学督导运行机制的现实困境及出路 [J]. 职业技术教育，2021（8）：21-25.

[67]　王雨薇. 河北省高职院校"双师型"教师队伍建设研究 [D]. 石家庄：河北科技大学，2022.

[68]　吴遵民，杨婷. 新时代职业院校如何建构"双师型"教师队伍 [J]. 职

教论坛，2019（8）：89-96.

[69] 林杏花. 国外高职"双师型"教师队伍建设的经验及启示[J]. 黑龙江高教研究，2011（3）：59-61.

[70] 孙翠香，卢双盈. "双师型"教师政策变迁：过程、特点及未来态势[J]. 职业技术教育，2013（28）：48-54.

[71] 黄瀚玉，曾绍伦. 高素质"双师型"教师队伍建设路径与策略——基于政策文本及内容分析[J]. 教育与职业，2019（6）上：73-79.

[72] 李树峰. 从"双师型"教师政策的演进看职业教育教师专业发展的定位[J]. 教师教育研究，2014（5）：17-22.

[73] 黄海燕. 新时代背景下高职"双师型"教师的制度建构与培育策略[J]. 教育与职业，2020（3）上：67-74.

[74] 顾志祥. 产教融合背景下高职院校"双师型"教师队伍建设路径研究[J]. 职教论坛，2019（2）：99-102.

[75] 朱旭东，周钧. 教师专业发展研究述评[J]. 中国教育学刊，2007（1）：68-73.

[76] 崔友兴，李森. 论教师专业发展动力生成机制及其实践表征[J]. 当代教育科学，2015（1）：19-26.

[77] 张君华，左显兰. 高职教师专业发展的内涵及发展途径探讨[J]. 职教论坛，2008（11）：15-18；53.

[78] 何聚厚，党怀兴. 基于教师专业发展的高校教师教学发展探索与实践[J]. 中国大学教学，2017（9）：85-90.

[79] 刘源，门保全. 核心能力视角下高职院校"双师型"教师培养路径研究——基于"圆锥式六位一体"能力模型[J]. 职教论坛，2021（7）：95-101.

[80] 刘婧玥，李亚军. "双高计划"背景下高职"双师型"教师胜任力框架构建——基于706位教师的实证研究[J]. 职教论坛，2021（12）：86-94.

[81] 陈向明，张玉荣. 教师专业发展和学习为何要走向"校本"[J]. 清华大学教育研究，2014（2）：36-43.

[82] 卢乃桂，钟亚妮. 教师专业发展理论基础的探讨 [J]. 教育研究，2007 (3)：17-22.

[83] 阳先荣，李红浪. 高职教师专业发展意愿的实证研究——基于计划行为理论视角 [J]. 职教论坛，2016 (14)：5-9.

[84] 郝永贞. "双师型"教师政策执行困境与突破——基于政策网络理论视角 [J]. 职教论坛，2022 (2)：83-89.

[85] 韩冰，吕玫. 我国高职"双师型"教师队伍建设对政策工具的要求——基于政策文本和政策环境的分析 [J]. 职业技术教育，2019 (24)：29-32.

[86] 阳泽，杨润勇. 自组织：教师专业发展的重要机制 [J]. 教育研究，2013 (10)：95-102.

[87] 刘彦军，郭建如. 教师转型：组织承诺与组织支持的共同作用 [J]. 高等工程教育研究，2021 (1)：115-121.

[88] 李玉萍. 影响高职教师专业发展活动的内外部动因研究 [J]. 职教论坛，2017 (12)：17-22.

[89] 高振发. 高职教师职业认同与专业发展的相关性分析 [J]. 教育与职业，2018 (10)：87-93.

[90] 向丽. 高质量发展视域下高职教师专业发展的新内涵与路径选择 [J]. 职业技术教育，2022 (10)：53-58.

[91] 罗英，徐文彬. 教师专业发展的学校个案研究 [J]. 教育理论与实践，2023 (5)：35-39.

[92] 和震，刘若涵. 职业院校教师教学创新团队的组织形式研究 [J]. 中国职业技术教育，2021 (6)：5-11.

[93] 潘锡泉，郭福春. "双高"建设背景下高职院校科研创新能力不足的原因分析及提升策略 [J]. 教育与职业，2022 (9) 下：51-56.

[94] 刘晓，李甘菊. 中国式现代化进程中的高职院校社会服务：愿景、实践错位与形塑路径 [J]. 河北师范大学学报，2023 (4)：24-31.

[95] 李波，刘笑天. 共生理论视域下高职院校社会服务的行动逻辑及实践路

径［J］. 教育与职业，2023（4）下：60-65.

［96］ 莫玉婉 . 高职教育国际化：内涵、实践及改革趋势——基于国家百所高职示范校的调查分析［J］. 职业技术教育，2017（16）：24-28.

［97］ 朱雪梅. 高职教育发展模式变迁的理论视角与解释框架［J］. 教育学术月刊，2016（2）：51-55.

［98］ 朱雪梅. 当代高等职业教育典型发展模式比较——一个新的分析框架［J］. 教育学术月刊，2015（3）：24-31.

［99］ 朱雪梅. 高等职业教育发展模式研究［M］. 广州：中山大学出版社，2016.

［100］ 祁占勇，鄂晓倩. 澳大利亚职业教育效能认同的理论框架与实施路径［J］. 中国职业技术教育，2023（36）：85-95.

［101］ 陈亮，杨娟. 新时代高等教育高质量发展的逻辑构架与实践路径［J］. 中国电化教育，2021（9）：9-17.

索引